트랜서핑 현실의 지배자

Вершитель реальности
By Вадим Зеланд

트랜서핑
현실의 지배자

현실을 통제하는 강력한 테크닉

바딤 젤란드 지음

정승혜 옮김

정신세계사

일러두기
• 원문에 있는 각주는 저자 주로 표기했고, 그 외의 모든 각주는 옮긴이가 쓴 것입니다.
• 단행본은 겹묶음표《》, 작품 제목과 간행물은 묶음표〈〉로 표기했습니다.
• 국내에 출간된 책은 영어 병기를 하지 않았고, 출간되지 않은 책은 원서 제목을 병기로 표기했습니다.

트랜서핑 현실의 지배자
ⓒ 바딤 젤란드, 2008

바딤 젤란드 짓고 정승혜 옮긴 것을 정신세계사 김우종이 2021년 1월 18일 처음 펴내다.
이현물과 배민경이 다듬고, 변영옥이 꾸미고, 한서지업사에서 종이를, 영신사에서 인쇄와 제본을,
하지혜가 책의 관리를 맡다. 정신세계사의 등록일자는 1978년 4월 25일(제2018-000095호),
주소는 03965서울시 마포구 성산로4길 6 2층, 전화는 02-733-3134, 팩스는 02-733-3144, 홈페이지는
www.mindbook.co.kr, 인터넷 카페는 cafe.naver.com/mindbooky 이다.

2024년 7월 16일 펴낸 책(초판 제4쇄)

ISBN   978-89-357-0446-0 04320
          978-89-357-0309-8 (세트)

차 례

들어가는 말 ———————————————————— 9

이중거울 사용법 | 현실을 지배하는 강력한 테크닉, 트랜서핑 ——— 13
프로그래머의 죽음 | 프로그래머가 꿈을 이루지 못한 일곱 가지 이유 ——— 24
거울 갤러리에서 | 원하는 목표를 꾸준히 유지하며 행동하라 ————— 47
펜듈럼 길들이기 | 유리하게 쓸 수 있는 펜듈럼의 몇 가지 특성 ————— 56
타인의 의도 | 다른 사람의 부정적인 태도가 나에게 미치는 영향 ——— 64
그냥 트랜서핑하라 | 트랜서핑을 하며 놓치고 있는 것들 —————— 74
쫄아오는 태양 | 목표의 슬라이드를 성공적으로 상영하는 방법 ——— 81
역설적인 상황들 | 가짜 목표와 진짜 목표 구분법 ——————— 90
선물과 칭찬 | 프레일링의 원칙을 제대로 사용하는 법 ————— 101
생식 | 자유에너지를 높이는 강력하고 확실한 방법 ————— 110
멈춘 트롤리버스에서 | 생식을 불편해하는 당신에게 —————— 141
맥주의 주인 | 펜듈럼의 노예가 될 것인가, 주인이 될 것인가 ——— 155
도축장에서 | 우리는 고통을 먹고 있다 ——————————— 164

불합리의 승리 | 선한 가치는 왜 실현되지 않는가 ————— 176

펜듈럼의 전투 | 펜듈럼을 둘러싼 다양한 질문들 ————— 189

다양한 관점, 하나의 진실 | 가능태 공간의 탄생을 알고 싶어하는 사람들에게 — 196

신의 대담함 | '현실의 지배자'인 권리를 뻔뻔하게 누리라 ————— 211

수줍은 마법사들 | 당신의 삶을 축제로 바꾸는 것이 두렵다면 ————— 222

현실 바로잡기 | 불행이 당신을 찾아왔을 때 ————— 232

영원의 침묵을 견디라 | 목표가 현실이 되려면 시간이 필요하다 ————— 238

꿈의 권력 | 당신의 주의는 어디를 향해 있는가? ————— 247

낙관주의의 조화 | 조율의 원칙을 활용하라 ————— 256

미신에 대한 백신 | 미신, 고정관념과 트랜서핑의 관계 ————— 264

대조의 법칙 | 원하지 않는 것이 실현되는 현상을 역이용할 때 ————— 272

목표와 권리 | 당신에게 주어진 신의 의지를 실현하라 ————— 281

감시인의 회전목마 | 아무도 아닌 한 아이의 이야기 ————— 285

용어 사전 ————————————— 296

들어가는 말

친애하는 독자 여러분!

제목에서 느껴지는 것과는 달리, 이 책은 판타지 소설하고는 거리가 멀다. 책에서 마주하게 될 우리의 일상적인 현실은 새롭고 낯설게 느껴질 것이며, 모든 불가사의한 현상들은 당신에게 더욱더 놀랍게 다가올 것이다. 그리고 당신은 우리를 둘러싼 세계가 이제까지 봐온 것과는 전혀 다르다는 사실을 확인하게 될 것이다.

현실은 참으로 다양한 특성들을 가지고 있다. 하지만 그중에서도 가장 큰 특징은, 거울처럼 분명한 대칭성을 가진다는 것이다. 우리 세계의 양면적인 특성은 사방에서 찾을 수 있다. 왼쪽과 오른쪽, 위와 아래, 영혼과 마음, 생과 사, 흑과 백, 만질 수 있는 것과 만질 수 없는 것…. 이런 양면성은 세계를 바라보는 두 가지의 큰 흐름인 관념론과 유물론이 오래전부터 대립해온 이유이기도 하다.

그렇다면 우리의 세계는 실제로 무엇이란 말인가? 체계화된 시스템인가, 아니면 실재하지 않는 환상인가? 둘 중 한 방향에서만 답을 찾는다면 수많은 모순과 역설을 마주하게 될 것이다. 소위 말하는 '중도'도 틀린 답이다. 너무 모호하기 때문이다. 진실은 도대체 어디에 있을까?

우리는 독특한 방법으로 수수께끼의 해답을 찾아나설 것이다. "현실이란 무엇인가? A인가, B인가?" 이 질문에 대한 답으로 "A도 맞고, B도 맞다"는 하나의 독특한 가설을 세우기로 하자. 진실은 둘 중 어느 하나가 아니라, 여러 개의 현실이 교차하는 곳에 있는 것이다. 물질 우주와 더불어, 물질 우주가 거울에 반사되어 만들어진 우주가 있다. 만질 수도, 볼 수도, 과학적으로 설명할 수도 없지만 불가해한 현상 중 하나로 실재하는 세계 말이다. 현실은 이 두 세계가 만나는 지점에서 이해할 수 있는 대상이 되며, 놀랍게도 그것을 통제할 수도 있게 된다.

하지만 인간은 늘 극단으로 치닫곤 하기 때문에, 문제를 해결할 방법을 자신의 세계관에 따라 물질세계의 범위 안에서 찾거나 초자연적인 틀 안에서 찾으려고 한다. 그러나 물질세계도, 초자연도 만족스러운 해답을 주지는 못한다. 결국 인간은 상황의 손아귀를 벗어나지 못하며, 삶은 그가 어쩌지 못하는 꿈처럼 그에게 '일어난다.'

주변 세계에 영향을 미칠 수 있는 근본적으로 다른 방법이 있다. 바로 이 책에서 다룰 '트랜서핑'이다. 트랜서핑의 본질은, 이중적인 세계의 양면을 모두 고려하면서 일정한 원칙을 따른다면 사건의 흐름을 통제하는 차원에 접근할 수 있다는 데 있다. 현실은 더 이상 외적인 요인인 동시에 인간이 어찌할 수 없는 독립적인 존재가 아니게 된다. 그리고 인간은 자신의 의지로 현실을 통제할 수 있는 능력을 얻게 된다.

아마 당신은 '사념 에너지는 사라질 때 반드시 흔적을 남긴다'는 말을 한 번쯤 들어본 적이 있을 것이다. 물론 사념 에너지는 당신을 둘러싼 현실에 일정한 영향을 미친다. 그렇다면 이 에너지를 어떻게 사용해야 할까? 왜 우리의 욕망은 실현되지 않으며, 오히려 불길한 최악의 예감만이 현실이 되는 걸까? 욕망을 현실로 만드는 유명한 기법들은 왜 100퍼센트의 효과를 내지 못하는 걸까? 사실 여기에는 잃어버린 고리(missing link)*가 하나 있다. 이 고리가 없으면 모든 신비주의 교의들은 시간 낭비가 될 뿐이다. 비밀은 표면에 드러나 있으며, 너무나 단순해서 당신은 믿기조차 힘들 것이다. 이 책은 '이 잃어버린 고리가 무엇인가'라는 질문에 대한 답이다. 현실을 통제할 수 있는 열쇠를 얻은 당신의 눈앞에는 불가능이 가능으로 변한 세계가 펼쳐질 것이다.

이 책은 일상에서 트랜서핑을 시도한 독자들과 주고받은 편지로 구성되었다. 독자들 모두 그들의 삶에서 일어난 믿을 수 없는 변화에 대해 놀라워하며 말한다. 그들을 괴롭히는 문제들은 어디론가

---

* 어떤 지식이나 이해를 완성하기 위해 필요한 정보나 증거를 이르는 말. — 옮긴이 주

사라지고, 눈앞에서 절망적일 정도로 굳게 닫힌 것처럼 보였던 문들은 활짝 열리며, 주변 사람들은 이유는 알 수 없지만 당신을 더욱 호의적으로 대하기 시작한다. 말 그대로 현실이 당신의 코앞에서 모습을 바꾸는 것이다. 당신의 생각은 도저히 이해할 수 없는 방법으로 현실이 된다.

만약 당신이 이 책으로 트랜서핑을 처음 접하는 것이라면 생소한 개념들이 있을 것이다. 이에 대한 설명은 용어 사전을 참고하길 바란다. 현실을 통제하는 원칙에 대한 설명은 《리얼리티 트랜서핑》과 《트랜서핑의 비밀》에서 더욱 자세하게 알 수 있다. 당신이 알게 될 수많은 것들이 아주 특별해 보인다고 할지라도, 여기에는 그 어떤 허구도 없으며, 모든 것이 사실임을 반드시 기억하길 바란다.

이중거울 사용법
현실을 지배하는 강력한 테크닉, 트랜서핑

인간의 삶에서 가장 익숙하면서도 수수께끼 같은 현상 중 하나가 바로 꿈이다. 인간은 인생의 3분의 1을 잠을 자며 보낸다고 한다. 꿈속에서 일어나는 모든 것들은 아직까지도 베일에 싸여 있다. 심지어 학술 연구들조차도 꿈에 대해 많은 것을 설명해주지는 못한다. 철학자들 역시 이 현상을 논할 때 저마다 다른 해석을 내놓는다. 어떤 철학자들은 꿈이 환상일 뿐이라고 주장하며, 어떤 철학자들은 우리의 인생 자체가 꿈과 다를 것이 없다고 한다. 과연 누구의 말이 맞는 걸까?

트랜서핑(용어 사전 309쪽 참고)은 정통 학문에서 벗어나는 교리로서, 독특한 입장에서 이 문제에 접근한다. 정말로 마음이 꿈을 그려내는 것일까? 꿈에서 일어나는 사건들은 가상이지만 동시에 너무나 생생해서 꿈을 꾸는 사람은 매번 그 꿈을 생시로 받아들인다.

잘 알다시피, 실제 세계에서는 일어날 수 없는 현상들이 꿈속에서 일어나는 것을 볼 수 있다. 원칙적으로는 그런 장면을 일상에서 볼 수 없다는 것도 매우 자명한 사실이다. 그런데 만약 꿈이란 것이 우리의 뇌가 만들어낸 현실의 모조품에 지나지 않는다면, 상상으로 만들어내기엔 어려운 그 수많은 광경과 주제들은 어디에서 나오는 것일까?

두뇌는 꿈을 꾸는 동안 보이는 장면들을 처리하며, 이 장면들을 생시로 받아들인다는 가설이 있다. 하지만 이것은 어디까지나 가설에 불과하다. 모든 것이 이 가설대로 이루어진다는 사실을 아직 아무도 증명하지 못했기 때문이다. 반면에 트랜서핑 모델에서는 꿈을 전혀 다르게 해석한다. 무의식은 그 자체만으로는 아무것도 만들어내지 못하며, 모든 정보를 보관하고 있는 가능태 공간(용어 사전 305쪽 참고)에 직접 접속할 뿐이라는 것이다. 가능태 공간이란, 일어날 가능성이 있는 모든 사건의 시나리오가 저장되어 있는 정보체(information structure)다. 가능태의 수는 좌표계에서 찍을 수 있는 점들의 수만큼이나 무한하다. 그곳에는 과거에 일어난 일, 현재에 일어나는 일, 미래에 일어날 일들이 전부 저장되어 있다.

나의 이야기를 읽고 그렇게 빨리 회의적인 결론을 내리지 않길 바란다. 어떤 사물을 주의 깊게 본 다음, 눈을 감고 그 사물을 상상해보라. 당신의 심상화 능력이 아무리 뛰어나다고 해도 눈을 떴을 때처럼 사물을 '볼' 수는 없을 것이다. 당신의 뇌가 그려낸 형상은 화질이 아주 낮은 사진과 같다. 이렇게 형상을 기억하는 것을 뇌가 뉴런 군을 일정한 상태로 저장하는 활동이라고 한다면, 뉴런의 수가 무수히 많다고 해도 모든 사진을 정확하게 기억해내기에는 역부족일 것이다.

만일 우리의 기억과 꿈이 뉴런에 저장된 것들을 재생시킨 것이라면, 도대체 우리의 머릿속에 얼마나 많은 양의 세포가 있어야 한다는 건가? 이러한 모순에 대해서 트랜서핑은 뉴런이 컴퓨터의 비트 같은 정보의 매개체가 아니라고 설명한다. 두뇌는 정보 자체를 저장하는 것이 아니라, 가능태 공간에 있는 정보에 접속할 수 있는 주소 같은 것들을 저장하고 있는 것이다.

어쩌면 두뇌에서 제한된 양의 데이터를 저장할 수는 있을지도 모른다. 하지만 두뇌가 아무리 완벽한 생체 시스템이라 할지라도, 우리가 재생하려고 하는 모든 기억을 저장하고 있을 수는 없다. 게다가 두뇌는 꿈과 같은 완전히 허구인 가상의 현실을 종합하여 뭔가를 만들어낼 수도 없다. 무의식의 상태에 있을 때 인간의 두뇌는 놀라운 능력을 발휘한다는, 믿기 어려운 주장에 현혹되어서는 안 된다.

인간의 정신 중에서 의식적인 모든 것을 마음과 연결 짓고 잠재의식적인 모든 것을 영혼과 연결 짓는다면, 꿈은 영혼이 가능태 공간 속을 날아다니는 것이라고 말할 수 있다. 영혼은 모든 '시나리오와 무대장치'가 영화 필름의 프레임frame 형태로 상시적으로 보관되어 있는 정보장情報場에 직접 접속할 수 있다. 마음은 꿈을 만들어낼 수 없으며, 사실은 꿈을 꾼다. 그리고 마음이 본 꿈은 결코 환상이 아니라 과거에 일어날 수 있었던 일들과 미래에 일어날 수 있는 일들에 대한 영화이다.

꿈에서는 상상할 수 있는 모든 일이 일어나는 것을 볼 수 있는데, 현실이 될 수 있는 가능태는 셀 수도 없을 만큼 무한하기 때문에 당신이 꾼 꿈이 실제 현실과 어떤 관계가 있는지는 그 어떤 장담도 할 수 없다. 현실 세계에서 일어나는 모든 사건은 수많은 가능태 중 하나가 물질로 실현된 것이다. 물질세계는 무한한 가능태 공간에서 마치 영화 필름의 프레임처럼 흘러가며, 그 결과 시간을 통해 물질이 이동하는 현상이 발생한다.

아마도 당신은 이 말을 믿기 어려울 것이다. 가능태 공간은 어디에 존재하는가? 애초에 어떻게 이런 일들이 일어날 수 있단 말인가? 우리의 3차원식 사고방식으로 보자면 가능태 공간은 모든 곳에 존재하는 동시에 그 어디에도 존재하지 않는다. 어쩌면 관측할 수 있는 우주의 경계 너머에 있을 수도 있고, 당신의 커피 잔 속에 있을지도 모른다. 어느 쪽이든 3차원이 아닌 것만은 확실하다. 이 정보장에 접근하는 것이 원칙적으로 가능하다는 건 사실이지만 말이다. 바로 이곳에서 인간은 직관적인 지식과 천리안을 가질 수 있다. 사실 마음은 완전히 새로운 것을 창조할 수 없다. 그저 낡은 장난감 벽돌로 새로운 모양의 집을 지을 수 있을 뿐이다. 마음은 영혼을 매개로 가능태 공간에 접속하여, 그곳에서 모든 과학적 발견들과 걸작들을 얻는다.

그래도 꿈과 생시 사이에 어떤 공통점이 있는 것은 아닐까?

우리가 잠을 잘 때는 사건을 비판적으로 바라봐야 한다는 생각이 머릿속에 떠오르지 않는다. 꿈속에서는 가상의 현실이 놀라우리만큼 자연스러운 모델로 구현된다. 그리고 기묘한 일들이 자주 일어나는데도 꿈에서는 그 모든 일을 평범한 일이라는 듯 받아들이게 된다. 꿈을 꿀 때 인간은 완전히 상황의 손아귀 안에 놓여 있게 된다. 우리에게 꿈은 '일어나는' 것이고, 여기서 우리가 할 수 있는 것은 아무것도 없다.

자신이 꿈을 꾼다는 사실을 자각하지 못할 때 마음은 영혼을 통제하지 못한다. 마음은 마치 관객처럼 영화를 관람할 뿐이다. 동시에 마음은 영화 속 사건을 직접 겪기도 한다. 마음이 겪은 일은 영혼에 전달되며, 영혼은 곧바로 꿈을 꾸는 사람의 욕망에 해당하는 가능태 공간의 섹터(용어 사전 307쪽 참고)에 연결된다. 이런 방식으로 시나리오는 사건이 진행되면서 역동적으로 변화한다. 무대장치와 등장인물들 역시 변화하는 시나리오에 맞춰 순식간에 바뀐다. 상상이 실제로 꿈을 꾸는 데 참여하는 것은 사실이지만, 그것은 그저 '생각 발생기'(idea generator) 역할을 할 뿐이다.

하지만 때때로 운이 따라준다면, 어느 순간 우리가 꿈을 꾸고 있다는 사실을 문득 깨달을 때가 있다. 이때 꿈은 자각하지 못했던 꿈에서 자각몽으로 바뀐다. 자각몽을 꿀 때 인간은 가상의 연극에 참여하면서 이것이 꿈에 불과하다는 것을 알고 있다. 당신이 이런 일을 겪어본 적도, 들어본 적도 없다고 해서 나의 말을 의심하지 않기를 바란다. 이것은 허구가 아니다. 실제로 많은 책이 자각몽에 대해 다루고 있으며, 계속해서 자각몽을 꾸는 연습을 하는 자각몽 애호가들도 있다.

모든 것이 전부 꿈에 불과하다는 사실을 깨닫자마자 인간의 눈앞에는 놀라운 가능성이 펼쳐진다. 자각몽에서는 이루지 못할 것이 없다. 사건을 통제하며, 불가능한 것들을 가능하게 만들 수 있다. 예컨대 날아다니는 것처럼 말이다. 하지만 꿈이라 할지라도 공중으로 몸을 띄우기 위해서는 욕망 하나만으로는 부족하다. 현실이 되는 것은 욕망 자체가 아닌, 목표를 이루기 위한 설정이다. 그리고 효력을 가지는 것은 욕망에 대한 생각이 아닌, 말로는 표현하기 어려운 어떤 힘이다. 이 힘은 생각의 연극이 펼쳐지는 무대 뒤에 숨어 있다. 내가 하려는 말은 바로 이 힘과 관련되어 있다. 당신은 내가 의도에 대해 말하려고 한다는 사실을 눈치챘을 것이다. 의도(용어 사전 303쪽 참고)는 '뭔가를 가지고 행동하겠다는 결정'으로 정의할 수 있다.

욕망 자체는 아무런 효과가 없다. 오히려 욕망하는 마음이 강하면 강할수록 성공할 가능성은 더 줄어든다. 꿈속에서 당신이 날고 싶다는 욕망이 있을 때, 그것이 가능한지 아닌지를 생각한다면 아무 일도 일어나지 않을 것이다. 날기 위해서는 오직 날아오르겠다는 의도를 가지고 자신의 몸을 공중으로 떠오르게 하면 된다. 꿈속에서는 모든 시나리오를 욕망이 아닌, 목표를 달성하겠다는 확실한 설정으로 선택한다. 비판하거나 바라지 않고, 그저 원하는 것을 가지고 행동하면 되는 것이다.

의도는 자각몽에서 시나리오를 통제하는 원동력이다. 하지만 이쯤에서 다음과 같은 질문이 생긴다. 그렇다면 두려움은 왜 현실이 되는 걸까? 두려움을 의도로 볼 수 있다는 말인가? 두려움, 우려, 적의, 증오가 반영된 시나리오의 가능태는 꿈에서는 물론 현실에서도 우리를 영원히 따라다닌다. 원하지 않는 것이 있다면 그것을 가지지 않겠다고 의도하면 되는 것 아닌가? 하지만 우리는 벗어나기 위해 안간힘을 쓰게 만드는 것들을 결국 가지게 된다. 그렇다면, 욕망의 방향은 아무 의미도 가지지 않는다는 말이 되는 건가? 수수께끼에 대한 답은 한층 더 비밀스럽고 강력한 힘인, '외부의도'로 설명할 수 있다.

자신의 힘으로 무엇인가를 이루겠다는 의도는 모두가 알고 있을 것이다. 이것을 '내부의도'라고 한다. 자신의 의지로 외부 세계에 영향을 미치는 것은 아주 어렵다. 반면에 외부의도의 개념은 가능태 공간과 밀접하게 관련되어 있다. 논리적으로 설명할 수 없는, 시공과 물질을 통제하는 모든 행위는 일반적으로 마법이나 초자연적인 현상으로 여겨진다. 외부의도의 이름이 외부의도인 이유는 그것이 인간의 외부에 존재하며, 따라서 마음의 권력 밖에 있기 때문이다. 사실 의식이 있는 특정한 상황에서 인간은 외부의도를 사용할 수 있다. 자신의 의지대로 이 강력한 힘을 사용할 수 있게 되면 믿을 수 없는 일들이 일어나도록 할 수 있다. 고대의 마법사들은 바로 이 힘으로 이집트의 피라미드를 세웠고 다른 여러 기적을 만들어냈다.

당신이 책상 위에 놓인 연필을 상상만으로 움직이려고 한다면 아무 일도 일어나지 않을 것이다. 하지만 연필을 움직이게 하겠다는 강한 의도를 가진다면, 정말로 연필이 살짝 움직일 수도 있다. (어쨌든 초능력자들은 해내지 않는가?) 지금부터 내가 하고자 하는 말이 정말 이상하게 들릴지도 모르겠지만, **사실 연필은 움직이지 않는다!** 하지만 그런 연필의 움직임이 그저 당신의 착각에 불과한 것도 아니다. 먼저 염력을 사용해 연필을 움직이는 방법이 있다. 하지만 이 에너지는 물질적인 대상을 움직이기에는 분명히 부족하다. 다른 방법으로, 연필이 여러 자리에 존재하는 가능태 공간의 여러 섹터를 미끄러져 가게 할 수 있다. 그 차이를 이해하겠는가?

여기 책상에 연필이 놓여 있다. 당신은 의도의 힘으로 연필이 움직이기 시작한다고 상상한다. 이때 당신의 의도는 가능태 공간 안에서 연필이 매번 새로운 자리에 놓여 있는 섹터들을 찾아간다. 만약 사념이 충분히 강한 힘을 방사하고 있다면, 연필은 실제로 새로운 지점에서 연속적으로 물질화될 것이다. 이때 관찰자를 구성하는 여러 층들은 움직이지 않지만, 각각의 '연필의 층'들은 다른 자리로 이동하게 된다. 움직이는 현상은 대상 자체가 아니라 가능태 공간에서 실현되는 것이다. 물리학 법칙이 통하지 않는 것으로 보이는(특히 관성의 경우), 소위 말하는 UFO도 이러한 원리로 움직인다.

당신이 염력으로 연필을 움직이려고 했을 때 아무 일도 일어나지 않았다고 해도 놀라울 것은 없다. 거의 모든 사람에게 염력이 발달된 정도는 아주 약하다. 문제는 당신의 에너지가 약한 것이 결코 아니라 연필을 움직일 수 있다고 믿는 것이 어렵고, 따라서 순수한 외부의도를 일으키는 것이 아주 힘들다는 데 있다. 염력으로 뭔가를 할 수 있는 사람들은 사실 사물을 움직이는 것이 아니다. 그들은 에너지를 이용하여 가능태 공간에서 대상을 물질화된 현실로 바꾸는 특별한 능력이 있는 것이다.

외부의도와 관련된 모든 것들은 불가사의한 현상이나 마법이라고 여겨진다. 그보다 조금 더 나은 취급이라고 해봤자, 과학으로 설명하기 어려운 사례들로 분류되어 먼지 쌓인 책장에 고이 모셔져 있는 정도다. 평범한 세계관은 이런 것들을 완전히 배척해버린다. 이성에서 벗어나는 것들은 항상 특유의 두려움을 불러일으키기 마련이다. 사람들이 UFO를 봤을 때 온몸이 굳을 정도로 공포를 느끼는 것처럼 말이다. 과학으로 설명되지 못하는 현상은 우리가 익숙한 실제와는 거리가 너무 멀어 그것을 부정하고 싶게 만든다. 동시에 현실이 되기에는 너무나 충격적이기 때문에 인간은 그런 현상을 보고 공포를 느끼는 것이다.

외부의도는 '마호메트가 산으로 가지 않는다면, 산이 마호메트에게로 와야 한다'[*]라고 말하는 상황과 같다. 외부의도가 효력을 내는 것은 초자연적인 현상이 일어나는 것과는 거리가 멀다. 우리는 일상에서 외부의도가 작용한 결과를 계속 마주한다. 특히, 우리

* 이슬람의 창시자 마호메트에 관한 일화. 마호메트는 민중을 향해 "저 산을 움직여 보이겠노라"라고 호언했으나, 산이 조금도 움직이지 않자 "산이 이리로 오지 않는다면, 내가 그리고 가면 되지" 하고 태연히 말했다고 한다. 이 책에서는 외부의도의 중요성을 강조하기 위해 말의 순서를 바꾼 듯하다. — 옮긴이 주

의 우려와 불길한 최악의 예감은 바로 외부의도에 의해 현실이 된다. 하지만 이런 일은 의지와 무관하게 일어나기 때문에, 우리는 어떻게 이런 일이 가능한지 알아차리지 못한다.

꿈을 통제할 수 있는 능력은 그 사람이 지금 꿈을 꾸고 있다는 사실을 자각했을 때 나타난다. 이 단계에서 사람의 의식은 지탱점을 가지고 있다. 바로 꿈에서 깨어났을 때 돌아올 수 있는 현실이다. 반면에 현실은 생시에서 자각하지 못하는 꿈이다. 사람은 상황의 손아귀 안에 있게 되며, 삶은 그에게 '일어난다.' 그는 이전의 삶들을 기억하지 못하고, 그다음 의식의 수준으로 도약할 수 있는 지탱점을 가지지 못한다.

그래도 상황이 그렇게 절망적인 것은 아니다. 트랜서핑이 외부의도가 우회적으로 작동하도록 만드는 간접적인 방법을 알려주기 때문이다. 인간의 사념 에너지는 특정 상황에서 가능태 공간의 어떤 섹터를 물질화할 수 있다. 다른 말로 하면, 자신의 현실을 만들 수 있다는 것이다. 하지만 그러기 위해서는 몇 가지 원칙을 따라야 한다.

현실은 두 가지로 구성되어 있다. 손으로 만질 수 있는 물리적인 형태와 이해 가능한 범위를 넘어서지만 마찬가지로 객관적인 형이상학적 형태가 그것이다. 따라서 세계는 한 면은 물질 우주에, 다른 한 면은 형이상학적인 가능태 공간에 존재하는, 경계가 없는 이중거울인 셈이다. 일어날 수 있는 일들은 거울에 반사된 가능태의 형태로 실현된다. 인간의 평범한 마음은 거울에 비친 반영을 바꾸기 위해 헛되이 애쓰지만 실제로는 자기 자신의 심상을 바꿔야 한다.

　이 심상이란 과연 무엇인가? 어떻게 하면 심상을 바꿀 수 있을까? 이 이상한 거울을 어떻게 사용해야 할까? 트랜서핑은 이 모든 질문에 대한 답을 줄 것이다. 본질적으로 트랜서핑은 현실을 지배하는 강력한 테크닉이다. 트랜서핑에서 목표를 달성하는 것은 당신이 아니다. 대부분의 경우 목표가 저절로 현실이 된다. 평범한 세계관으로는 믿을 수 없는 소리로 들릴 것이다. 그러나 고정관념의 자물쇠를 부숴버린다면, 당신은 의도 앞에 모든 가능성이 열려 있는 세계, 불가능한 꿈이 실현되는 세계의 문을 열 수 있을 것이다.

프로그래머의 죽음
프로그래머가 꿈을 이루지 못한 일곱 가지 이유

저는 《리얼리티 트랜서핑》 같은 책을 오랫동안 기다려 왔습니다. 트랜서핑이 효과가 있다는 걸 믿어 의심치 않아요. 하지만 아직은 마음을 완전히 잡아끌지는 못하는 것 같습니다. 아마도 제가 제대로 하고 있지 않아서인 것 같아요. 제가 처음 배운 것은 '에너지를 헛되이 쓰지 말아야 한다'는 것입니다. 비록 때로는 실패하기도 하지만요. 저는 아직 '나는 나를 어떻게 보살펴야 하는지 모를 수 있지만, 나의 세계는 알고 있다' 또는 '나의 의도가 실현된다. 모든 일은 그것이 일어나야 하는 방향으로 흘러간다'라고 말하는 습관을 완전히 들이지 못했습니다.

트랜서핑은 실제로 효과가 있지만, 불행은 아직까지도 끊이질 않습니다. 제 개인적인 삶이 나아지지 않고 있어요. 그런 일들에 지나친 의미를 부여하지 말고, '꽉 움켜쥔 손아귀'에서 힘을 풀어야 겠지요. 저는 '저 사람은 되는데 나는 안 된다'고 다른 사람들과 저를 비교하지 않으려고 합니다. 의심이 생길 때마다 다시 책을 읽곤 합니다. 그렇게 하면 도움이 되지만 때로는 어디서부터 어디까지가 욕망인지, 어디서부터 어디까지가 중요성이나 심상화 된 이미지인지 그 경계를 구분할 수가 없습니다. 헷갈려요.

예를 들어, 저는 영국에서 일을 하며 살고 싶다는 욕망 또는 의도 를 가지고 있습니다. 그러다 영국 이민을 도와주는 회사를 우연 히 알게 되었어요. 하지만 사기를 당했죠. 그래도 저는 여전히 영 국에서 살고 싶고, 이 바람을 현실로 만들기 위해 노력하고 있어 요. 제 욕망을 심상화하고 있지만, 어쩌면 이것이 제 문이 아닐지 도 모르겠다는 생각이 듭니다.

당신에게 내 지인의 이야기를 들려주고 싶다. 그를 '프로그래 머'라고 부르겠다. 그의 직업이 프로그래머였기 때문이다. 프로그 래머도 익숙한 고향 땅에서 낯설고 불편한 나라로 떠나고 싶다는 욕망을 가지고 있었다. 러시아에서 프로그래머는 그저 양질의 '심 부름꾼'에 불과했으며, 가끔은 '대신 벌을 받는 사람'이었다. 하지만 서양에서는 프로그래머를 '화이트칼라' 중에서도 엘리트로 여겼다. 어마어마한 월급, 값비싼 차와 수영장이 딸린 별장에서 살 수 있다 는 말을 들었을 때 프로그래머는 이성을 잃었고, 가슴에는 열이 올 랐다. 그것은 바로 금광열(Gold rush)이었다.

나의 친구는 트랜서핑의 원리를 따르듯 자기 자신에게 물었다. '지도상에서 목적지를 과연 어디로 정할 것인가?'라고 말이다. 그의 영혼은 단호하게 대답했다. 뭐, 당연히 오스트리아지. 왜인지 모르겠지만 오스트리아가 가장 끌렸다. 알프스, 스키, 독특한 자연이 주는 아름다움. 어쨌든 오스트리아는 지구상에서 가장 안락한 곳 중 하나이니 말이다.

그는 눈을 반짝이며 나에게 자신의 생각을 말하며, 심지어 그곳으로 당장 함께 떠나자고 했다. 어느 모로 보나 그의 영혼과 마음은 이미 하나가 된 것 같았다. 하지만 당시 우리는 트랜서핑에 대해서는 아무것도 몰랐기에, 프로그래머는 그의 마음이 운명을 통제할 수 있는 열쇠를 쥐도록 했다.

그러던 어느 날, 그는 멍한 눈빛으로 나타나 계획을 포기해야 할 것 같다고 말했다. 알고 보니 오스트리아 이민국의 벽을 넘어서기가 쉽지 않았던 것이다. 현실적으로 이룰 수 있는 목표만을 갖는 것에 익숙한 실용주의적 사고방식이 그의 머릿속을 지배하게 되었다. 이것이 프로그래머의 첫 번째 실수였다.

그는 낙담하여 빠르게 꿈을 접었다. 그러나 그의 진취적인 머리는 곧바로 원래의 꿈을 대체할 다른 목표를 찾았다. 바로 캐나다였다! 캐나다는 꽤 괜찮은 목표였다. 캐나다에는 전문가가 부족했고, 비자를 받는 것도 훨씬 쉬웠다.

새 계획은 충분히 실현할 수 있는 목표처럼 보였다. 내 친구는 자신이 생각해둔 회사들의 장점을 자세한 것까지 메모해가며 나에게 알려주었다. 하지만 예전의 반짝이던 눈빛은 더 이상 볼 수 없었다. 그는 전문가처럼 치밀하게 분석하고 장단점을 계산했으며, 목표를 달성하기 위한 모든 알고리즘을 미리 예상해두었다. 내가 이해한 바에 따르면, 그의 목표는 연봉이 높은 회사에 취업하는 것이었다. 식구들을 먹여 살려야 했기 때문이다. 그것도 단순한 일이 아니라 — 헐벗고 굶주리는 것은 너무 지겨웠다 — 머리 쓰는 일로 가족들을 먹여 살려야 했다! 실제로 그는 꽤 유능한 프로그래머였다.

내 친구는 소문난 일 중독자였다. 그래서 여유 있는 삶을 위해서라면 오직 열심히 일하는 방법, 그것도 밤낮없이 일하는 방법밖에 없다는 것은 그에게 당연한 사실이었다. 그는 정성을 다해 계획을 실행했다. 열심히 영어 공부를 했고, 새로운 컴퓨터 기술을 배웠으며 깔끔하게 이력서를 작성해 여기저기에 지원했다. 모든 것을 제대로 한 셈이다.

반년이 흘렀다. 그가 지원한 회사들에서 돌아온 것은 그저 싸늘한 침묵뿐이었다. 이력서는 이미 완벽의 경지에 이르렀고 숙련도는 더할 나위 없었으며 영어 실력도 꽤 쓸 만했다. 그가 지원한 회사들의 주소만 보면 이미 캐나다에서 그를 모르는 사람이 없을 정도였다. 그렇다면 그에게 부족한 점은 도대체 뭐란 말인가? 어쩌면 실력을 더 키워야 할지도 모르는 일이었다. 그래서 그는 불평 한마디 없이 더 열심히 노력했다. 하지만 마음 한구석에서는 이미 무슨 일이 생기더라도 자신의 목표를 이루고 말겠다는 간절한 욕망과 두려움이 굳게 자리 잡고 있었다. 그가 남들보다 못한 것이 있기라도 하다는 말인가?

실제로 캐나다에 심각한 인력난이 있기는 했다. 하지만 동시에 캐나다의 고용주들이 외국인 지원자에게 연락하기를 매우 주저하는 것도 사실이었다. 프로그래머의 마음이 또다시 틀린 논리를 내세운 셈이었다.

상황이 이렇게 되자, 친구의 마음은 캐나다에만 목맬 필요가 없다고 현명한 판단을 내렸다. 미국 시장을 뚫어볼 수도 있지 않은가? 그가 알아본 바에 의하면 미국에서는 컴퓨터 분야에서 일하는 러시아 사람들을 아주 높게 쳐준다고 했다. 그렇게 원래 목표는 우선순위에서 밀려났고, 미국으로 진출하기 위한 새로운 작전이 시작되었다.

프로그래머는 이미 이 일에서 전문가가 되어 있었다. 그는 필요한 모든 정보를 철저히 수집했고, 어디에서 무엇을 어떻게 해야 하는지 정확히 알고 있었다. 세세한 부분까지 전략과 전술이 서 있었다. 지식도, 실전 경험도, 그것을 어필할 능력도 최고 수준이었다. 그는 취업과 관련해서라면 진정한 프로였다.

나는 미국의 고용주들이 우리 주인공의 훌륭한 포트폴리오를 보고 입이 떡 벌어질 거라고 생각했다. 하지만 아무도 이 숙련된 전문가에게 관심을 보이지 않았다. 그를 붙잡으려고 하지도, 서두르지도 않았다. 프로그래머의 마음은 상황이 이상하게 돌아가는 것에 대한 이유를 미친 듯이 찾기 시작했다. 모든 것을 나무랄 데 없이 완벽하게 해냈는데, 왜 아무 결과가 없단 말인가? '인재를 잡으려는 사람들'은 다 어디로 사라졌다는 말인가? 미국에서 화려한 경력을 쌓았다는 수백만, 아니 수천만 명의 컴퓨터 전문가들에 대한 신화는 다 거짓이라도 된다는 말인가?

그는 이번에도 이유를 찾았다. 알고 보니, 첨단 기술이 아주 빠르게 발전하여 현재 노동 시장에는 우리 프로그래머의 전문 분야가 아닌 다른 분야에 대한 수요가 높아진 것이다. 그의 전공에 대한 수요도 없는 것은 아니었지만, 타고난 열정을 지닌 그는 새로운 기술을 배우기로 결심했다. 최고가 되어야만 했다! 그 어떤 대가를 치러서라도 말이다. 하지만 그의 노력은 헛되이 무너지고 말았다. 아주 기분 나쁘고 멀게만 느껴지는 자유의 여신상처럼, 미국의 구직난이 개선될 기미를 보이지 않았던 것이다. 그렇게 또 1년이 흘렀다.

내 친구는 때때로 나를 찾아와 자신의 고난에 대해 이야기하곤 했다. 그가 황홀한 표정을 지으며 오스트리아에 대해 말할 때 뿜어져 나오던 내면의 빛은 어디로 사라져버린 것일까! 그는 더 이상 생기와 열정이 넘치는 전문가가 아니라 우승을 기다리며 매일 기계적으로 우편함을 확인하는, 근심에 휩싸인 채 지쳐버린 선수였다. 이런 상황을 겪어보지 않은 사람은 필사적인 발버둥과 희망 사이의 경계에서 균형을 잡는 것이 얼마나 어려운지 이해하지 못할 것이다.

그러던 그에게 어느 날 업무 제안이 들어왔다. 그것도 한 곳이 아닌 세 곳에서나! 성공이란 얼마나 짓궂고 잔인한 장난이란 말인가? 프로그래머가 이미 희망을 버리고 자신의 계획에 작별 인사를 고하려던 참에 일어난 일이었다.

면접은 모스크바에서 진행되었다. 그는 부푼 마음을 안고 즉

시 모스크바로 향했다. 첫 번째 면접은 어느 근사한 카페에서 진행되었다. 카페 직원들은 프로그래머를 친절하게 맞이했고, 면접은 놀라울 정도로 쉽고 성공적이었다. 상냥한 미국인 여성이 그에게 커피와 케이크를 대접했다. 그녀가 아무렇지 않게 커피값을 지불했을 때 부끄러움과 놀라움으로 그 자리를 급하게 뜨고 싶었지만 말이다. 그는 커피값이 그렇게나 비쌀 줄은 상상도 못했던 것이다! 하지만 이제는 새로운 인생에 적응할 시간이다. 머지않아 그 자신도 많은 것을 누릴 수 있을 테니 말이다.

두 번째 회사와의 면접은 첫 번째 면접과 완전히 정반대였다. 콧대 높은 스위스인이 도대체 이 초라한 촌뜨기가 뭐라고 하는지 모르겠다는 표정을 아주 오랫동안 지으며, 면접이 진행되는 호텔로 프로그래머를 들여보내주지 않았던 것이다. 면접에서는 그다지 친절하지는 않은 미국인 두 명이 프로그래머를 심사했는데, 아마도 그가 스트레스에 얼마나 강한지 확인하려는 것 같았다. 그다음 단계로 그는 제법 어려운 컴퓨터 실무 평가를 거쳤다. 결과는 아직 나오지 않았지만, 그는 면접관들의 만족스러운 표정을 보고 이 면접도 성공적이라고 생각했다.

승리감에 취한 나머지 프로그래머는 세 번째 회사인 핀란드 기업의 면접에는 참석조차 하지 않았다. 핀란드라니! 그가 가야 할 곳은 바로 미국인데 말이다. 집으로 돌아온 그는 모든 사람들이 예의상 하듯, 면접을 볼 기회를 준 것에 대해 감사하는 편지를 보냈다. 그리고 두 회사 모두에서 답변을 받았다. 합격이다!

됐다! 프로그래머는 그동안 받아온 고통에 대해 응당 받아야할 보상을 받았다. 바로 이것이 노력과 끈기가 주는 선물 아닌가! 이제 모든 것이 끝이다. 이제 두 회사 중 한 곳을 고르는 일만 남았다. 면접관과 카페에서 기분 좋게 대화를 나눴던 첫 번째 회사는 애리조나에 있고, 두 번째 회사는 캘리포니아에 있었다. 운명이 이렇게 역전되었다. 이제 그가 선택할 차례다! 어떻게 할까…?

모르는 것이 없는 프로그래머의 마음은 이번에도 나서려고 했다. 선인장투성이인 애리조나의 사막에서 그가 놓친 것은 무엇일까? 캘리포니아에서 일하는 것이 훨씬 더 바쁠 것은 안 봐도 뻔한 일이었다. 그 회사에 면접을 보러 가는 길부터 힘든 여정이지 않았는가. 하지만 우리의 일 중독자는 쉬운 길을 가지 않는다. 그는 두 번째 회사를 선택했다.

그는 태어나서 단 한 번도 해보지 않은 역할을 맡아야 했다. 애리조나에 있는 친절한 회사가 제안한 일자리를 정중하게 거절하는 일이었다. 어쩔 수 없다. 중요한 것은 이제 그의 인생이 출국을 준비하는 기쁨으로 가득 찼다는 것이었다. 머지않아 초청장이 도착했고 프로그래머는 오랫동안 기다려왔던 비자를 받았다. 그것도 식구들 모두 말이다!

하지만 그는 그동안 아내와 딸과 셋이 살았던 값싼 아파트를 팔고 부모님의 집으로 이사를 가야 했다. 그러지 않으면 가난한 러시아의 프로그래머가 세 식구의 비자를 받기 위한 1,500달러를 구할 길이 없었기 때문이다. 모든 일은 순조롭게 진행되었고, 이제는 햇살이 따스하게 비추는 캘리포니아에서 누릴 여유롭고 안락한 삶만이 그들을 기다리고 있었다.

프로그래머는 모든 준비를 마친 뒤, 그가 일할 회사에 메일을 보내 출국 준비가 전부 끝났다는 기쁜 소식을 전했다. 2001년 봄의 일이었다. 미국이 프로그래머를 간절히 기다리고 있었다. 이제 비행기 표만 사면 된다. 거의 다 이루어진 그의 꿈을 막을 수 있는 것은 아무것도 없을 것처럼 보였다.

하지만 그런 그에게 돌아온 것은 갑자기 이유를 알 수 없는 차가운 침묵뿐이었다. 프로그래머는 조바심이 나서 계속 메일을 보냈다. 무슨 일이 일어난 것인가? 그동안 잊고 있었던 어마어마한 두려움이 가슴속에서 다시 고개를 들기 시작했다.

그는 이 모든 혼란 속에서도 안간힘을 다해 물밀듯이 밀려오는 바다 건너의 소식들을 외면하려고 했다. 그러다 미국의 경제 상황에 대한 전문가들의 분석 기사를 읽게 되자, 그의 눈앞에 아주 심각한 그림이 그려졌다. 하이테크 분야에서 전례 없는 위기가 터져, 그 여파가 급속도로 퍼져나간 것이다. 수만, 수십만 명의 전문가들이 줄줄이 일자리를 잃었다. 컴퓨터와 텔레커뮤니케이션 관련 업계는 막대한 손해를 입었다. 알고 보니 프로그래머를 고용했던 회사 역시 파산한 기업들 가운데 하나였던 것이다.

그는 이런 상황을 전혀 예상하지 못했다. 이제 미국의 고용주들은 외국인은 물론 자국의 취업 준비생들에게도 싸늘한 반응을 보였다. 그의 비자 역시 구체적인 한 회사에서 일할 것을 조건으로 발급된 것이기 때문에, 이제는 더 이상 효력도 없어졌다. 그의 아파트는? 마찬가지로 날아가버린 것이다. 끝이다…. 완전한 실패였다.

운명이 참 얄궂게도, 애리조나의 회사는 위기를 겨우 버티고 정상적으로 운영되고 있다는 소식이 들려왔다. 그 소식을 들었을 때 그의 충격은 더 커졌다. 프로그래머는 다시 미국으로 가기 위해 처절하게 몸부림치기 시작했다! 하지만 그 회사에서는… 당연히 그에게 답을 보내지 않았다.

나의 친구는 실패로 완전히 절망에 빠졌지만, 당신이 예상했을 법한 결말과는 달리 자신의 손으로 삶을 끝내지는 않았다. 그는 해외뿐 아니라 이곳, 러시아에서도 조건이 좋은 일자리를 찾기 위해 그가 가지고 있는 열정을 다해 노력했다. 그는 노력만 하면 안 되는 것은 없다고 생각했다. 실제로 운명이 그를 가엽게 여기기라도 한 듯, 머지않아 그는 가족들과 살고 있던 도시 인근의 작은 마을에 있는 합작 회사로부터 꽤 괜찮은 제의를 받았다.

그 회사는 프로그래머에게 높은 연봉을 제안했지만, 프로그래머는 그런 인지도 낮은 기업에서 경력을 이어가고 싶지 않았다. 그의 야망은 그보다 훨씬 높았기 때문이다. 캘리포니아도 점령할 수 있었던 그인데 말이다! 거절하는 것이 좋겠다. 이 정도에 만족할 그가 아니었다.

실제로 프로그래머는 이미 어느 회사에서나 탐낼 법한 훌륭한 인재가 되어 있었다. 그리고 그해 여름, 그는 치열한 면접 단계를 모두 통과하여 모스크바에 지부를 둔 미국 회사에 취직했다.

모스크바의 물가를 감안해도 연봉은 적당했고, 집과 다른 필요한 것들을 마련하고도 남을 정도였다. "자, 이제 됐군. 모든 게 다 잘될 거야"라고 그는 생각했다. 회사도 안정적이고, 위기도 지나갔고, 수입도 늘어나고 있으니 말이다.

프로그래머는 모스크바로 떠나 화려하고 성공적인 커리어가 보장된 일을 시작했다. 시간이 지나면 미국으로 파견될 가능성이 아주 컸다. 어쩌면 그 편이 나을지도 모르는 일이었다. 첫 시도에는 실패했어도, 운명이 그를 최악의 가능태에서 벗어나도록 지켜준 것이었을지도 모르지 않는가?

하지만 기뻐하기엔 아직 일렀다. 9월 11일이 된 것이다. 뉴욕에서 테러가 일어나 세계무역센터 건물이 붕괴되고 수천 명이 목숨을 잃은, 바로 그 잊을 수 없는 날이었다. 프로그래머의 본사는 그 고층 건물 중 한 곳에 있었고, 그 사건으로 영원히 사라져버렸다.

운명이 이번에도 그를 조롱하기로 마음먹었다고 볼 수밖에 없었다. 마치 어떤 악한 힘이 작정하고 프로그래머를 괴롭히려고 하는 것 같았다. 그가 발버둥 치면 칠수록 결과는 더 나빠졌다. 이제 정말 끝이다. 이제 프로그래머에게 자신의 집으로 돌아가는 것 말고는 다른 선택지가 없었다.

그렇게 나의 친구는 희망에 작별을 고했다. 그는 컴퓨터를 팔고, 이제는 지겨워진 그 일을 더 이상 거들떠보지도 않겠노라고 결심했다. 이제 그곳엔 오직 삶에 지치고 역경에 무너져버린 한 사람만 남아 있을 뿐이었다.

그는 공장에 취직해서 그다지 소득이 높지 않은 단순한 수작업 일을 하기 시작했다. 그의 실력이 그 누구보다 출중했던 만큼 추락은 더욱 가파르게 느껴졌다. 아무짝에도 쓸모없었던 프로그래머의 마음은 그렇게 가혹하게 자기 자신을 벌했다.

이 안타까운 이야기에서 프로그래머가 한 행동을 비난할 수 있을까? 평범한 세계관으로 봤을 때 그는 모든 것을 제대로 하지 않았는가? 많은 사람들이 프로그래머와 똑같이 행동한다. 누군가는 운이 좋아 성공한다. 그는 운이 안 따라줬을 뿐이다. 그렇지만 모든 것이 완전히 달라졌을 수도 있지 않은가. 이제 프로그래머가 어떤 실수를 했는지 트랜서핑의 관점에서 따져보기로 하자.

첫 번째 실수는, 이루기 힘들다는 이유로 자신의 목표를 포기한 것이다. 프로그래머의 첫 번째 목표였던 오스트리아는 그가 올바르게 선택한 목표였다. 영혼과 마음이 일치한 상태에서 나온 것이기 때문이다. 목표에 대해 생각했을 때 행복에 젖어 말 그대로 날개를 달고 날아오르는 느낌이 든다면 영혼과 마음이 완전히 일치한다는 뜻이다. 이러한 상태에서 영혼은 콧노래를 흥얼거리고, 마음도 만족감에 손뼉을 칠 것이다. 다만 이것은 아직 목표 자체를 설정하는 단계에 불과하다는 점에 주의하기를 바란다.

하지만 여기에서 목표를 달성하는 방법이나 수단에 대한 질문이 떠오른다. 이루어질 수 없는 꿈이라고 생각된다면 마음은 구름 위로 떠오르기를 주저하며, 더 현실적인 목표에 도전하고 싶다는 생각에 헛된 기도를 포기하려고 호시탐탐 기회를 노린다. 사실 마음은 구름 위로 날아오르지도, 그렇다고 단단한 땅 위에 서 있는 것도 아니다. 그저 무지함의 구덩이 속에서 처절하게 몸부림치는 존재에 불과하다.

평범한 고정관념을 기반으로 세워진, 소위 말하는 '냉철한 판단'은 달성하기 어려운 목표를 이루는 방법을 찾는 데 방해가 된다. 성공을 향한 길은 늘 지극히 개인적이다. 성공 여부를 확인하기 위해서는 그 삶을 사는 방법밖에 없기 때문이다.

여러 세대의 경험을 통해 분명하게 알 수 있는 진리가 있다. 성공의 공식은 변덕스럽다는 점이다. 유일하게 변하지 않는 사실은, 성공은 항상 원칙에서 벗어나는 예외의 형태로 나타난다는 점이다. '대처하기 힘든 실수의 아버지*'인 마음은 참 어리석게도, 널리 퍼져 있지만 사실은 큰 가치가 없는 고정관념들을 진실이라고 받아들인다. 그렇게 모든 것이 완전히 뒤바뀌어버린다. 이 문단을 집중해서 여러 번 읽어보기를 바란다.

목표 설정 단계에서 마음이 할 수 있는 유일한 것은, 그 목표가 원칙적으로 실현 가능하다는 사실을 설정해두는 것이다. 이것으로 '똘똘이'의 역할은 끝이다. 똑똑한 마음은 "젠장, 그런데 어떻게?!" 하고 외칠 것이다. 하지만 그것은 이미 마음이 신경 쓸 일이 아니다. 마음은 역할을 완수한 것만으로도 마음이 할 수 있는 모든 것을 보여줬다. 그거면 된 거다.

---

* 러시아 문학의 대문호 푸시킨의 시 〈오, 그 얼마나 많은 훌륭한 발견들이〉의 한 문구. 이 시에서 시인은 '대처하기 힘든 실수들을 통해 경험이 축적된다'고 강조하고 있다. — 옮긴이 주

목표를 달성하는 방법과 수단은 저절로 찾아온다. 그것도 마음은 절대로 상상조차 할 수 없는 방법으로. 마음은 아무것도 알지 못하며 알 수도 없다. 그 목표가 이미 이뤄진 것처럼 계속 생각한다면, 외부의도는 — 이 미지의 힘은 — 때가 되면 필요한 문, '가능성'을 열어줄 것이다. 마음이 해야 할 일은 생각의 흐름을 필요한 방향으로 돌려놓아 외부의도의 체계가 작동하도록 하는 것이다.

두 번째 실수는, 결과를 얻지 못하는 것에 대한 불안과 그것을 이루고자 하는 욕망이다. 분명한 것은, 당신이 불안해하면 할수록 목표를 향해 다가가는 속도는 느려진다는 점이다. 아예 조금도 가까워지지 않을 수도 있다. 물론 영혼이 균형을 유지하기 위해 자신이 어떤 방향으로 움직이고 있는지는 항상 알고 있어야 한다. 트랜서핑은 바로 그 사실을 알려준다.

목표를 이루는 가능태 공간에서 당신의 상황은 망망대해에서 배를 타고 있는 것과 같다. 육지에 다다르기 위해서 당신은 나침반의 바늘이 가리키는 북쪽을 향해 쉬지 않고 노를 저어야 한다. — 사고의 흐름이 가리키는 방향으로 나아가야 하는 것이다. 당신이 육지를 향해 다가가 해변에 다다르는 모습을 상상하면 나침반의 '바늘'이 어느 방향으로 가야 하는지 당신에게 알려줄 것이다. 당신이 해야 할 일은 목적지를 생각하며 노를 젓는 것뿐이다. 그뿐이다. 그 이상은 필요 없다!

하지만 그때 조급해진 마음이 안절부절못하고 "우리 어디로 가는 거야? 아직 육지는 멀었어? 방향이 완전히 틀렸는데!"라며 뱃

사공을 괴롭히기 시작한다. 결국, 나침반 바늘은 흔들리기 시작하고, 당신의 배는 계속해서 노선을 바꾼다.

마음은 가능태 공간에서 배가 어떻게 움직이는지 볼 수 없기 때문에 끊임없이 의심하고 불안해한다. 마음은 상황을 자신의 통제 아래 두는 것에 익숙하다. 마음은 당신이 무엇을 하고 있는지 이해하면서 수행할 수 있는 과제가 주어졌을 때만 안심한다. 그러니 마음에게는 배를 흔들지 말고, 경로에서 벗어나지 않도록 키나 똑바로 잡고 있으라고 말해주면 된다. 사고의 흐름을 통제하는 것, 바로 그것이 마음이 해야 할 일이다.

하지만 욕망이 생기면 문제는 더 복잡해진다. 욕망은 가장 자연스러운 닻이기 때문이다. 그런 마음을 떨쳐버릴 수 있으면 좋을 텐데 말이다. '무사도武士道'를 예로 들자면, 이 가치관의 기본은 이미 자신이 죽었다고 생각하고 사는 데 있다. 이런 마음가짐이라면 잃을 것도, 두려워할 것도 없어진다. 실패한다 하더라도 결과에 승복하겠다는 마음가짐으로 목표를 향해 거침없이 나아가야 한다. 그러면 닻에 묶인 밧줄은 쉽게 끊어질 것이다.

만약 도저히 끊어내지 못하겠다면, 적어도 닻을 들어 올리기라도 해야 한다. 이렇게 해보자. 욕망은 행동하려는 의도로 이어질 수 있지만, 갈망은 그렇지 않다. 갈망은 무엇보다도 실패에 대한 두려움에서 나온다. 진심으로 원하지만 그것을 이룰 힘은 없고, 동시에 성공하지 못할까 봐 두려운 것이다. 왜 두려워하는가? 목표가 아니라, 목표를 이룰 수단에 대해 생각하기 때문이다. 갈망은 주변을 둘러싼 에너지장(energy field)을 심하게 왜곡시켜, 그에 대한 반작용으로 균형력을 끌어들이는 잉여 포텐셜(용어 사전 298쪽 참고)을 만든다. 이 힘은 목표를 달성하는 데 방해가 된다.

목표에 대해 생각할 때, 그 목표가 이미 이루어졌다고 마음이 생각하도록 거듭 상기시켜야 한다. 물론 때때로 암울한 생각이 불쑥 고개를 들 수도 있다. 하지만 내버려두라. 굳이 그런 생각을 떨쳐내려고 애쓰지 않아도 좋다. 중요한 것은, 그 모든 작은 동요가 당신을 주된 경로에서 밀어내지 않도록 해야 한다는 사실을 잊지 않는 것이다.

마지막으로, 당신은 갈망을 의식적으로 줄일 수도 있다. 당신도 기억하다시피, 프로그래머에게 일자리 제안이 들어왔던 것은 그가 절망에 빠져버린 나머지 주먹이 부들부들 떨릴 정도로 꽉 움켜쥐고 있었던 욕망을 '놓아줬던' 바로 그때였다. 그러므로 의식적으로 그렇게 하는 것 또한 얼마든지 가능하다. 원하는 것이 있는가? 그럼 무엇이 걱정인가? 곧 그것을 얻게 될 텐데 말이다.

세 번째 실수는 한 목표에서 다른 목표로 갈팡질팡한 것이다. 프로그래머는 가능태가 무르익어 물질로 결실을 맺는 순간까지 도저히 기다릴 수 없었다. 가장 어려운 것은 상황의 주인으로서 침착함을 유지하며 기다리는 것이다. 아무것도 일어나지 않는 동안에는 잠시 멈춰 이 시간을 견뎌야 한다. 꾸준함을 확인하기 위한 일종의 시험인 셈이다.

시간이 멈춰버린 이런 상태를 피할 방법은 없다. 그저 침착한 태도를 유지해야 한다. 마음은 조급한 나머지 패닉 상태에 빠져 경솔하게 노선을 바꿔버리는 경우가 종종 있다. 그러나 사실은 목표가 이제 막 지평선에서 보이려던 참이었다. 목표는 어리석은 마음의 주의를 끌기 위해 "이봐요, 좀 기다려요!"라며 발을 동동 구르며 다급하게 손을 흔든다.

가능태의 물질화는 거울에 사물이 반사되는 것과 똑같이 이루어진다. 당신의 머릿속을 맴도는 그림이 거울에 비친다. 그것을 다른 말로 **목표의 슬라이드**라고 한다. 가능태 공간의 거울과 평범한 거울의 유일한 차이점은, 가능태 공간의 거울은 그림을 곧바로 비추지 않고 시간이 어느 정도 흐른 뒤에 비춘다는 것뿐이다.

이런 이상한 상황을 생각해보라. 당신이 거울 앞에 서 있는데, 거울에는 아무것도 보이지 않는다. 그러다 일정한 시간이 흐른 뒤에야 사진이 인화되듯 천천히 모습이 나타나기 시작한다. 어느 순간이 되어 당신이 미소를 짓기 시작하지만, 거울에 비친 당신은 아직도 심각한 얼굴을 하고 있다.

가능태 공간의 거울은 바로 이렇게 작동한다. 다만 반사된 모습이 바뀌기까지 시간이 아주 오래 걸리기 때문에, 변화를 인식하기가 어려울 뿐이다. 그런데 그림이 계속 바뀐다면 거울이 어떻게 그것을 반영하겠는가? 그림이 아직 채 반사되기도 전에 서둘러서 자신의 슬라이드를 바꾸려고 하는 꼴이다. 그 결과 거울에는 흐릿한 실루엣만 보이게 된다.

네 번째 실수는 부정적인 슬라이드를 만든 것이다. 자기 자신이

'가치가 없고 충분히 준비되지 않은 사람'이라는 생각을 담은 슬라이드로 어떤 심상이 만들어질 수 있겠는가? 물론 프로그래머가 그런 슬라이드(용어 사전 307쪽 참고)를 가지고 있었다는 말은 아니다. 다만 그의 머리는 목표를 달성하기 위한 수단에만 몰두하고 있을 뿐이었다.

그는 목표를 실현하는 데 오직 내부의도만 사용했다. 거울은 그가 기대와 목표를 이루기 위해 고군분투하는 과정만을 비췄을 뿐이었다. 물론 평범한 방법도 목표를 달성하는 하나의 수단일 수 있지만, 그 방법은 시간도 엄청나게 오래 걸리고 가능성도 대단히 희박하다.

목표가 이미 달성된 슬라이드를 머릿속에 떠올린다면 더 빠르고 확실한 결과를 얻을 수 있다. '가슴 벅찬 준비'는 이미 진행 중이어야 한다! 그리고 성공은 이미 따놓은 당상이라는 듯, 거울 앞에서 뽐내야 한다. 그러면 그에 일치하는 반영이 거울에 그려질 것이다. 가능태 공간은 역설적인 레스토랑과 같다. 그곳에서는 점원이 음식을 쟁반에 담아 테이블로 가져올 때까지 가만히 앉아서 기다리기만 해선 안 된다. 주문한 음식이 이미 나온 것처럼 행동해야 한다. 말 그대로 모든 음식이 이미 테이블에 다 차려진 것처럼 상상하고 또 상상하는 것이다.

이 특별한 레스토랑의 비밀은, 점원이 커튼 뒤에 숨어서 당신을 지켜보다가 당신이 식사를 즐기는 것을 확인한 다음에야 음식을 내온다는 것이다. 기억하길 바란다. 이것이 모두 속임수라는 것을!

다섯 번째 실수는, 가능태 흐름에 반대되는 움직임이다. 이 실수는 한눈에도 바로 알 수 있을 정도로 표면에 그대로 드러나 있다. 물론 당신은 프로그래머가 왜 조금도 고민하지 않고 애리조나에 있는 회사를 선택해야 했는지 알고 있을 것이다. 선택의 순간이 왔을 때 가장 쉽게 '열리는' 바로 그 선택지의 문을 골라야 한다. 이 문제에 대해 마음이 만들어내는 다른 모든 거짓말이 아무리 설득력 있어 보인다 할지라도, 그것을 용감하게 거절할 수 있어야 한다.

프로그래머의 마음은 그것이 가진 특유의 태도로 가능태 흐름을 거스르는 방향으로 몸을 틀었고, 결국 몸을 겨우 욱여넣어야 할 것이 분명한 **타인의 문을 선택했다.** 바로 옆에 오직 그만을 위한 문이 활짝 열려 있고, 정성스레 깔려 있는 레드카펫이 분명히 보였는데도 말이다!

타인의 문이 가장 마지막 순간에 코앞에서 '쾅' 소리를 내며 닫힌 것은 어떻게 보면 당연한 일이다. 타인의 문은 전부 다 그렇기 때문이다. '이성적인 결론'은 그 정도의 가치밖에 되지 않는다. 그 후에는 "이렇게 될 줄 누가 알았겠어?"라며 어깨를 으쓱하는 것 말곤 별다른 도리가 없다. 물론 정말로 아무도 모르긴 했을 것이다. 하지만 누군가가 반드시 알아야 하는 것도 아니다. 그저 가능태 흐름을 따라가기만 하면 된다. 그게 전부다.

여섯 번째 실수는 마음이 시나리오를 통제했다는 것이다. 이 실수의 결과는 확실하게 드러나는 것은 아니지만, 다른 실수들만큼이나 치명적이다. 보통 마음은 사건이 어떻게 전개되어야 하는지 모두 다 알고 있다는 자만에 빠지곤 한다. 그러나 사건이 예상된 시나리오와 다르게 흘러가면 전부 실패할 것이며 큰일이 날 거라고 생각한다. 이런 마음의 태도는 인생트랙(용어 사전 301쪽 참고)을 부정적인 갈림길로 돌려놓는다. 그리고 그 갈림길에서는 원래 일어나려고 했던 일들보다 훨씬 더 안 좋은 일들이 일어난다.

여러 사건에 대한 태도를 표현할 때마다 당신은 두 가지 가능태를 향한 갈림길에 서게 된다. 그리고 무수한 갈래로 이루어진 미로를 통과하여 목표를 향해 나아간다. 이 실타래처럼 복잡하게 얽힌 미로 속에서 당신은 단순한 마음의 논리 때문에 오랫동안 길을 잃고 헤매기도 한다.

사실 미로를 통과할 수 있게 도와주는 열쇠는 아주 간단하다. 바로 **조율의 원칙**이다. 무슨 일이 일어나든, 모든 길은 목표를 향하고 있으며 모든 일은 정확하게 일어나야 할 방향대로 일어난다. 이런 태도를 가지고 있다면, 인생트랙은 항상 유리한 갈래로 당신을 인도할 것이다. 그리고 조율은 목표를 향한 가장 짧고 이상적인 길을 놓아줄 것이다.

대부분의 어리석은 실수들은 예상한 시나리오에 포함되지 않은 사건이 일어났을 때 마음이 그것을 받아들이지 않아서 일어난다. 이것이 마음의 본성이다. 모든 것을 자신의 통제 아래에 둬야만 직성이 풀리는 것이다. 하지만 그런 특성을 바꾸려고 애쓸 필요는 없다. 그저 마음이 조율의 원칙과 가능태 흐름(용어 사전 308쪽 참고)을 의식적으로 따르고 있는지 자각하도록 주의를 환기시켜주면 된다.

일곱 번째 실수는 마음이 영혼의 소리에 귀 기울이려고 하지 않

았다는 점이다. 정리하자면, 본질적으로 위에서 언급한 모든 실수는 바로 가장 중요한 이 하나의 실수로 일어난 것이었다. 영혼이 없는 마음은 마음이 없는 영혼과 마찬가지로 아무것도 아니다. 영혼과 마음은 반드시 함께해야만 무한한 가능성을 가질 수 있다. 수많은 실수를 저지르고도 똑같은 실수를 또다시 되풀이할 정도로 완전히 바보가 되어야 한다는 말로 들릴지도 모른다. 하지만 오히려 프로그래머에게 일어난 모든 불행은 바로 그의 뛰어난 마음 때문에 일어난 것이었다.

분명한 것은, 아무리 올바른 판단이라 할지라도 그 판단에 영혼의 소리가 없다면 당신의 결정은 큰 가치를 가지지 못한다는 것이다. 물론 마음만으로 살아갈 수도 있고, 다른 모든 사람들처럼 소위 말하는 '상식'이라는 반석을 기반으로 모든 문제를 해결하며 살아갈 수도 있다. 뭐 하러 인생에서 기적이 일어나게 하는 위험을 감수한다는 말인가? 트랜서핑은 절대로 일어날 수 없는 일이라고 스스로에게 확실히 말해두는 것이 훨씬 더 쉽고 안전하다.

그렇다면 당신은 그냥 인생에서 그저 그런 결과들을 얻는 것에 만족하고, 아무런 기적도 기대하지 않으며 살길 바란다. 평범한 세계관의 틀에서 행동하는 사람의 사과는 상식에 따라 항상 땅으로 떨어질 것이다. 그 외에 다른 일은 절대로 일어나지 않는다.

이제 '마법사들의 설명'을 기억하며 프로그래머의 이야기를 처음부터 다시 읽어보길 바란다. 모든 것이 손바닥 안을 들여다보듯 훤히 보일 것이다. 참고로 말해두자면, 이 이야기는 해피 엔딩으로 끝난다.

나의 친구는 자기 자신을 그렇게 오랜 시간 동안 벌할 수 없었다. 그의 영혼은 감옥에서 탈출하기 위해 애썼고 결국에는 출구를 찾아냈다. 문득, 그가 한때 그림을 썩 잘 그렸다는 사실이 떠오른 것이다. 그는 성공에 대한 어떤 희망도 가지지 않은 채 과거의 취미를 차분히 되살리기 시작했다.

어떻게 되었을 것 같은가? 그의 작품은 많은 사람들의 주목을 받으며 고가에 팔리기 시작했다. 다시 태어난 화가는 사람들이 왜 이렇게 열광적으로 자신의 그림을 사려고 하는지 도저히 이해할 수 없었다. 그의 눈에는 그림에 특별한 점이 아무것도 없어 보였던 것이다. 하지만 그 작품들에는 사람들에게 정말 부족한 것, 황금 같은 값어치를 가지지만 동시에 그 무엇으로도 값을 매길 수 없는 것이 있었다. 바로 영혼과 마음의 일치(용어 사전 297쪽 참고)였다. 이 일치 속에서 인간이 활동하는 어떤 분야에서든 걸작으로 여겨지는 모든 창조물이 탄생한다.

이제 화가는 행복하고 경제적으로도 여유로운 사람이 되었다. 그는 영혼 덕분에 자신의 길을 찾았다. 이후에 그는 나에게 사실은 프로그래머라는 직업을 좋아한 적이 단 한 번도 없었노라고 고백했다. 그리고 외국어로 대화하는 것도 늘 싫었다고 했다. 이제 화가는 해외로 떠나지 않은 것이 엄청난 행운이었다고 확신한다. 그랬다면 그는 이런 성공을 절대로 거두지 못했을 것이다.

하지만 예술이 화가의 영혼이 원하는 유일한 것이라는 사실은, 어쩌면 또 다른 착각일지도 모른다. 그의 목표 중 하나가 오스트리아나 애리조나 어딘가에 버려져 있을 가능성도 있다. 가능태 공간에는 모든 가능성이 존재하며, 누구나 수많은 목표를 가질 수 있기 때문이다. 그저 그중에서 자신의 목표를 고르기만 하면 된다.

그렇다고 해서 영혼의 애착이 오직 영적인 영역에서만 생길 수 있다고 생각하지 않길 바란다. 프로그래머의 이야기는 트랜서핑에서 볼 수 있는 전형적인 예시다. 하지만 다른 사람의 경험을 따라 하지 말아야 한다는 사실을 잊어서는 안 된다. 누구에게나 각자의 길이 있다. 자신이 과학이나 예술에 어떤 재능이 있는지 반드시 찾아내야 하는 것은 아니다. 방법은 그보다 훨씬 단순하다. 그저 **새벽별의 속삭임**, 즉 자기 영혼의 소리에 귀 기울이기만 하면 된다. 그리고 마음으로 영혼을 다그치거나 재촉해서는 안 된다. 영혼은 스스로 자신을 드러낼 것이다. 영혼이 필요로 하는 것은 오직 마음의 관심뿐이다.

마지막으로, 당신에게 트랜서핑에서 목표를 달성하는 기본적인 도식을 상기시켜줄 일만 남았다. 영혼과 마음이 일치하는 지점에서 자신의 목표를 세운 다음, 목표의 슬라이드를 머릿속에 꾸준히 떠올리고 조율의 원칙을 따라 노를 저어가며, 과정을 심상화하여 가능태 흐름을 따라 움직이면 된다. 모든 것이 너무나 간단하여 길을 잃는 것이 거의 불가능할 정도다. 자, 그것을 어떻게 하는지는 《리얼리티 트랜서핑》과 《트랜서핑의 비밀》에서 자세히 볼 수 있다.

거울 갤러리에서
원하는 목표를 꾸준히 유지하며 행동하라

늦은 저녁, 저와 아내는 차를 타고 집으로 가고 있었습니다. 아내는 몹시 지친 상태였습니다. (일을 하느라 충분히 잠을 자지 못했기 때문이죠.) 저는 이제 갓 초보 딱지를 뗀 운전자였고, 초행길이라 운전에 집중하고 있었습니다. 저는 방향을 몇 번 튼 다음 2킬로미터 정도를 더 갔죠. 그런데 갑자기 아내가 잠에서 깨어나 제가 길을 잘못 들었다고 미친 듯이 화를 내기 시작했고, 앞으로 다시는 안 볼 것처럼 심한 악담을 퍼부었습니다. 저는 대꾸하지 않으려고 했지만, 아내가 자꾸만 제 감정을 자극했습니다. 왜 이런 일이 일어났을까요? 저는 그 어떤 부정적인 에너지도 내보내지 않았단 말입니다. 그저 잘 모르는 길을 가고 있었기 때문에 매우 불편했음에도 불구하고 길을 찾는 데 열중하고 있었을 뿐입니다. 악순환은 계속되었습니다. 저는 점점 피곤해졌고, 아내의 기운 때문에 우리 가정의 부정적인 에너지는 배가되었습니다. 하지만 제가 아내의 행동을 바꿀 수는 없는 노릇 아니겠습니까? 이런 상황에서 어떤 전략이나 전술을 쓸 수 있을까요?

모든 사람들은 각자 세계의 층(용어 사전 308쪽 참고)을 만든다. 이 층들은 서로 얽히기도 하고, 하나의 층 위에 다른 층이 쌓이기도 한다. 부정적 에너지의 원천은 타인의 층에서 당신의 세계에 있는 층으로 파고들 수 있다. 그에 대해 의미를 부여하거나 가까운 사람으로부터 부정적 에너지가 만들어졌다고 해서 화를 내서는 안 된다.

세계는 거울이지만, 그것은 일정한 시간이 지나서야 모습을 비춰준다. 세계가 당신의 안정과 행복을 위해 애쓰고 있다는 태도를 스스로 가지라. 아무리 사소한 것일지라도, 그것이 정말 사실이라는 증거를 꾸준히 찾으라. 그리고 그것이 습관이 되게 하라. 시간이 흐르면서 부정적 에너지는 당신도 모르게 인생에서 사라질 것이다. 심지어 주변에서도 부정적 에너지를 내뿜는 것을 멈출 것이다. 그에 대해 애써 이유를 찾지 않아도 된다. **그저 꾸준히 변하지 않는 태도로 행동하라.**

그렇게 한다면 어떤 일이 일어나는지 살펴보자. 당신은 긍정적인 태도를 설정하고 결과를 기다리기 시작한다. 그런데 그 태도와 일치하지 않는 반응을 얻는다. 이 반향, 즉 거울의 반영은 그보다 더 이전의 태도에 대한 결과다. 당신은 시간이 흐른 다음에야 결과가 바뀔 수 있다는 사실을 고려하지 않고 있다.

부정적인 결과를 얻고 나면 당신은 틀에 박힌 태도로 또다시 부정적인 반응을 보일 것이다. 이런 당신의 태도는 생각과 행동에 그대로 드러난다. 거울은 당신의 긍정적인 태도에 반응하기도 전에 당신에게서 오는 부정적인 자극을 받는다. 그렇게 노선이 바뀌기 때문에 목표에 가까이 갈 수 없는 것이다. 모든 비결은 꾸준함에 있다. 목표에 대한 설정을 꾸준히 유지한다면 거울은 그 설정에 일치하는 모습을 반영할 것이다.

'나의 세계가 나를 보살피고 있다', '무슨 일이 일어나든, 모든 것은 그것이 일어나야 할 방향대로 흘러간다'고 설정한 뒤 얼마 지나지 않아 불행이 봇물 터지듯 저를 덮쳤습니다. 사소한 일부터 시작해서 가면 갈수록 더 불행해집니다. 예컨대 최근에는 이런 일이 있었습니다. 연봉이 절반으로 줄어들어 이직을 해야 하는 상황에 처한 것입니다. 일이 더 잘 풀리려고 그러는 것이라고 머리로는 이해하지만, 사실은 걱정이 되고 근심이 쌓여만 갑니다. 어떻게 해야 할지, 이대로 괜찮은 것인지 알려주세요.

당신의 현재 인생트랙은 '막혀' 있는 것 같다. 참고로, 육체가 올바르지 못한 삶의 방식대로 살다가 건전한 생활 방식으로 옮겨갈 때 병적인 과정 ─ 명현현상瞑眩現象* ─ 을 동반하는 강력한 정화 작

---

* 건강이 회복되는 과정에서 예상치 못하게 일시적으로 증세가 격화되거나 부작용이 생기는 반응을 일컫는 말. ─ 옮긴이 주

용이 일어난다.

당신의 삶에서도 비슷한 일이 일어나고 있는 것이다. 당신은 세계를 향해 새로운 사념체(thought-forms)를 보내고, 당신의 주변 세계는 마치 거울처럼 모습을 바꾸기 시작한다. 하지만 거울의 반영이 바뀌기까지는 시간이 걸리며, 이 경우에서 보았듯 일정한 '손해'가 발생할 수도 있다.

그렇다고 해서 패닉에 빠지지도, 우울해하지도 않기를 바란다. 지금 당신이 해야 할 일은 참고 견디는 것이 아니라, 당신의 인생에서 변화가 일어나고 있다는 사실에 기뻐하는 것이다. 세계가 이렇게 정성으로 당신을 보살피고 있으며 뭔가를 부수지 않고는 할 수 없는 대대적인 리모델링이 일어나고 있으니 말이다.

중요한 것은 이런 변화를 부정적으로 받아들이지 않는 것이다. 의도 조율의 원칙을 꾸준히 따르다 보면, 당신의 눈에 불행의 연속으로 보였던 사건들이 사실은 그렇지 않으며, 오히려 당신의 이익을 위해 일어났다는 것을 머지않아 깨닫게 될 것이다.

성공은 사람이 자신의 생각으로 세계의 층을 만들 수 있다는 믿기 어려운 사실을 마음이 얼마나 적극적으로 받아들이는지에 달려 있다. 당신에게 두 가지 극단적인 상황을 조심할 것을 경고하고자 한다. 하나는 기쁨에 취하는 것이다. 그 누구도 실수와 실패를 하지 않을 것이라는 보장은 없다는 사실을 분명히 기억해야 한다. 모든 일이 항상 순조롭기만 할 것이라고 기대해서는 안 된다. 패배를 위한 여지를 남겨두어야 한다. 실수나 실패와 싸우지 말고, 때로는 그 일이 일어나도록 허용하라.

다른 한편으로, 어떤 일이 일어나든 당신은 실패를 성공으로 선언할 수 있다. 세계가 당신을 돌봐주고 있다고 믿기 시작한 이상, 당신의 마음은 무엇이 정말로 좋은 일인지 모를 수도 있지 않은가. 그건 당신의 세계가 더 잘 알고 있다. 현실의 주인은 바로 당신이다. 그러니 당신이 가진 권력을 사용하여 실패로 보이는 것이 사실은 당신의 성공을 위한 것이라고 선언하라.

두 번째로 주의해야 할 점은, 긍정적인 태도를 의무라고 생각하며 항상 만족감을 가지라고 자신에게 강요하지 말아야 한다는 점이다. 긍정적인 기분은 어떤 일이 당신에게 이롭다고 확실하게 인식될 때 따라오는 결과여야 한다. 당신은 그저 당신의 태도가 세계의 거울에 비친다는 사실을 자각하기만 하면 된다. 하지만 그것을 의무라고 여기지는 말라. **당신은 당신의 세계를 지배하는 자유로운 왕비가 아닌가?** 뭔가에 만족하지 못하는 것도, 변덕을 부리는 것도 당신의 권한이다. 강요된 의무감의 틀 속에 자기 자신을 욱여넣지 말고, 그저 **세계의 거울에서 펼쳐지는 이 연극을 즐기기만 하면 된다.**

어떻게 해야 할지 도저히 모르겠습니다. 제 어머니는 말이죠. 뭐, 저는 평소에도 어머니에게 매우 화가 나 있고 불만스러운 상태입니다. 어머니를 용서하고 싶지만… 잘 안 됩니다. 어머니는 항상 의도치 않게 저를 골치 아픈 상황에 빠뜨립니다. 참 힘들어요(특히 돈 문제로요). 저에겐 남편과 아들이 있어요. 가족이 있단 말입니다.

그러니 어머니에게 모든 신경을 집중할 수는 없는 노릇이고, 바로 여기에서 갈등이 생깁니다. 제가 뭔가 잘못한 기분이에요. 아마도 제가 어리석어서 그런 거겠죠? 하지만 때로는 정말 미칠 것 같아요!

당신과 어머니의 관계가 어떤지 자세히 모르니 구체적인 조언은 할 수 없을 것 같다. 편지 내용만 본다면 당신이 처한 모든 문제는 무슨 수를 써도 떨쳐낼 수 없는 죄책감과 연관되어 있을 가능성이 크다. 죄책감이 있다면 어떤 형태로든 그것이 시나리오에 반영되기 마련이다. 예를 들어 손가락을 다치거나(가장 나은 경우) 지나치게 부담되는 책임을 지거나 골치 아픈 문제에 직면하는 것이다.

죄책감과 싸우는 것은 아무 소용이 없는 일이다. 당신이 죄책감을 가질 만한 사연이 있든 없든, 그 죄책감을 떨쳐버릴 수는 없을 것이다. 오직 구체적인 행동에 의해서만 그 문제를 해결할 수 있다. 바로 정당화하기를 그만두는 것이다. 편지에서도 당신은 자신을 정당화하지 않았는가? "제가 어리석어서 그런 거겠죠?"라고 말이다. 자기 자신에 대해 그렇게 쉽게 말해서는 안 된다. 자신을 대하는 태도와 일치하는 반영이 거울에 비치지 않겠는가? 무슨 일이 있어도 자기 자신을 비난하지 않는 것처럼 행동해야 한다. 그러면 거울은 죄책감이 비집고 들어갈 자리가 없는 세계의 층을 만들 것이다.

정당화하고 싶어질 때마다 정신을 차리도록 하라. 그런 짓을 하려는 것을 스스로 막아야 한다. 자신의 행동에 대해 반드시 설명을 해야 하는 극단적인 경우에만 정당화하라. 죄책감이 너무 크다면 처음에는 양심을 조금 '숨 막히게' 하는 것도 나쁘지 않을 것이다. 정당화하는 습관이 사라지자마자 죄책감도 사라지고, 그 결과 처벌의 시나리오도 사라질 것이다.

제가 '이렇게 저렇게' 하고 있다면 트랜서핑 기법을 제대로 하고 있는 걸까요? 무엇이 저의 실수일까요? (행동에 대한 설명이 없었음)

문제는 당신이 제대로 하고 있는지 아닌지가 아니라, **자신의 정당성을 스스로 얼마나 믿는지다.** 당신이 제대로 하지 못하고 있다고 생각한다면, 뭘 하든 실수를 하고 만다. 의심하면 흔들리게 된다.

이런 상황을 상상해보자. 벽에 그림 대신 온통 거울이 걸려 있는 갤러리에 왔다. 거울의 모양은 저마다 다르지만, 본질은 전부 같다. 바로 당신의 모습을 비추는 거울이라는 점이다. 나는 이 거울 갤러리에서 당신의 가이드 역할을 하고 있는 셈이다.

이제 당신은 나에게 목표를 달성하기 위해 어떤 방법을 사용하는 것이 가장 좋을지 질문하고 있다. 이 방법이 좋을까, 저 방법이 좋을까? 어쩌면 자신의 카르마를 행하는 것이 좋을지도 모른다. 하지만 이것은 마치 당신이 "제가 어떤 전시관으로 가는 것이 좋을까요?"라고 물어보는 것과 같다. 그리고 나는 "당신의 영혼과 마음이 가리키는 아무 전시관이나 가세요"라고 대답할 것이다. "그렇다면 제가 선택한 테크닉을 어떻게 하면 제대로 사용할 수 있을까요?"라고 당신이 다시 질문할 것이다. 그것은 당신의 모습이 거울에 반사되려면 거울 앞에 어떻게 서 있어야 하는지 물어보는 것과 똑같다.

당신이 거울 앞에서 어떻게 서 있든 당신의 모습이 거울에 비칠 것을 의심할 필요가 없다. 그저 반영 속에서 보고자 하는 표정을 짓기만 하면 된다. 그것은 당신이 결정할 문제다. 기뻐하는 얼굴을 보고자 한다면 어떻게 웃어야 하는지 질문하지 말라. 그저 미소를 지으면 된다. 우울한 모습을 보고 싶다면 그에 맞는 표정을 지으면 된다. 어떻게 하는지는 당신도 이미 잘 알고 있을 텐데, 굳이 이런 질문을 할 필요가 없지 않은가?

바로 여기에 트랜서핑의 본질이 있다. **세계의 거울이 비춰줄 모습은 당신이 직접 만든다는 사실이다.** 어떤 표정을 지을지 결정하듯 자신의 의도를 결정하여 거울에 비춘 다음, 거울이 그 의도를 나타냈을 때 반영이 어떻게 변해가는지 지켜보면서 만족감을 느끼는 것이다. **정당해질 권리를 가져야 한다.** 자신에게 "어떤 거울을 선택하고 그 앞에 어떤 모습으로 설지 가장 잘 아는 사람은 바로 나다!"라고 말하라. 아이들은 거울 갤러리에 들어섰을 때 바로 이렇게 행동한다. 하지만 어른들은 한때 그들이 어떻게 행동해야 하는지 알고 있었다는 사실을 기억하지 못한다. 무슨 말인지 이해하겠는가?

어떤 기법을 사용하든지 그것을 쉽게 사용할 수 있어야 한다. 즉, 그것을 따르더라도 자신의 방식대로 해석하고 응용할 충분한 자유를 누릴 수 있어야 한다는 것이다. 당신이 어떻게 행동해야 하는지에 대해 나의 의견을 구하려고 하는 것은 거울 앞에서 어떤 표정을 지어야 하냐고 질문하는 것과 같다. 그런데 내가 여기에서 무슨 상관이 있는가? 당신은 또다시 거울 앞에 서서 나에게 묻는다. '거울이 나의 모습을 제대로 비춰주고 있나요?'라고 말이다.

거울은 스타니스와프 렘Stanislaw Lem이 쓴 《솔라리스Solaris》*에 나오는 것처럼 그저 당신의 사념을 흉내 낼 뿐이다. 당신이 자신의 문제들 때문에 걱정하고 있다면, 계속 걱정하라. **그 문제는 당신이 놓아줄 때까지 당신을 따라다닐 것이다.** 당신이 문제를 질질 끌고 다니는 동안은 그것들은 그저 질질 끌려 다니고 있을 뿐이다. 그 이상도 그 이하도 아니다. 당신이 피하고 싶어하는 것은 버리고, 달성하고 싶은 것에 대해서만 생각하는 게 더 쉽지 않은가? 북극으로 가기로 마음먹었다면, 당신이 지금 어디에 있든, 아프리카든, 아메리카든, 아시아든 상관없이 당신은 그곳에 도착할 것이다. 중요한 것은 목표를 선택하여 그 목표를 향해 경로를 꾸준히 유지하는 것이다. 필요한 것은 이것이 전부다.

---

* 한 심리학자가 바다로 뒤덮인 행성 '솔라리스'로 가서, 그곳의 신비를 연구하던 도중 죽은 아내를 만나게 되는 내용의 공상과학소설. 주인공은 자신의 의식 깊은 곳에 있는 기억을 읽어내어 물질화된 존재로 만들어내는 솔라리스 바다를 경험하며 감정적 동요와 혼란에 빠진다. ― 옮긴이 주

펜듈럼 길들이기
유리하게 쓸 수 있는 펜듈럼의 몇 가지 특성

우리는 우리만의 '펜듈럼'을 고안하고 만들어서 흔들고 있습니다. 이 프로젝트를 한 지 벌써 2년이 되었네요. 아주 야심차게 준비한 프로젝트고, 많은 것을 이루었지만 아직 수익은 내지 못했습니다. 성공할 때까지 우두커니 앉아서 기다리기만 한 것은 아닙니다. 계속 노력하고 있지만 왜 그런지 쉽게 주어지는 것은 없네요. 제 질문은 이겁니다. 펜듈럼은 어떻게 만들어서 어떻게 통제하고, 어떻게 키워나갈 수 있나요?

이 주제는 《트랜서핑의 비밀》에서 이미 부분적으로 다룬 적이 있다. 여기에 다음과 같은 내용을 덧붙이겠다. 한 집단의 사람들이 같은 방향으로 생각하기 시작하면 그것은 반드시 어떤 흔적을 남긴다. 방사된 사념 에너지의 총체는 그 어디로도 사라지지 않으며 에너지체인 펜듈럼(용어 사전 302쪽 참고)이 된다. 각각의 구조체는 에너지 정보체로서 자신의 위에 군림하는 펜듈럼을 만든다.

어떤 구조체가 유지되거나 성장하는 것은 단순히 그 구성원들이 의도를 갖고 행동해서가 아니다. 구조체는 자동화된 기계가 일정한 알고리즘에 의해 작동하듯이 펜듈럼에 의해 통제된다. 구조체의 구성원들은 독단적으로 행동할 수는 있지만 동기로부터 자유롭지 못하며, 보통 무의식적으로 그 구조체의 이익을 위해 행동한다.

예컨대 관료주의는 경력이 화려한 직원을 임원진으로 임명하지 않는다. 그 직원이 최고라는 사실을 모두가 알고 있는데도 말이다. 그 자리에는 구조체의 이익 관계에 가장 부합하는 중간 실력의 사람, 즉, '최고'가 아닌 '적절한' 사람이 선택될 것이다. 그리고 이 모든 것의 배후에는 펜듈럼이 상부 체계로서 존재한다.

펜듈럼은 의식적인 의도가 있는 것은 아니지만, 자신의 구조체를 최대한 안정적이고 강력하게 만드는 동시에 경쟁자 구조체의 입지를 흔들 수 있는 방향으로 구성원들이 움직이도록 동기를 부여한다. 구성원들이 의도를 가지고 자발적으로 하는 것으로 보이지만 사실은 전혀 그렇지 않다. 구조체의 구성원들은 펜듈럼의 영향력 안에 있기 때문에 무의식적으로 펜듈럼에 복종하게 된다. 물론 구성원들의 의도가 펜듈럼의 영향력을 압도하여 구조체를 무시하는 방향으로 행동해서 결국 펜듈럼을 무너뜨리는 경우도 있다.

이런 펜듈럼의 특징들을 염두에 둔다면 기업은 상황을 이끌어 나갈 전략에서 우선순위를 올바르게 정할 수 있다. 구조체가 더 커지는 것은 펜듈럼에게 이득이기 때문에, 펜듈럼은 가능한 방법을 모두 동원해서 구조체를 더 강력하게 만들려고 애쓴다는 점을 이해해야 한다.

펜듈럼은 그 기반이 확고해질수록 더 강력해진다. 이 기반을 형성하기 위해 근본적인 노력을 기울여야 한다. 예를 들어 유통망을 구축해야 한다고 하자. 기업의 대표는 이렇게 말할 것이다. "그건 나도 알아!" 하지만 그는 아무것도 모른다. 아니, 알지만 인식하지 못한다. 그의 마음은 유통망이 중요한 역할을 한다는 사실을 알고 있는 듯하지만, 이런 고정관념을 가지고 있다. '최고의 기업은 최고의 제품을 생산하는 기업이다.' 바로 이러한 고정관념 때문에 그는 모든 에너지를 최고의 제품을 만드는 데 쏟아붓는다. 그러나 최고의 제품이 반드시 가장 인기 있는 제품은 아니라는 사실을 당신도 이미 잘 알고 있지 않은가?

그렇다면 최고의 제품은 무엇일까? 대표의 마음은 같은 말을 되풀이한다. "우리는 양질의 제품을 생산한다고!" 하지만 이 말은 대표인 그의 관점에서나 맞는 얘기다. 양질의 제품이 수요와 거리가 먼 경우도 있다. 그리고 수요는 가능태 흐름에 의해 결정된다. 바로 그렇기 때문에 이 '양질의 제품'이 뛰어난 품질을 가지고 있다고 광고할 것이 아니라, 그 제품의 수요와 변화하는 추세에 맞는 마케팅에 총력을 기울여야 한다.

모든 사람들이 이 사실을 잘 알고 있는 것처럼 보일 것이다. 하지만, 다시 한번 말하지만 사람들은 **아는 것이 아니라 지식을 가지**

고 있을 뿐이다. 그들은 말 그대로 잠들어 있으며, 어떻게 하면 더 돋보일 수 있는지에 대해 생각하지 않은 채 똑같은 펜듈럼을 만들고 있다. 그리고 아무도 눈치채지 못하지만 사실은 적자를 늘리기만 하는 제품을 만들고 있을 뿐이다. 하지만 돋보이기 위해서는 대열에서 벗어나 자신만의 길을 개척해야 한다. 모든 역사적인 성공 신화는 사업가가 평범한 사람들과는 다른 방식으로 뭔가를 시도했을 때에만 탄생했다. 자신의 길을 찾기 위해서는 영혼의 소리에 귀 기울여야 한다. 아마 이런 감상적인 말은 비즈니스와는 아무런 관련이 없다고 생각할 것이다. 많은 사람들이 직관적인 감정에 주의를 기울이지 않고 오직 마음의 소리만 따른다. 그러나 바로 이것이 우리가 알아차리기는 어렵지만 가장 근본적인 실수이다.

트랜서핑은 영혼의 소리가 마음의 소리보다 더 현실적인 장점을 가진다는 사실에 아주 구체적인 근거를 댈 수 있다. 이것은 뜬구름 잡는 철학이 아니라 현실이다. 특히 어떤 구조체에서 일하고 있다면, 무의식적인 동기에 귀 기울여야 한다. 왜냐하면 그 동기를 만드는 것은 펜듈럼이기 때문이다. 예를 들어, 새로운 관리직을 뽑을 때 사람들은 최고의 인재를 골라야 한다는 마음의 소리에 기대는 경향이 있다. 그러나 '완전히 다른 후보를 선택하라'는 들릴 듯 말 듯한 무의식의 목소리가 들려온다면, 그 목소리에 귀 기울여야 한다. 왜냐하면 펜듈럼이 그 자리에 가장 적합한 사람을 고르도록 요구하는 것이기 때문이다. '최고'의 직원은 — 그가 가진 에너지, 사상, 제안하는 아이디어로 인해 — 기업의 몰락을 가져오는 반면, '올바른' 직원은 기업을 더욱 안정적으로 만들고 결정적인 순간에는 올바른 결정을 내리는 유일한 사람이 될 수도 있다.

광고는 구조체의 기반을 더 확고하게 만들기도 한다. 제품에 대한 정보로 생각이 반짝이는 사람이 많으면 많을수록 펜듈럼은 더 강해진다. 하지만 여기에는 근본적인 특징이 하나 있다. 수많은 광고주의 실수는 제품을 과도하게 칭찬하는 데 초점을 맞춘다는 것이다. "이 제품은 아주 훌륭하고, 여러분께 필요한 제품입니다. 그러니 이 제품을 사세요!"라고 말하면서 말이다. 그러나 트랜서핑의 관점에서 보면 이것은 좋은 방법이 아니다. 완전히 다른 방식으로 제품을 소개해야 한다. 기본적으로 광고 문구는 '모든 사람이 우리 제품을 이용합니다!' 같은 뉘앙스여야 할 것이다. 그거면 된다. 더 이상의 말은 필요치 않다. 마치 그것이 당연하다는 듯, 그 자체만으로 의심할 여지가 없는 사실처럼 들리게 하는 것이 중요하다. 그러면 어떤 효과가 있을까? 이런 광고는 일석이조의 효과를 낼 수 있다. 첫 번째로, 아무도 나쁜 제품을 사려고 하지 않기 때문에 이 제품이 최고라는 것을 모든 사람들이 암묵적으로 동의한다는 사실을 알려줄 수 있다. 하지만 무엇보다도 이 제품이 가장 인기 있는 제품이라는 사실이 많은 사람들의 뇌리에 확실하게 박힐 것이다. 결국 수많은 미래의 구매자들이 제조자의 최종 목표가 실현된 것을 무의식적으로 확인할 수밖에 없을 것이다. 이제 여러 사람들이 한목소리로 동시에 외치는 사념체가 어떤 힘을 가지는지 알겠는가? 《트랜서핑의 비밀》에서 다룬 것처럼, 결과적으로 카리스마가 모든 물질적 현실을 사로잡을 것이다. 세계는 마치 거울처럼 사람들의 생각을 현실로 만들어준다. 이렇게 소비자들이 광고에서 본 제품을 줄지어 사는 유행이 생기는 것이다.

또한 핵심적인 문제에 대해 모든 직원이 꾸준히 한목소리를 내는 것이 매우 중요하다. 단합이 안 된다면, 직원들을 하나로 뭉칠 수 있는 방법을 반드시 찾아야 한다. 구조체의 모든 구성원들의 의도가 한 방향을 향하고 있어야 한다. 그렇지 않으면 펜듈럼은 금방 힘을 잃을 것이다. 대표 한 사람의 의도만으로는 전혀 충분하지 않다. 모든 직원이 목표를 이루기 위해 다 같이 노력할 때 펜듈럼은 가장 큰 힘을 낼 수 있다. 여러 사람이 함께 만든 의도는 펜듈럼을 강하게 만들고, 가능태 공간의 목표 섹터를 현실로 만든다.

구성원들이 부정적인 생각을 하지 않는 것도 중요하다. 모두가 돈이 없다고 투덜거리며 하루를 시작하는 회사는 머지않아 운명이 다할 수밖에 없다. 이런 사념체를 가지고 있다면 그저 똑같은 현실이 반복되기만 할 것이다. 어쨌든 성공은 이미 정해져 있다는 듯이 모두가 긍정적인 에너지를 가지고 목표를 향해 방향을 잡아야 한다. 욕망이 의도와 어떻게 다른지는《리얼리티 트랜서핑》에서 자세히 알 수 있다.

전략적인 목표를 세운 다음, 사람들을 모아 목표의 슬라이드를 어떻게 사용하는지 설명해야 한다. 공동의 의도는 현실을 만드는 강력한 도구이며, 이것은 기업의 이익, 곧 그들 각각의 이익이 된다는 점을 직원들에게 납득시켜야 한다. 그리고 가장 중요한 의

무들 중 하나로 목표의 슬라이드를 결정해야 한다. 적어도 하루에 30분만이라도 한자리에 모여 발전하는 회사의 모습을 함께 그려보는 것도 하나의 방법이 될 수 있다. 단, 조건이 하나 있다. 이런 활동이 체계적으로 진행되어야 결과를 기대할 수 있다는 점이다. 그렇지 않으면 이런 노력은 아무 소용이 없으며, 심지어는 허무맹랑한 꿈에 불과한 활동이 될 것이다. 모든 직원들의 사념체를 결정하기 위한 규칙적이고 목표지향적인 활동은 그것이 조금은 특이해 보인다고 할지라도 반드시 성과를 거둔다. 일부 기업에서는 사내 체조를 하기도 하지만, 아무도 그것이 우습다고 생각하지 않는다.

당신도 잘 알고 있을 일본의 '경제의 기적'은 이런 방법이 효과적이라는 것을 잘 나타내고 입증하는 좋은 사례이다. 일본은 한때 낙후된 농업 국가였지만, 아주 짧은 시간에 하이테크 분야를 선도하는 국가로 성장했다. 눈부신 경제 성장을 가능하게 했던 가장 중요한 요인이 일본인 특유의 민족성인 '단합성'이었다. 노무관리도 같은 방법으로 이루어졌다. 생산 증대를 위해 집단 전체가 노력해야 한다는 사상은 일본 기업들이 가지고 있는 특징이다. 전체와 개인 모두가 회사의 이익 증대를 위해 노력하는 것이다. 일본 사람들은 심지어 퇴근 후에도 생산성을 늘리기 위한 방법을 찾기 위해 동료들과 집이 아니라 카페로 향한다고 한다.

물론 앞서 말한 사례들을 따라하려고 애쓸 필요는 전혀 없다. 트랜서핑 기법을 강제로 뿌리내리게 할 필요는 더더욱 없다. 중요한 것은 사람들이 트랜서핑 기법의 본질을 이해하고 그것을 직접 사용하고자 하는 마음이 들게 하는 것이다. 그렇게 하기 위해서는 가장 먼저, 사람들이 만족감과 흥미를 가지도록 해야 한다. 바로 이 것이 인사관리와 마케팅 관리를 위한 강력한 도구인 프레일링 원칙이 필요한 이유다.

우리가 사용할 수 있는 펜듈럼의 또 다른 특성은, 펜듈럼은 갈등의 에너지를 증폭시키려는 경향이 있다는 점이다. 이 갈등은 구조체 내부에서 발생하는 것이 아니라 적과 마주했을 때 일어난다. 경쟁자들과 대립하는 것을 두려워해서는 안 된다. 물론 이성적인 범위 내에서 말이다. 그런 두려움은 그저 펜듈럼의 힘을 더 강하게 만들 뿐이다. 비즈니스에서는 경쟁자의 안정감을 해치기 위한 다양한 방법을 시도하는 경우가 적지 않다. 실제로 소음이 크면 클수록 스캔들은 더 시끄러워지며, 그럴수록 인지도는 높아지기 때문이다. 현실이 그렇다.

일반적으로 트랜서핑의 원칙에 대한 지식은 우선순위를 분명하게 세우는 것, 즉, 많은 문제를 해결하기 위한 전략의 노선을 선택할 수 있게 한다. 이 원칙을 사용하면 현실을 통제하는 전략을 투명하게, 즉 효과적으로 수행할 수 있다. 만약 펜듈럼을 더 크고 강하게 만드는 것을 우선순위에 둔다면 펜듈럼은 스스로 그 구조체를 강력하게 만들기 위한 일들을 해나갈 것이다. 그리고 펜듈럼이 충분한 힘을 얻게 되면 임원진에 있는 '올바른' 직원들을 '최고의' 직원들이 대체하도록, 상품의 인지도뿐만 아니라 품질까지 높아지도록, 그리고 구조체가 더 커지도록 스스로 노력할 것이다.

타인의 의도
다른 사람의 부정적인 태도가 나에게 미치는 영향

저는 아무것도 바라는 것이 없습니다. 그저 제 아이들의 행복만을 위해 살고 있어요. 저는 아이들을 아주 사랑하고, '제발, 우리 아이들을 행복하게 해주세요!'라고 평생을 기도했어요. 바로 여기에서 실수를 한 겁니다. 첫째 아들이(대학생이고, 스물두 살이에요) 마약을 하면서 행복을 느낀다고 고백했어요. 그렇게 기도했는데…. 행복에 대한 개념은 사람마다 다릅니다. 아들이 건강한 정신과 육체, 영혼을 가질 수 있도록 그의 솔직한 생각을 알아차려야 했어요. 물론 저는 아직까지도 하느님께 제 아들을 진실한 길로 인도해달라고 기도하고 있어요. 그리고 아들에게도 제가 그를 많이 사랑하고, 그가 이 문제를 스스로 해결할 수 있을 것이라고 믿고 있다고 말했어요. 그리고 전부 그렇게 될 거라고 실제로도 믿고 있어요. 하지만 가슴이 찢어지는 것 같아요. 상상해보세요.

저는 마사지로 사람들을 치료하고 에너지를 회복해주는 일을 하고 있는데, 정작 제 아들에게는 아무것도 해줄 수 있는 것이 없단 말입니다. 혼자 있으면 눈물만 한없이 흐릅니다. 혼자가 아니라 아이들과 함께 탄 배를 통제하는 것은 참 어렵네요. 솔직히 말해서, 제가 여기에서 어떻게 조율의 원칙을 사용할 수 있는지, 의도라는 것이 있을 수 있기나 한 건지 모르겠습니다. 정말 답답해요.

당신이 자신의 의도로 다른 사람의 운명에 큰 영향을 미칠 수 있다고 생각해서는 안 된다. 당신의 영향력 안에 있는 것은 오직 당신 세계의 층뿐이다. 주변 사람들에 대해서는 오직 균형력(balancing forces, 용어 사전 306쪽 참고)을 이용한 간접적인 방법으로만 영향을 미칠 수 있다. 물론 적대적인 의도는 펜듈럼으로 다른 사람의 세계의 층에 영향을 미칠 수 있지만, 그것은 다른 문제다.

당신의 편지에 핵심적인 문장이 있다. 바로 "아이들을 아주 사랑하고"라는 부분이다. 이것이 문제의 본질을 보여준다. 자전거 바퀴의 살들을 한쪽으로 너무 세게 당기면 반대쪽에는 왜곡이 생기게 마련이다. 현실도 마찬가지다. 당신이 아이들을 더 사랑하고 아낄수록 실망할 여지는 더 커진다. 균형력이 균형을 회복하려고 하기 때문이다.

조율의 원칙은 여기에서 아무 상관이 없다. 가까운 사람들을 대할 때는 트랜서핑 원칙을 따라야 한다. 자기 자신은 자신의 방식대로 살고, 타인은 타인의 방식대로 살도록 내버려두는 것이다. 아이들을 '놓아주고' 그들을 사랑이라는 이름으로 옥죄지 않도록 해야 한다. 그렇지 않으면 에너지의 측면에서 "나는 너희를 숨 막히게 사랑해!"라고 압박하는 상황이 일어날 것이다. 아이들이 당신의 '품'에서 벗어나지 못하는 것은 뻔한 일이다. 그래서 아이들은 나뭇잎처럼 균형력의 바람에 휘날려 허송세월할 수밖에 없을 것이다. 이 균형력의 바람은 결코 좋아할 수 없는 일이 일어나는 방향으로 분다.

그와 동시에, 자신에게 일어나는 모든 일이 오직 형이상학적인 원인에 의해서만 일어나는 것은 아니라는 사실을 이해해야 한다. 사실 당신은 이 상황에서 아무 영향도 미치지 못하고 있을 수도 있다. 하지만 당신이 아이들을 돕기 위해 현실적으로 할 수 있는 유일한 것은 오직 트랜서핑 원칙을 따르는 것이다.

> 저의 경험과 펜듈럼의 영향으로부터 자신을 보호할 수 있는 방법은 어느 정도 알고 있습니다. 그런데 어떻게 하면 친척들과 부모님의 걱정과 두려움으로부터 저 자신을 지킬 수 있을까요? 주변 사람들의 걱정도 제가 느끼는 걱정이나 불안함만큼이나 위험하다고 생각합니다.

친척들과 가족들에게 부정적인 태도가 얼마나 자신에게 나쁜 영향을 미치는지 설득하는 데 실패했다면 별다른 방법이 없다. 하지만 애초에 그들이 당신의 삶에 미치는 영향력은 그렇게 크지 않다. 왜냐하면 세계의 층을 형성하는 데 근본적인 영향을 미치는 것은 당신 자신이니 말이다. 어떤 의미에서는 균형력이 균형을 회복시키려고 하기 때문에, 오히려 친척들의 걱정이나 두려움은 당신의 삶의 특정 부분에서 긍정적인 역할을 할 수 있다. 그들이 안 좋은 일을 예상하면 예상할수록, 당신에게는 좋은 일만 일어날 것이다. 어떠한 경우든 중요한 것은 가족들이 당신에게 하는 말에 큰 의미를 부여하지 않는 것이다. 그들이 당신의 세계의 층에 상당한 영향을 미칠 수 있다고 믿기 시작하면 실제로도 그렇게 될 것이다. 세계는 마치 거울처럼 당신의 예상을 비춰주기 때문이다.

사회, 가정, 그리고 다른 여러 가지 상황 속에서 혼자인 사람은 거의 없습니다. 항상 누군가가 곁에 있죠. 더 쉽게 설명하기 위해 한 커플을 예로 들겠습니다. 한 사람은 자기 삶의 환경, 자신의 '층'을 바꾸고 싶다고 생각합니다. 그는 세계를 향해 그에 맞는 태도를 설정해두고 있으며, '황금빛 비'도 그의 머리 위로 내릴 준비가 되어 있어요. 이때 황금빛 비는 한 사람에게만 선택적으로 내리는 것이 아니라 두 사람 모두에게 내립니다. 적어도 그럴 것 같아 보였죠. 하지만 다른 한 사람은 삶에서 어둡고 부정적인 면만 보고, 자신의 태도를 바꾸려고 하지도 않아요. 그러니까 논리적으로 따졌을 때 그가 성공할 수 있을 거란 기대조차 하지 않는 겁니다. 질문은 바로 이겁니다. 이 두 사람 중 누가 더 '강할까요?' 두 사람이 다른 방향으로 갈라져 각자에게 맞는 결과를 얻게 되는 가능태를 고려하고 싶지는 않습니다. 그렇지만 이 상황의 인과관계에서 어떤 불일치가 있다는 점을 머리로는 잘 알고 있어요. 긍정주의자인 첫 번째 사람의 성공이 두 번째 사람 때문에 옆으로 비껴가 버리거나, 우울한 두 번째 사람이 분에 넘치는 결과를 얻게 되겠지요.

현실을 만드는 데 있어 형이상학적인 측면만 본다면, 모든 사람은 자신의 생각으로 개별적인 현실을 만들 것이다. 거울은 사람들의 세계관을 정확하게 반영하기 때문이다. 당신이 거울 앞에서 보여주는 바로 그 모습을 현실에서 돌려받는 것이다. 이것이 법칙이다. 반영이 어떻게 보일지에 대해 걱정할 필요는 없다. 당신이 할 일은 생각을, 더 정확히는 의도를 필요한 방향으로 보내는 것이다.

당신이 규칙적으로, 분명한 목적을 가지고 행동하기 시작한다면, 의도는 실제로 이루어질 것이다. 그 누구도 당신의 의도가 실현되는 것을 방해하지 못한다. 오히려 가까운 지인들이 걸림돌이 된다면, 그들이 당신의 주변에서 사라지게 될 것이다. 당신이 그들에게서 아주 멀리 떠나게 될 수도 있다. 내가 확실하게 알 수 있는 것은 여기까지다. '누군가는 행복해져야 마땅하고, 누군가는 아니다' 같은 생각은 그저 추상적인 억측에 불과하다. 내가 알 수 없는 것에 대해서 말하지는 않겠다.

하지만 의도를 주변 환경으로 보낼 수 있을 때만 당신이 세계의 층에 대한 최고 권력을 가지는 주인이 된다는 사실을 명심해야 한다. 당신이 아무 목표도 가지고 있지 않으며, 실제 일어나는 일들에 대한 자신의 태도를 통제하지 않고 생각이 그저 흘러가는 대로 내버려둔다면, 당신은 결국 운명의 배를 몰 통제력을 잃어버릴 것이고, 그 배는 파도에 휩쓸려버릴 것이다. 그리고 당신의 집은 원한다면 누구나 들어와 마음대로 할 수 있는, 주인 없는 헛간이 될 것이다.

다른 사람의 의도는 균형력을 통해 당신의 세계의 층에 간접적으로 영향을 미칠 수 있다. 현실과 일치하지 않는 의견들이 당신 쪽으로 계속 모이면 양극화(polarization, 용어 사전 304쪽 참고)가 생긴다. 균형력이 균형을 회복하려고 할 것이기 때문이다. 균형력을 없앨 수 있는 가장 단순한 방법은 사람들이 생각하는 것과 완전히 정반대로 행동하는 것이다. 만일 당신의 내면에 중심이 없고 당신의 세계관에 질서가 없다면, 균형력의 바람은 운명의 배에 장난질을 칠 것이다. 그런 상황을 만들지 않으려면 트랜서핑을 사용해야 한다. 즉, 삶에서 일어나는 상황에 따라 그저 힘없이 발버둥 칠 것이 아니라 방향성이 분명한 의도를 가지고 생각의 흐름을 통제해야 한다.

제가 그 어떤 불행도 일어나지 않을 것이며 좋은 일만 일어날 거라고 기대한다고 해도 제 아내가 불길한 일들만 예상한다면, 어떤 시나리오가 실현될 가능성이 더 높을까요? 어느 쪽 에너지가 더 높은지가 여기에서 결정적인 요인이 될까요?

당신이 누군가와 함께 살고 있다면 세계의 층들은 어떻게든 서로 겹치게 되어 있다. 좋은 일은 물론 나쁜 일도 한 층에서 다른 층으로 흘러 들어갈 수 있다. 물론 에너지의 정도가 일정한 역할을 하는 것은 분명하다. 그렇다 해도 가장 중요한 요소는 의도이다. 서로 다른 목표가 있는 사람들이 함께 산다는 것은 배 두 척이 서로 묶여 있는 것과 같다. 목표를 향해 의식적으로 이동하는 사람의 돛은 바람으로 한껏 부풀어 경로를 향해 곧바로 나아갈 준비가 되어 있다. 그러나 파도에 내맡겨 힘없이 움직이는 다른 사람의 돛은 바람에 펄럭거릴 뿐이다. 도움이 되지도 않지만 딱히 방해도 되지 않는다. 후자의 사람이 가진 태도가 병적으로 부정적인 수준이라면 그 배로 인해 배 두 척 모두 운항하는 속도가 느려질 수도 있지만 말이다.

하지만 당신의 가까운 지인이 트랜서핑 원칙을 따르고 싶어 하지 않는다고 해서 너무 실망할 필요는 없다. 당신이 그 원칙을 따르는 것만으로도 충분하니 말이다. 당신이 긍정적인 태도를 가지고 있다면 지인의 층에도 더 좋은 기운이 흘러 들어갈 것이며, 그 사람에게도 실망할 일이 일어날 여지는 점점 줄어든다. 어떤 상황에서도, 심지어 당신이 통제하는 배가 예인선曳引船의 역할을 한다 해도 그 배는 목표에 도달할 수 있을 것이다. 중요한 것은 세상에 대한 자신의 태도를 주시하는 것이며, 선택한 노선에 따라 생각의 흐름을 유지하는 것이다. 이 임무를 잘 수행하고 있다면 나머지는 중요치 않다.

저는 트랜서핑을 제 인생에 적용해보고 있습니다. 때로는 이것이 정말 효과가 있다는 걸 발견하고는 놀라워했습니다. 그런데 이런 질문이 생겼습니다. 만약 저희 어머니가 저는 패배자고, 돈도 없고, 앞으로는 상황이 더 나빠질 것이며 이런 운명은 저의 책임이라고 생각한다면 어떻게 될까요? 어머니는 강한 여성이고 저를 통제하려고 평생을 노력해왔기 때문에(저는 제가 어떻게 살아야 할지에 대한 어머니의 조언에 반응하지 않으려고 노력합니다), 어머니가 저에게 아주 강력한 부정적 에너지를 보내고 있을 거라고 생각합니다. 그리고 저의 태도도 언젠가 한계에 부딪혀버릴 거라고 생각해요. 어머니는 제가 뭐라고 주장해도 인정하지 않는 사람입니다. 그리고 저는 지금 모든 일에 아무 문제가 없으며, 잘 지내고 있다는 사실을 어머니께 말하고 설득하려고 해봐도 소용이 없습니다. 제가 무슨 말을 하든 항상 같은 대답만 하셔요. "다 보여!"라고요.

어머니는 "…아주 강력한 부정적 에너지를 보내고 있을 거라고 생각합니다"라고 당신이 직접 말한, 오직 그 이유 때문에 정확하게 당신 세계의 층에 영향을 미치고 있다. 다시 한번 말하지만, 경계가 없는 거울 같은 이 세계는 당신이 걱정과 불안함을 느끼며 그리는 장면을 냉정하고 정확하게 재생해낸다. 영혼과 마음은 항상 불길한 예감에서 일치한다. 사실 부정적인 영향을 미치는 것은 어머니가 아니라 당신 자신이다. 어머니가 말씀한 그대로 당신이 생각하고 있기 때문이다.

자신의 태도를 바꿔야 한다. 그중에서도 특히 단순한 사실 한 가지를 이해해야 한다. 사람들은 나와 친밀한 정도를 떠나 항상 나에 대해 사실과 다른 것들을 생각하고 말한다는 점, 다른 말로 하면, 실제 장면들을 왜곡한다는 점이다. 균형력은 그 왜곡된 부분에 균형을 바로잡기 위한 방향을 찾을 것이고, 그 결과로 장면이 항상 반대 방향으로 변하는 양상이 나타난다.

정말로 두려워해야 할 것은 과도한 칭찬, 즉 당신에 대한 아첨이다. 누군가 당신을 과하게 칭찬한다면 균형을 회복하기 위해서 '여기에서 더 안 좋게 할 만한 것이 뭐가 있는지' 생각해봐야 한다. 예를 들어 당신이 똑똑하다는 말을 들었다면, 그 자리에 엎드려 발굽을 가진 영리한 동물이 낼 만한 소리를 내보자. 만약 사람들이 당신이 아주 힘이 세다고 칭찬한다면, 기절을 해보라. 만약 당신의 장점을 부러워한다면 그들에게 돈을 빌려달라고 해보자. 그리고 만약 당신이 그들의 마음을 사로잡는다고 뻔뻔스럽게 말한다면 무시무시한 표정을 지어 보여라.

그들이 당신에게 쓸데없이 화를 내거나 분노하는 것은 완전히 다른 문제다. 다른 사람들이 부정적으로 말할수록 당신은 더 잘 될 것이다. 하지만 그것은 타인의 의도가 당신 세계의 층을 침범할지도 모른다는 터무니없는 가능성을 고려하지 않는다는 조건에서만 성립된다. 당신이 타인의 악한 의도에 의미를 부여하지 않으면 그 의도는 당신으로부터 맥없이 튕겨져 나올 뿐이다. 직접 확인해보길 바란다. 온 국민이 혐오하던 정치인은 어느 시대에나 존재해왔다.

만약 타인의 의도가 아주 조금이라도 영향을 미칠 수 있었다면 그들이 실제로 어떻게 되었을지 상상해보라.

그러므로, 자신에 대한 부정적인 태도를 마주하게 되면 그저 조용히 비웃으며 만족스럽게 손뼉을 쳐주기만 하면 된다. 기뻐하라!

그냥 트랜서핑하라

트랜서핑을 하며 놓치고 있는 것들

왜인지 모르겠지만 저는 《리얼리티 트랜서핑》이 잘 읽히지 않습니다. 1권을 읽는 데는 8개월이나 걸렸지요. 트랜서핑을 받아들이기가 매우 어려운 것 같습니다…. 어떤 부분은 몇 번씩 다시 읽어야 했으니까요. 아니면 책 자체가 내용을 곱씹고 소화해보며 천천히 읽어야 하는 것인지도 모르겠습니다…. 어쨌든, 트랜서핑을 온전히 제 것으로 만들기 위해 노력한 결과가 그다지 크지 않습니다.

또 다른 아주 중요한 사실이 있습니다. 잉여 포텐셜에서 벗어나기가 어렵습니다, 너무 어려워요. 잉여 포텐셜이 계속해서 생깁니다. 감정적으로 상황을 받아들이며 '지나치게 열을 올리면' 안 된다는 것을 이미 잘 알고 있지만, 사실은 그냥 제가 감정적인 사람이면 어쩌죠? 아무리 해도 안 되네요.

제가 직접 겪은 일을 말씀드리겠습니다. 제 자신을 관찰하면서, 저는 바로 지금 이 순간에도 제 목표를 달성할 수 있도록 도와주는 한 현상이 있다는 것을 오래전에 알아차렸습니다. 저는 텔레커뮤니케이션 분야에서 일을 하고 있습니다. 대기업에서 한 직책을 맡고 있지요. 이 분야에서 일하는 데 제게 어느 정도 도움이 될 만한 방법이 몇 가지 있습니다. 저는 제 활동에 에너지를 불어넣는 방법을 알게 되었습니다. 다시 말해서, 바로 이 커리어에서 성공을 끌어낼 수 있는 방법이요. 그 비결은… 무엇이었을 것 같나요? 바로 따분한 직업 관련 서적을 읽는 것이었습니다. 쉽게 말하자면, 일을 하기도 싫고, 고객도 없고, 프로젝트도 없는 시기가 있습니다, 아니, 한때 그런 때가 있었지요. 반면에 일이 아주 많을 때도 있어요. 어디에서 오는지도 모르게 고객들이 몰려오고, 엉뚱한 프로젝트들이 쉽게 성공하고, 별로 노력하지도 않았는데 개인적으로 이득이 되는 일들이 이루어져요.

그래서 저는 이런 결론을 내렸습니다. 제 커리어와 관련해서 수단을 가리지 않고 지식을 쌓기로 했습니다. 바로 텔레커뮤니케이션 분야에 대한 정기 간행물, 인터넷 기사들과 유료 정보 같은 것들을 섭렵하는 것입니다. 다시 말해서, 머리부터 발끝까지 정보로 도배하고, 그 정보에 깊이 파고들기 위해 최선을 다한 셈이죠. 그래서 필요한 잡지를 사서 읽기 시작했습니다. 네, 그냥 읽어요. 저녁마다, 때로는 밤마다, 점심시간마다, 기회만 있다면 언제든지요.

그랬더니 이런 일이 일어났습니다. 어느 정도 시간이 흐른 뒤, 예를 들어 일주일 정도가 지난 뒤에 제 주변의 일들이 점점 활기를 되찾기 시작한 겁니다. 실제로 뭔가를 판매하거나 제안할 수 있는 잠재고객들이 말 그대로 '난데없이' 나타났어요. 마치 허공에서 나타나듯, 프로젝트도 여러 개 생겼습니다. 모든 곳에서 제 노력이 결실을 맺고 이득을 가져오며, 저는 프로젝트를 열정적으로 진행하고 고객들과 일하게 되었습니다. 모든 것에 다시 활기가 생기고, 제가 다시 모든 것의 중심이 된 것 같은 느낌이 듭니다. 이미 오래되어 잊고 있었던 경로를 통해서 클라이언트들도 저절로 나타났습니다. 소원했던 관계가 다시 가까워지고 새로운 사람도 알게 되었지요. 꼭 무슨 마법이 일어나고 있는 것 같았어요.

계속 그렇게 지냈습니다. 그러다 간행물 자료를 바꾸기 시작했지요. 제 정보 수집의 범위를 조금 넓힌 것입니다. 특히 한 달에 한 번 정치 관련 간행물들을 읽기 시작했어요. 시간이 조금 지나고 제가 어떤 것을 얻게 되었을까요? 승진을 하기 시작했습니다. 저는 아무 노력도 하지 않았는데, 새로운 제안이 들어오기 시작한 겁니다. 정말 미스터리가 아닐 수 없어요. 그 말 밖에는 이 일을 설명할 수 있는 표현이 없네요.

저는 이제 작가님의 책을 공부하고 있습니다. 말 그대로 '공부'하고 있어요. 왜냐하면 단순히 '읽는다'는 말은 부적절하다고 생각하거든요. 작가님의 책은 대학교에서 개별적인 교과과정으로 연구해야 한다고 생각합니다. 작가님께서는 '가능태가 실현되기 위해서는 당신의 에너지의 빛을 그 가능태에 비춰야 한다'라고 쓴 적이 있지요. 구체적으로 어떤 에너지를 말씀하시는 건가요? 만약 감정적 에너지라면 순수한 잉여 포텐셜이 되겠지요. 그런데 자신의 내면에 있는, 그리고 자신을 위한 이 에너지가 올바른 것인지 어떻게 구분하고 어떻게 결정할 수 있는 건가요? 필요한 가능태를 끌어당기는 데 구체적으로 어떤 정보가 필요한지 어떻게 알 수 있을까요? 한 목표를 달성하는 데 있어 어떤 정보를 보충하는 것이 적절한지 어떻게 알 수 있을까요? 그것을 알 수 있다면 정말로 마법 같을 테니까 말입니다.

여기에는 그 어떤 마법도 없다. 일반적인 의미에서 마법은 설명할 수 없는 어떤 일이 일어났을 때를 일컫는 말이다. 하지만 트랜서핑에서는 모든 것이 훨씬 단순하다. 당신을 둘러싼 주변 세계는 마치 거울처럼 세계에 대한 당신의 감정을 모두 비춰준다고 몇 번을 더 말해줘야 하는가? 당신은 사념체를 가지고 세계의 층을 만든다. 당신에게, 그리고 당신 주변에 어떤 일이 일어나는지 이해하고 싶다면, 그저 자신이 어떤 생각을 하는지에 주의를 기울이면 된다.

당신이 전문 자료를 읽는 데 몰두하면 생각의 흐름은 잘 정돈되며, 그 결과 세계의 거울도 그에 부합하는 반영을 만들기 시작한다. 들어가는 것이 그대로 나오는 것이다. 당연한 이치다. 이보다 더 단순할 수는 없다.

하지만 만약 모든 것이 그렇게 단순하다면, 왜 욕망은 이루어지지 않으며 꿈은 실현되지 않는 것일까? 이것 역시 당연한 이치에 따른 것이다. 모든 문제는 사람들이 지극히 평범한 두 가지 조건을 만족시키지 못하는 데서 나온다.

첫 번째 조건은 세계의 거울은 시간이 흐른 뒤에 반응하기 때문에 **사념체가 물질화되기 위해서는 일정한 시간을 기다려야 한다는 것이다.** 하지만 사람들은 기다리는 데 익숙하지 않다. 내부의도의 차원에서 행동한다면 그 결과가 곧바로 나타나기 때문이다. 그러나 외부의도를 가지고 행동할 때는 변화를 눈치채기 힘들고 인과관계를 알아내기가 어렵다. 따라서 사람들은 정말 생각으로 현실을 만들 수 있다는 사실을 믿지 않으며 이런 것들을 심각하게 받아들이지 않는다.

다른 하나의 조건은, **사념체가 물질세계에서 실현되도록 하기 위해서는 그것을 체계적으로 계속 재생해야 한다는 것이다.** 다른 말로 하면 생각으로 목표의 슬라이드를 그저 규칙적으로 상영하기만 하면 된다는 것이다. 때에 따라 실제로 이루어지기도, 그렇지 않기도 하는 무의미한 몽상과는 달리 이것은 구체적인 작업이다.

보통 사람들은 어떤 아이디어가 떠올랐을 때 빠르게 불타오르고 식는 것도 그만큼 빠르게 식는다. 하지만 기적은 일어나지 않는다! 정해진 일을 해야 한다. 다만 손이 아닌 머리로 상상해야 하는 것이다. 당신이 아주 잠깐만 거울 앞에 서 있다가 곧바로 다른 어딘가로 사라져버린다면 시간이 지난 후에야 모습을 비춰주는 거울이 당신의 반영을 만들 틈이 있겠는가?

예를 들어 당신이 지금처럼 전문적인 자료들을 읽기 시작한다면, 당신은 필요한 방향으로 사념 에너지를 보내게 된다. 뿐만 아니라 이 사념 에너지를 보내는 활동이 불규칙적이라고 하더라도 거울은 당신이 체감할 만한 변화를 결과로 내놓는다. 그러니 조금만 더 노력하고 조금만 더 당신의 생각을 통제한다면 어떤 일이 생기겠는가? 당신이 목표의 슬라이드를 계속해서 비춰본다면 더욱 놀라운 결과를 얻을 수 있을 것이다.

제멋대로 흘러가도록 내버려둔 생각은 뚜렷하지 않은 심상을 만든다. 이런 경우 거울에는 당신을 통제해버리는 혼잡스럽고 통제 불능한 현실이 비친다. 반면에 한 방향으로 꾸준히 비추는 생각은 강력한 의도의 다발을 만든다. 이것은 평범한 전등불과 레이저 불빛의 차이와 같다. **사고의 흐름을 통제하면 현실을 통제할 수 있다.**

하지만 그렇게 하는 사람이 아무도 없다! 그저 그 **목표의 슬라이드를 비추기만** 하면 되는 일인데 말이다. 특히, 당신의 근본적인 문제는 트랜서핑 이론을 실제보다 훨씬 더 중요하게 받아들여 버렸다는 점이다. 말 그대로 화강암 기념비를 세워놓고, 그것에 가까이 다가가기를 두려워하며 경외심을 가지고 주변을 서성이기만 하는 것과 똑같은 모습이다.

트랜서핑을 마치 고등 수학 교과서인 양 다뤄서는 안 된다. 그저 내 책에 자세하게 쓰여 있는 기본적인 원칙들을 따라하기만 하면 된다. 그거면 된다. 그리고 부디 '어떤 에너지를 가지고 어떤 방향으로 보내야 하는가?' 같은 불필요한 질문들로 머리를 싸매지 않길 바란다.

쫓아오는 태양

목표의 슬라이드를 성공적으로 상영하는 방법

저에게는 아직 충분히 화려한 목표의 슬라이드가 없습니다. 어쩌면, 트랜서핑 이론에서 상당히 큰 오류를 발견해서일지도 모르겠습니다. 들어보세요. 목표의 슬라이드는 뭔가를 가지기 위한 것이며, 이것은 '받으려는 의도를 버리고, 그 대신 주려는 의도를 가지게 되면 당신은 포기했던 것을 받게 된다'는 프레일링 원칙과 완전히 상반됩니다. 이것을 분명한 형상으로 어떻게 이끌어낼지 잘 모르겠습니다. 여기에서 한계에 부딪히는 것 같습니다.

슬라이드와 프레일링 사이에는 그 어떤 공통점도 없기 때문에, 여기에서 모순이라고 할 만한 것은 아무것도 없다. 프레일링(용어 사전 309쪽 참고)은 사람과 사람 사이의 관계에서 사용하는 기법이다. 프레일링의 원칙은 행동, 즉 다른 사람과 교류하는 절차에서 적용된다. 첫 번째 원칙은 그 절차의 방향을 '받다'에서 '주다'로 바꿔야 한다는 것이다.

반면에 슬라이드는 프로세스가 아니라, 목표가 이미 달성되어 있는 고정된 장면이다. 이 슬라이드를 심상화하는 것은 원하는 것을 가지고 있다고 상상하는 것이다. 어떤 차이인지 알겠는가? '주는 것'은 절차이고, '가지는 것'은 최종 결과다. 프레일링은 내부의도의 방향을, 슬라이드는 외부의도를 통제한다.

만약 목표가 여러 개라면 그것을 어떻게 모두 심상화할 수 있을까요? 어쩌면 제가 가장 원하는 단 하나의 목표를 찾은 것이 아니라, 그럭저럭 마음에 드는 여러 개의 평범한 목표를 가지고 있는 것일지도 모릅니다. 저는 아파트 리모델링(아파트 자체는 마음에 들어서 바꾸고 싶지 않습니다), 새 차(모델을 알기 때문에 그 차를 타고 있는 제 모습이 잘 상상돼요), 이직(업무 환경이 어떤지 알고 있습니다), 그리고 그 외에 건강 및 다른 여러 가지와 관련된 목표를 두어 개 가지고 있습니다. 여러 개의 목표를 이루기 위해 '이리저리 다니는' 것은 목표에 집중하지 못하는 것이 되며, 그렇다고 하나로 제한하기도 어렵습니다. 어쨌든 그 목표들은 어떤 부분에서는 서로 연관되어 있으니까요. 제 인생에 대한 전체적인 그림에서 말이에요….

트랜서핑에서 **당신이** 가지는 목표는 다른 모든 소망도 함께 이루어지도록 만들기 때문에 목표에 도달하기 위해 노력하는 것이 가장 좋다. 당신의 목표는 당신의 삶을 축제로 만들어주는 존재다. 그 목표가 무엇인지는 자기 자신이 답해줄 것이다. 아직 그 목표가 무엇인지 찾지 못했다면 아직은 여러 가지 목표를 향해 '이리저리 기웃거려도' 괜찮다. 중요한 것은 규칙적으로 하는 것이다.

《리얼리티 트랜서핑》에 나오는 슬라이드의 심상화에 대한 설명은 이해도 잘 되고, 설명도 자세한 것 같습니다. 하지만 저의 장면을 돌리다 보면 "어쩌면 이것은 심상화가 아니라 몽상이고, 무의미한 일일 수도 있지 않을까?" 하는 의심이 생깁니다. 저는 참 오랫동안 수많은 것들을 가지고 싶었거든요! 차를 타고 있는 저 자신을 상상해보면, 심지어 차를 가지겠다는 마음을 갖는 것만으로도, 계속 꿈을 꾸는 것처럼 느껴집니다. 원하는 것을 가지겠다는 결심은 연습이 필요한 걸까요?

슬라이드를 비추는 작업은 분명한 목표를 가지고 꾸준히 해야 한다는 점에서 공상과 차이가 있다. 당신은 구체적인 일을 하고 있는 것이다. 적어도 하루에 30분이라도 슬라이드를 비추는 연습을 하되, 긴장하지는 말고 당신의 목표(목표는 여러 개일 수도 있다)가 이루어진 장면이 당신에게 만족감을 줄 수 있도록 당신이 편안한 방식으로 해야 한다. 가지겠다는 결심은 바로 생길 수도 있고, 끈기를 가지고 슬라이드를 규칙적으로 비췄을 때 생길 수도 있다. 기적은 일어나지 않는다. 보통 이런 일은 아무도 하려고 하지 않는다. 효과가 있을 것이라고 그다지 크게 기대를 하지 않거나, 단순히 귀찮기 때문이다. 하지만 행동에 옮기기만 하면 기적 같은 결과가 나타날 것이다.

우리는 트랜서핑을 사용하며 어떻게든 뭔가를 추구하고 있습니다. 목표를 이루기 위한 기법이니까요. 그런데 우리가 뭔가를 이루고자 한다면 여기에서 욕망이 생기고, 그에 따라 중요성이 생깁니다. 하지만 트랜서핑은 결과에 의미를 부여하지 않는 것이 좋다고 해요. 뭔가 이해할 수 없는 모순이 생기는 것 같아요. 한편으로는 뭔가를 이루고 싶어하면서, 다른 한편으로는 그것을 원하지 않는 척하는 것 말입니다. 하지만 제가 간절히 원하는 것을 바라지 않는 방법을 정말로 배워야 한다면 애초에 목표는 왜 필요하며, 그 목표가 이루어지든 이루어지지 않든 무엇이 달라지나요?

욕망에 행동하려는 결심을 더하면 의도가 발생한다. 반면에 현실에서 목표를 달성할 수 있을지 의심하는 마음에 실패에 대한 두려움을 더하면 갈망이 된다. 의식적으로 줄여야 하는 중요성(용어 사전 296쪽 참고)은 바로 이것이다. 욕망만 가지고서는 눈에 띄는 잉여 포텐셜이 만들어지지 않는다. 그것은 당신이 의심과 두려움에 가득 찬 상태로 세상을 살아가고 있을 때 발생한다.

당신이 목표를 달성하기 위해 '바라지 않는 척'하는 것은 아무 의미가 없다. 자기 자신을 속일 수는 없을 테니 말이다. 어떻게 하면 목표를 달성할 수 있는지 생각하지 말고, 당신이 예상하는 시나리오에 얽매이지 않으면 된다. 목표가 실현되는 방법에 대해서 아는 것은 당신에게 주어진 일이 아니다. 당신이 할 일은 슬라이드를 심상화하고 목표를 향해 발걸음을 옮기는 일이다. 당신이 통제하는 것은 목표를 실현하는 시나리오가 아니라, 조율의 원칙을 따르고 있는지의 여부다. 그렇게 한다면 마음은 평정심을 되찾고 두려움과 의심은 사라질 것이다.

> 실패하지 않으려면 어떤 슬라이드를 만들어야 할까요? 예를 들면, 저는 집을 짓기 위해 자금을 모으고 싶습니다. 이런 설정을 세웠어요. '나의 세계는 나에게 집을 짓기 위한 자금을 줄 것이다'라고요. 이 주문이 이루어지기 위한 기간도 정해놓아야 할까요? 액수는요? 제 마음속에서는 세계에 제한을 둘 필요가 없을 것 같단 느낌이 듭니다. 하지만 다른 한편으로는 예측 가능한 미래에 도움을 받고 싶어요. 제때에 도움을 받을 수 있었으면 하거든요.

목표가 이루어지는 기간과 액수, 그리고 목표가 이루어질지, 어떻게 이룰 수 있을지 고민하는 것은 목표를 이루는 방법에 대해 고민하고 있는 것이나 다름없다. "내가 올바르게 설정한 것인가?"라는 의심 역시 마찬가지다. 다른 말로 하면, 당신은 세계가 당신을 돌봐주기를 바라지만 동시에 세계가 목표를 어떻게 실현시킬지, 실현시킬 수 있기는 한 건지 의구심에 사로잡혀 있는 것이다.

둘 중 하나를 선택해야 한다. 세계가 어떤 방법으로든 모든 것을 해결해줄 거라는 믿기 힘든 가설을 자명한 이치로 받아들이든지, 아니면 진부한 세계관을 기반으로 행동하며 자신의 힘만을 믿든지 말이다. 당신이 어떻게 행동해야 할지 알고 있으며, 당신의 목표가 실현될 것임을 확실하게 알고 있다면 후자를 선택해도 좋다. 하지만 무엇을 어떻게 해야 할지 잘 모르겠다면 믿을 수 없는 일이 일어나도록 내버려둬야 한다. 그도 아니면 아무것도 하지 않는 수밖에 없다. 적어도 그 편이 상식적이니 말이다.

한 가지 단순한 사실을 분명하게 자각하고 있어야 한다. 세계는 거울과 같이 당신의 생각과 의도를 정확하게 비춰준다. 그 이상도 그 이하도 아니다. 당신이 어디에서 돈을 끌어모을지 고민하느라 머리를 싸맨다면 돈을 마련하는, 아주 오래 걸릴지도 모르는 과정이 현실에서 물질화될 것이다. 심상의 모습 그대로 반영이 만들어지는 것이다. 그 반대로 할 수도 있다. 최종 목표에 집중하는 것이다. 즉 건축 자재를 사고, 그 자재들이 집으로 배송되고, 건축 인부들이 도착해서 집이 완성되는 모습에 집중하는 것이다. 돈이 어디에서 나오는지는 걱정할 일이 아니다. 목표가 이루어진 모습에 집중하라.

어떤 경우에서든 세계의 거울은 당신이 선택한 현실을 확실하게 비춰줄 것이다. 그 차이를 알겠는가? 목표를 달성하는 방법에 대해 고민하면 실제로도 그런 현실을 얻게 된다. 당신의 문제 주위로 모든 걱정과 조바심이 맴돌 것이다. 반대로 목표가 실현되는 모습과 그것이 이미 달성된 현실에 대해 생각한다면 원하는 결과를 얻을 수 있다. 방법은 저절로 나타나며, 그것도 당신이 미처 생각지도 못했던 바로 그곳에서 나올 것이다. 하지만 그 방법은 당신이 최종 목표에 집중했을 때만 나타난다.

이런 상황을 상상해보라. 지금 당신은 낯선 도시에 있고, 어디에서나 잘 보이는 높은 탑으로 가야 한다고 하자. 당신이 목표를 달성하는 방법에 대해 고민하는 것은 네 발로 서서, 땅에 코를 박고 앞으로 찔끔찔끔 나아가는 것과 같다. 자신의 가능성과 외부 환경만을 염두에 둔 채 말이다. 그러므로 목표를 향해 가는 과정에서 오랫동안 헤매고 여러 장해물의 방해를 받을 것이 뻔하다. 결국 당신은 산다는 건 계속해서 역경을 헤쳐나가는 것이라는 결론을 내리고 만다. 하지만 당신이 두 발로 서서 목표를 시야에 둔 상태로 전진한다면 이야기가 완전히 달라진다. 목표를 향한 길은 저절로 모습을 드러낼 것이니 말이다.

이 모든 설명이 그럴싸하게 들리지만 실제로 그것을 믿는 것은 여전히 두려운 게 사실 아닌가? 만약 이런 주장을 받아들일 준비가 되어 있지 않은 사람들에게 이 이야기를 해준다면 그들은 실소를 터뜨릴 것이다. 실제로 상식의 무게를 떨쳐내는 것은 어려운 일이다. 하지만 내 말을 믿어달라고 하지는 않겠다. 나는 그저, 필요한 것은 목표를 달성하는 방식에 대해 생각하는 것을 멈추고 주의를 목표 자체로 옮겨야 한다고 말하는 것뿐이다. 또 하나는, 결과가 즉시 나올 것이라고 기대하지 말고 계속해서 슬라이드를 비춰야 한다는 것이다. 왜냐하면 세계의 거울은 일정 시간이 지난 뒤에야 모습을 비춰주기 때문이다.

내가 하고 싶은 말은, 당신이 두 손 놓고 기다리는 것만으로 충분하며 목표의 슬라이드를 직관만 해도 좋다는 것이 아니다. 현실은 두 가지 객관적인 측면 — 물리적 측면과 형이상학적 측면 — 을 가진다. 이 둘 중 어느 하나에만 중심을 두려고 해서는 안 된다. 그저 탑을 바라보며 한 자리에 우두커니 서 있기만 할 것인가? 적어도 발의 위치만이라도 바꿔야 한다. 따라서 슬라이드를 비추는 일은 익숙한 경험을 제외하는 것이 결코 아니라, 오히려 그 경험의 틀 안에서 해야 하는 행동이다. 익숙한 경험은 슬라이드에 방해가 되지 않는다. 하지만 현실의 형이상학적인 특성을 사용하면 성공할 확률은 몇 배로 높아진다.

그러므로 여기에서는 아무 기적도 일어나지 않는다고 보면 된다. 믿음을 가져야 하는 것이 아니라 구체적인 행동을 해야 한다. 목표가 달성된 슬라이드에 일관적이고 꾸준하게 사념체의 초점을 맞추고 있어야 한다. 그렇게 어려운 일이 아니다. 그저 **행동에 옮기면 된다.** 하지만 사람들은 보통 그렇게 하지 않는다. 그들은 오히려 목표를 달성할 방법에 대해 고민하며, 그래서 그 모습의 반영을 현실에서 얻는다. 만약 목표가 달성된다고 하더라도 엄청난 노력을 기울여야만 얻을 수 있는 것이다. 바로 여기에서 '대처하기 힘든 실수의 아들'인 경험을 얻게 되는 것이다. 상식을 신봉하는 사람들은 이처럼 끊임없이 노력해야만 하는 현실을 스스로 만든다. 그런 사람들은 지는 해를 쫓아가려고 애쓴다. 하지만 태양이 우리를 향해 움직이도록 하려면 어떻게 해야겠는가? 그저 반대 방향으로 몸을 돌리기만 하면 된다. 목표를 달성하는 방법에만 얽매인 자신의 생각을 분리하여, 그 생각을 목표 자체에 옮겨두는 것이다. 그러면 현실에서는 최종 목표를 위해 고군분투하는 모습이 아닌 최종적인 목표 자체가 나타날 것이다. 현실은 우리의 생각을 비추는 거울이니 말이다.

역설적인 상황들

가짜 목표와 진짜 목표 구분법

저는 작가님의 책을 읽고 최대한 트랜서핑을 따라 하기 위해 노력하고 있습니다. 바로 어제, 아주 좋은 시간을 보냈고 앞으로도 이런 날들이 계속될 거라고 믿어 의심치 않았습니다. 그런데 오늘 아침부터 저의 예상은 전부 빗나갔고, 사방에서 불행한 일만 쏟아졌습니다. 미리 만족해서는 안 되는 거였을까요? 이런 일은 다른 사람들에게도 흔히 일어나는 일 같습니다. 트랜서핑의 측면에서 이 상황을 설명해주실 수 있을까요? 그리고 가장 중요한, 사소하지만 불행한 일이 눈덩이처럼 불어나는 것을 멈추게 하는 방법을 알려주세요. 그런 불행은 얼마든지 커질 수 있으니까요.

다시 한번 말하지만, 세계는 일정 시간이 지난 후에 모습을 비춰주는 거울이다. 단 하루 만에 모든 면에서 성공적인 반영을 보는 것은 힘들다. 오히려 당신에게 '좋은 날'이 한 번 오고, 그 이후 불행한 날들이 며칠 동안 이어질 확률이 아주 높다. 당신의 현실이 새롭게 조직될 여유가 없었는데, 환상적인 현실이 될 것이라고 당신이 이미 선언했기 때문이다. 이런 경우 균형력은 현실에 부합하도록 사건의 흐름을 되돌리려 하고, 펜듈럼은 당신의 불만족과 실망감을 눈치채고 불길에 기름을 부을 것이다.

성공적인 현실이란 조율의 원칙을 매일 꾸준히 지켜나가는 것이며, 당신을 보살피는 거울을 보며 연극을 하는 것이 전부다. 내가 관찰한 바에 따르면, 충분히 긍정적인 현실이 설정되려면 3일에서 7일 정도가 걸리며 부정적인 기운이 얼마나 쌓여 있는지에 따라서 그보다 더 걸릴 수도 있다.

작가님은 책에서 유리창을 향해 달려드는 날파리처럼 싸우지 말고 갈등을 최소화할 방법을 찾아야 한다고 하셨습니다. 만약 당신이 어떤 길을 지나갈 수 없다면, 그것은 당신의 길이 아니라는 것을 뜻하며 다른 방법을 찾아야 한다고요.

제 친구 중 한 명은 10년 동안 해마다 의대에 원서를 넣었습니다. 그동안에는 전문대학을 졸업했고, 아이 네 명을 낳았어요. 그리고 11년째 되는 해에 드디어 입학에 성공했죠. 그 친구는 오랫동안 경력을 쌓고 이제 훌륭한 비뇨기과 의사로 일하고 있습니다. 아무런 불행도 일어나지 않았고, 그 친구는 자기 일을 정말 사랑해요. 또, 뭔가를 성취하려고 마음먹는다면 포기하지 말고 끝까지 노력해야 한다고 믿고 있습니다. 그녀는 버터를 만든 개구리 이야기를 예시로 들곤 하는데, 우유가 담긴 항아리에 빠진 개구리가 열심히 발장구를 쳐서 우유를 버터로 만들고, 결국 살아남았다는 이야기지요.

반면에 또 다른 친구는 스물네 살에 두 아이를 키우는 데에만 전념했는데, 남편은 아주 부유하고 보수적인 집안 출신의 우즈베키스탄 남자였습니다. 그 친구도 마찬가지로 전문대학을 졸업했지만, 의과대학에 진학하는 것을 남편이 허락하지 않았어요. 남편은 친구를 아예 집에서 나오지도 못하게 했고 교과서는 전부 버렸죠. 하지만 친구는 생물학부 통신수업에 몰래 입학했어요. 그녀가 처음에 몰래 수업을 들었던 이야기를 들어보면 영화 한 편이 나올 정도입니다. 나중에는 그 끈질김에 남편이 두 손 두 발 다 들 정도였어요. 동시에 간호사로 일을 하기 시작해서, 어느 전문병원의 수간호사가 되기도 했습니다. 그 후에는 더 분발해서 학부 수석으로 대학교를 졸업했어요. 그 밖에도 전례가 없던 일이 일어났죠. 어렵기로 유명한 시험을 통과하고 지인의 적극적인 추천을 받아 재활의학과 의사로 일을 할 수 있게 된 거예요. 친구가 서른다섯 살이 되었을 때는 의료보건인으로서 경력이 17년이 되던 해였어요.[*] 그동안 남편의 집안은 파산했죠. 남편의 사업은 망하고, 지금은 친구가 식구 전체를 먹여 살리고 있어요.

---

[*] 본문에는 서른다섯 살에 의료보건인으로서의 경력이 17년이 되었다고 쓰여 있으나, 여기에는 실습 기간이나 육아휴직 기간이 포함된 것으로 보인다. ― 옮긴이 주

어떻게 생각하세요? 원하는 것을 이루기 위해 노력해야 하나요?
그리고 가짜 목표와 진짜 목표는 어떻게 구분할 수 있을까요?

당신의 첫 번째 친구는 실제로 '버터를 만들어냈다.' 그녀는 목표를 **이루었다**. 하지만 무슨 대가로 이루어낸 것인가? 그런 억지스러운 방법은 지금까지도 영혼의 단 한 마디 소리조차 외면하면서, 자신이 이룬 것이 그녀의 목표이며 모든 점에 대해 만족한다는 말을 되풀이하는 마음의 별난 고집과 포악함을 증명할 뿐이다.

반면에 두 번째 친구의 경우, 그녀가 남편을 '파산하게' 만든 것은 아닐까? 그녀가 부유하고 보수적인 가족의 기반을 '부숴버렸으니' 말이다. 물론 이제 와서 인과관계를 따질 수는 없을 것이다. 하지만 분명한 것은, 누군가가 가능태 흐름에 반대되는 방향으로 열심히 노를 저으면 망가지는 것은 자기 자신의 운명만이 아니라는 사실이다. 직접적으로 관련된 것은 아닐지라도, 얼마든지 간접적인 영향을 미칠 수도 있다.

어떤 목표가 되었든 반드시 그것을 이루고야 말겠다는 마음의 집요한 노력은, 어린 시절 반드시 '누군가'가 되어야 한다는 믿음이 주입되었기 때문에 생기는 것일 수도 있다. 여자아이들은 선생님이나 간호사가 되는 것이 좋다거나, 남자아이들은 우주비행사가 되는 것이 좋다는 것 따위 말이다. 그리고 당신이 만약 일정한 지위에 도달하지 않으면 당신은 아무것도 아니며, 당신이 서 있는 자리는 빈 자리가 된다고들 한다. 실제로 내가 무엇이 되고 싶었는지 생각할 겨를도 없다. 온통 다른 사람이 성공한 이야기만 들려오기 때문이다. 결국 마음은 주변 사람들의 의견에 휩쓸려 좀비가 되어버리고, 영혼은 손발이 꽁꽁 묶이고 입에는 재갈이 물린 채 어두운 창고에 처박히게 되는 것이다.

두 친구의 사례 모두 사람들은 타인의 문을 비집고 들어가려고 애쓰고, 그들의 마음이 그래야만 자신의 목표를 이룰 수 있다고 주장한다는 사실을 보여줄 뿐이다. "알겠어요. 하지만 두 친구 모두 자신의 목표를 달성했고, 모두 만족하며 살고 있지 않은가요?"라고 당신은 말할지도 모른다.

나는 그 말을 믿지 않는다. 그들은 그렇게나 많은 노력을 기울였는데도 자기 자신과 다른 사람들에게 만족하지 못하고 있다는 사실을 죽어도 인정하려 들지 않는다. 그들을 움직이게 한 것은 꿈에 대한 충성심이 아니라 자기 긍정을 위한 노력이었다. 자신의 목표와 문(용어 사전 310쪽 참고)을 다른 사람의 것과 구분하는 방법에 대해서는 《리얼리티 트랜서핑》에서 자세히 알 수 있다. 자신이 소중히 여기는 꿈을 향한 길이 장밋빛이라고 말할 수는 없다. 자신의 목표가 항상 쉽게 달성되는 것도 아니다. 하지만 그렇게나 큰 대가를 치를 필요도 없는 것이다!

여기에서 반드시 알아야 하는 점들이 있다. 당신의 목표가 경력사다리에서 일정한 자리를 차지하거나 그것을 성취한 수많은 사람 가운데 하나가 되는 일이라면, 그 목표를 이루기 위해서 반드시 최고가 되어야 할 필요는 없다는 것이다. 그 조직의 요구사항을 최대한 만족시키는 것이 훨씬 중요하다. 자신의 문을 제대로 고르고, 몸담고 있는 조직의 펜듈럼이 만든 규칙을 꾸준히 따른다면, 머지않아 목표가 이뤄질 거라고 기대해도 좋다. 그와 동시에 펜듈럼은 최고가 아닌 올바른 사람을 더 선호한다는 사실을 항상 기억해야 한다. 그 편이 조직에 더 안정적이기 때문이다. 물론 그렇다고 해서 숙련도를 더 높이거나 자기 자신을 더 발전시킬 필요가 없다는 뜻은 결코 아니다. 이렇게 표현하기로 하자. **올바른 사람들 중에서 최고가 되어야 한다.**

만약 당신이 목표를 향해 움직이며 문화, 과학, 예술, 스포츠, 비즈니스 등에서 완전히 새로운 것을 만들어낸다면, 그리고 그것이 특히 또 하나의 새로운 펜듈럼을 탄생시키는 일이라면, **익숙한 원칙을 깨면서** 자신만의 독특한 길을 따라가야 한다. 물론 그렇게 했을 때 당신이 걸어갈 길은 호락호락하지 않을 가능성이 아주 크다. 기존의 펜듈럼이 개인주의적인 행동을 용납하지 않을 테니 말이다. 펜듈럼은 무슨 수를 써서라도 새로운 것들을 무대의 뒤편으로 보내려고 할 것이다. 하지만 당신의 창작물이 다른 것들과 구분되는 신선한 것이라는 확신이 든다면 침착하고 완강해지길 바란다. 펜듈럼은 당신을 그리 오랫동안 그늘 속에 가둬두지 못할 것이다. 이런 경우, 일시적인 패배 따위는 신경 쓰지 말고 확고하게 자신의 별을 믿으며 목표를 향해 전진해야 한다. 그 별은 반드시 뜰 것이며, 그 별만의 펜듈럼을 가지고 있을 것이다. 하지만 여러 사례에서 알 수 있듯이, 성공을 향한 비좁은 길을 택하면 수십 년으로도 부족할 수 있다.

저는 지금 당장이라도 실현할 수 있을 것만 같은 목표를 가지고 있습니다. 그것은 상트페테르부르크로 이사를 가는 것이죠. 저는 제 고향이자, 도저히 견딜 수 없는 러시아 남쪽에 있는 도시에서 살고 있습니다. 아주 어릴 적부터요. 저는 상트페테르부르크로 이사하겠다고 완벽하게 설정해뒀어요. 아주 쉽고 선명하게 재생할 수 있는 슬라이드도 있습니다. 러시아 사상의 중심으로 가고 싶다는 제 목표는 단순히 고전적이고 지적인 사람처럼 보이고 싶거나 '잘난 체'하기 위해서가 아닙니다. 상트페테르부르크에 처음 갔을 때 저는 아직까지도 알 수 없는 놀라운 감정을 느꼈어요. 제가 있어야 할 올바른 장소에 있다고 느꼈지요. 그리고 그곳을 떠날 때는 마치 고향을 떠나는 것 같은 느낌이 들었어요. 그곳에 사는 친구도 있고, 취직할 가능성도 있고, 소속감도 있고 애착도 느끼고 있어요. 그저 텅 빈 감상이라고 생각하지 말아주세요. 사실이니까요. 다시 한번 말씀드리지만, 저는 정말 이사를 갈 준비가 되어 있어요. 내일 당장이라도 떠날 수 있을 것만 같아요.

하지만 유일하게 제 상황을 망치고 있는 것은 바로 할머니와의 관계예요. 할머니는 여든이 넘었는데, 제게는 할머니 말고는 아무도 없어요. 저는 고아거든요. 그런데 할머니가 절대로 저와 함께 상트페테르부르크로 가지 않으시겠대요. 할머니는 단 한 번도 상트페테르부르크에 가본 적이 없고, 심지어 그곳에서 백야를 볼 수 있다는 사실조차 생각해본 적이 없다고 하셔요! 네…, 저의 믿음과 할머니를 향한 사랑 사이에 톱날이 있는 것만 같은 느낌이 듭니다. 할머니는 제 유일한 가족이고 저는 할머니를 사랑해요. 할머니께서 저를 키워주셨거든요. 할머니를 홀로 내버려두는 것이 두렵습니다. 할머니는 마음씨가 좋으셔서 혼자 사실 수도 있지만(적어도 아직까지는요. 퉤, 퉤, 퉤! 부정이라도 탈까 무섭네요[*]), 시간은 흐르고 있어요. 연세가 있으시니까요. 저는 영원히 할머니를 떠나고 싶지 않아요. 하지만 할머니는 상트페테르부르크에서 사는 것을 상상조차 하기 싫어하셔요. 이해합니다. 그 연세에 어딘가로 떠나고 싶지 않겠지요···. 하지만 상트페테르부르크가 아니면 저 자신을 위한 다른 삶은 상상조차 할 수 없습니다. 정말 괴로워요. 또 다른 질문이 있습니다. 작가님은 부정적인 정보를 흘려들으라고 했지요. 그러면 동정심은 어떻게 하나요? 어딘가에서 아이들이 죽어가고 있다는 기사를 신문에서 볼 때마다 제 마음도 아파옵니다. 눈물이 날 정도예요. 작가님이 말씀하신 트랜서핑을 하기에는 저 자신이 너무 불완전하다는 뜻일까요?

당신은 한 가지 구체적인 질문에 대해 답해야 한다. 당신은 누구를 위해 사는가? 자기 자신을 위해서인가, 아니면 다른 사람을 위해서인가? 당신이 《리얼리티 트랜서핑》을 읽었다면 동정심은 관대함을 뜻하는 것이 결코 아니며, 오히려 신기하게도 영혼의 공허함일 수도 있다는 대목을 읽었을 것이다. 영혼 자체가 충족되지 않

---

* 나무를 두드리거나 왼쪽 어깨 너머로 침을 뱉는 행동은 어떤 말을 하고 나서 부정 타지 말라고 행하는 러시아의 풍습이다. ─ 옮긴이 주

은 상태에서 오는 공허함 말이다. 그리고 '동정하는' 마음은 영혼으로 하여금 다른 사람에게 자기 자신을 내어주게 만든다. 당신을 설득하려고 하지는 않겠다. 누군가를 동정하고 보살펴주기 위해 살지, 아니면 삶에서 만족감을 얻기 위해 살지는 당신이 직접 결정할 문제이기 때문이다.

다만 내가 냉정하게 구는 것에 대해 매번 나를 비난하지는 말길 바란다. "세상에! 아이들이 불쌍하지도 않은가요!"라고 말이다. 외적 중요성을 가지지 않는다는 것은 냉정함이 아니라 정확한 판단으로 인한 것이며, 원한다면 이성적인 이기주의에 의해서라고도 말할 수 있을 것이다. 나도 아이들이 불쌍하다. 하지만 연민에 빠지지 않는 것뿐이다. **빠진다**는 것이 무슨 뜻인가? 예를 들어 어떤 사람들에게 불행한 일이 일어났다고 해보자. 한 사람은 그 불행에 빠져서 온 힘을 다해 자기 자신을 가여워하고, 비극적인 태도로 일관하며 주변 사람들에게 자신이 짊어져야 할 무거운 짐에 대해 이야기한다. 반면에 다른 사람은 넘어지고 나서도 다시 일어나, 먼지를 툭툭 턴 다음 가던 길을 계속 간다. 무슨 일이 일어나더라도 삶은 계속되기 때문이다. 타인을 향한 연민도 똑같다. 내가 그 무엇으로도 도움이 될 수 없다면 내 연민은 아무 의미도 없다. 안 좋은 소식이 들려올 때마다 모든 불행한 사람들을 불쌍하게 여긴다면 아마 미쳐버릴 것이다. 세상에는 **수만 명에 이르는** 아주 착한 아이들이 **매일** 목숨을 잃고 있으며, 그 아이들 모두가 동정을 받아 마땅하기 때문이다.

누군가는 분노할지도 모른다. "그래! 그렇다면, 자기 자신만을 위해 살아야 하고 다른 사람을 보살필 필요는 없다는 말인가? 아주 흥미로운 철학이군" 하고 말이다.

나는 철학을 하는 것도, 선동을 하는 것도 아니다. 모든 사람들이 확실하게 미덕으로 삼는 연민을 뒤집어 해석하면 양면적인 특성이 나온다. 연민은 진정한 동정심에서 나올 수도 있고, 죄책감으로 인한 의무감에서 나올 수도 있다. 때때로 자기 자신조차 의식하지 못하는 죄책감은 모든 방법을 동원하여 의무와 책임을 다하도록 만든다. 하지만 이 진짜 이유는 항상 잠재의식 깊은 곳에 있으려고 하며, 의식의 표면에는 연민이 마치 처음부터 그 자리에 있었다는 듯이 자리 잡고 있다.

그러면 진짜 연민과 가짜 연민을 어떻게 구분할 수 있을까? 아주 간단하다. 한 가지 질문을 자기 자신에게 한 뒤, 대답해보면 된다. 당신의 태도의 진정한 얼굴은 무엇인가? 진정한 연민인가, 아니면 의무감인가? 다른 말로 하자면, 더 많은 비중을 차지하는 것은 어느 쪽인가? 만약 의무감이라면 이 미덕에 대해 아무 할 말도 없을 것이므로, 순수한 양심에 따라 의무감을 버려야 한다. 그리고 우리는 가까운 사람들을 진심으로 보살피려고 하는 경향이 있기 때문에, 그런 입장은 우리가 객관적으로 판단하는 것을 더 어렵게 만든다. 그러나 만약 누군가를 보살피고자 하는 마음이 사실은 거추장스러운 책임이라면 영혼과 마음의 조언에 귀 기울여야 한다. 영혼과 마음이 이 가짜 미덕을 해결할 수 있게 내버려두라.

마지막으로, 모든 사람들은 인생을 살아가며 자신의 영혼을 우선적으로 보살피고, 그다음에야 다른 사람의 영혼을 보살필 의무를 가지고 있다. 이런 주제에 대해 논하는 것은 칼날 위를 걷는 것과 같긴 하지만 말이다. 여기에서는 모든 것이 그때그때 다른 의미를 갖는다. 죄책감을 분명하게 보여주는 이 독자가 보낸 편지의 마지막 문단이 아니었더라면 나 또한 독자에게 뭐라고 대답해야 할지 아주 난감했을 것이다. 그러니 이 점에 대해서 잘 생각해보길 바란다.

중요한 것은, 어떤 문제에 봉착했을 때 주변 사람들의 의견을 의미 있게 받아들이는 것에 익숙한 마음에만 기대어 문제를 해결하려고 하지 말아야 한다는 사실이다. 자기 자신에게 질문해보라. 정말 솔직히, 어떤 것을 더 원하는가? 다른 사람에게 선물을 주는 것이 좋은가, 아니면 스스로 가지는 것이 좋은가? 영혼이 불편하다면 그것은 당신이 틀린 결정을 내렸다는 신호다. 영혼은 가장 좋아하는 장난감을 마음에게 빼앗겼을 때 실망하고 우울해한다. 그것은 가슴으로 느낄 수 있을 것이다. 실제로, 간혹 영혼과 마음의 조언은 타인을 위해 자신의 삶을 희생하라는 결정을 내리게 만들기도 한다. 하지만 대개 이런 경우에는 그게 미덕이라는 생각조차 들지 않을 것이다.

선물과 칭찬

프레일링의 원칙을 제대로 사용하는 법

프레일링의 원칙은 사람들에게 영향을 미치는 다른 체계들과 비교했을 때 좀더 부드럽고 따뜻함이 느껴진다는 점에서 차이가 있다. 심리적으로 당신의 의지에 사람들이 복종하게끔 하거나, 당신의 이익을 위해 행동하도록 만드는 방법도 있다. 그것은 내부의도로 세계에 직접적인 영향을 미치는 방법이다. 하지만 그런 방식으로 세계에 영향을 미치는 것은 효과가 미미하고, 부작용을 유발할 수 있으며, 트랜서핑의 원칙에 반하는 행동이다. '트랜서핑의 관계'에서 외부의도는 사람들의 이익에 반하지 않으면서도 그들의 내부의도를 사용하게 해준다.

여기에서는 그 어떤 통제나 복종의 원칙에 대해서 군이 설명할 필요가 없다. 사람들에 대한 진정 어린 관심을 기반으로 한 방법을 사용하는 것이 훨씬 더 즐겁고 효과적이기 때문이다. 사람들에게 선^善을 가져다주고 그들의 가치를 높이며, 마찬가지로 그들로부터 똑같은 혜택을 얻는 것이 더 나은 일이니 말이다. 하지만 이런 방법도 마찬가지로 영혼의 소리에 귀 기울이며 해야 한다.

파트너의 장점을 강조하기 위해 가장 쉽고 단순하게 사용할 수 있는 방법 가운데 하나가 바로 칭찬이다. 하지만 칭찬을 하더라도 모든 것이 다 잘 되는 것은 아니다. 칭찬은 상대를 기분 좋게 만들기도 하지만 어떤 부분에서는 애매한 뉘앙스를 풍기기도 한다. 칭찬을 받은 사람에게는 칭찬을 한 사람의 의도가 진실한지 아닌지 의심할 만한 근거가 항상 있다. 이것은 친절한 태도가 단순히 좋은 매너로 인해 나타나는 경향이 있기 때문에 일어난다. 당신도 알다시피, 매너가 항상 진실한 것은 아니다. 관심이 에티켓의 수준에서 머문다면, 그 관심은 때로는 모욕감을 주는 천박한 표현이 되어버리기도 한다.

어떤 문제에 처했다고 하더라도 겉으로는 아무렇지 않은 표정을 하고 아무 문제도 없는 것처럼 행동해야 하는 경우도 있다. 그런 사람에게 "어떻게 지내?"라고 활기차게 물어본다면 그는 틀에 박힌, '에티켓에 따른' 대답을 해야 한다. 그런 대답을 할 때 그의 기분이 어떻겠는가? 모욕감을 느끼거나, 그게 아니라면 적어도 자신의 보호막을 더 강하게 쳐야겠다는 필요성을 느낄 것이다. 그는 모두가 자기 자신만을 위해 살고 있으며, 그 누구도 다른 사람들의 문제에는 아무 신경도 쓰지 않는 정글 속에서 살고 있다는 사실을 알고 있다. 정글이라고 말하면 다소 과장된 측면이 있을 수도 있겠지만, 본질적으로는 다를 바 없다.

진실성은 항상 꾸밈없는 관심의 에너지로 가득 차 있다. 하지만 사람들이 서로에게 에너지를 나눠주고, 따뜻한 마음을 주고받는 것은 펜듈럼에게 아무 도움도 되지 않는다. 그래서 진실성이 세련된 매너라는 싸구려로 대체될 때, 펜듈럼은 예의 바른 행동의 기준이라는 고정관념을 만들었다. '비즈니스 미소'는 정말로 마음에서 우러나오는 것일까? 진정한 관심이나 동정과 배려를 밀어내지 않는 한, 세련된 매너는 나쁠 것이 없다.

물론 당신은 에티켓이나 온갖 '왕실 예법'에 익숙할 것이다. 때로는 그것을 의식적으로 사용하겠지만 자신도 모르게 저절로 나오는 경우도 많을 것이다. 몸에 배어 있지만 알맹이가 없는 매너를 진정한 관심으로 대체하려고 노력한다면 당신은 매우 유익한 이점을 얻을 수 있을 것이다. 그것은 바로 주변 사람들이 금방 당신의 진심을 느낀다는 것이다. 모두가 잘 다듬어진 모조품에 너무나 익숙해진 나머지 드물게 진품이 나타나면 순식간에 적극적으로 관심을 가지며 공감할 것이다.

세련된 매너를 진정한 관심으로 바꾸는 것은 아주 쉽다. 그러기 위해서 당신은 자신이 아닌 타인에게 주의를 돌리고 그들에게 관심을 표현하기만 하면 된다. 심리학을 배울 필요도 없다. 그저 '사람을 움직이는 것은 무엇인가?', '그들은 무엇을 달성하려고 노력하는가?', '그들의 마음을 끄는 것은 무엇인가?'와 같은 질문을 자기 자신에게 끊임없이 던지는 것만으로도 충분하다. 다른 사람의 입장에서 바라보기만 하면 모든 대답을 쉽게 찾을 수 있을 것이다. 누군가의 내부의도가 어떤 방향성을 갖고 있는지 알아냈다면, 당신이 그가 해온 노력의 진가를 안다는 사실을 그에게 알리라. 그거면 된다. 그 대가로 당신은 그의 감사와 호감을 얻게 될 것이다.

이런 가짜 칭찬은 자연스럽게 '선물'이 될 수 있다. **누군가가 자신의 가치를 위해 노력하고 있음을 인정해주면 당신은 그에게 선물을 하는 것이다.** 보통 내부의도는 일정한 방향으로 향한다. 인간은 구체적인 모습으로 돋보이고 싶어하며 자신의 가치를 높이려고 애쓴다. 그는 스스로 돋보이고자 하는 바로 그 점에 사람들이 관심을 기울여주길 원하며, 자신의 가치가 인정받기를 기대한다.

예컨대 한 남성이 여성에게 드레스가 아름답다며 칭찬하는 상황이라고 하자. 그런데 그녀는 칭찬을 듣고도 전혀 기뻐하지 않는다. 그녀의 옷장에는 그 드레스와 비슷한 옷이 수십 벌은 되기 때문이다. 하지만 남자는 여자의 새로운 헤어스타일은 눈치채지 못했다. 그의 내부의 시선이 그 자신을 향하고 있었기 때문에 여성의 내부의도가 어떤 방향을 향하고 있었는지 관찰할 수도, 판단할 수도 없었던 것이다. 그녀는 완전히 다른 방향으로 노력을 하고 있었고 남성이 바로 그 노력을 인정해주기를 기대하고 있었는데 말이다. 칭찬은 모든 사람이 가진 공통적인 특징을 드러나게 하지만, 때로는 완전히 틀릴 수도 있다. 반면에 선물은 항상 범위가 좁고 정확히 목표를 맞춘다. 그것은 진짜이기 때문이다.

"좋아 보이네요!"라는 말은 아주 일반적인 칭찬이다. 물론 그런 칭찬은 상대의 가치를 드러나게 하지만, 내용이 없고 형식적이며 깊이도 없어 보인다. 그래서 상대방에게 감동을 줄 수 없다. 상대가 좋게 보이려고 구체적으로 무엇을 했는지 알아내야 한다. 이 사람의 특징은 무엇이며, 매력은 무엇인가? 당신이 상대에게 진심으로 관심을 갖고 있다면 목표를 찾아 선물을 명중시키는 것은 일도 아니다.

만약 의도의 방향을 알아내는 데 실패했다면, 적어도 틀에 박힌 말을 하는 것은 피해야 한다. 어떤 즉흥적인 표현이라도 상대방은 당신이 자신을 진심으로 인정했다고 여길 것이다. "날씨는 우중충한데, 오늘 왜 이리 보기 좋아요?"라는 말은 구체적이지는 않지만 역시나 선물이다. 세련된 농담을 곁들인 칭찬도 선물이 될 수 있다. "당신, 정말 너무 아름다운 거 아니에요? 아니면 제 눈에만 그렇게 보이는 건가요?" 그리고 담담한 태도로 변화를 알아봐주는 발언은 자칫 거짓이 될 수도 있는, 겉 포장만 번지르르한 칭찬보다 더 강력한 효과를 낸다. "취향이 참 세련되시군요." 이런 선물은 마음 깊은 곳에서 기쁨을 불러일으킨다.

선물을 직접 하지 않고 다른 사람을 통해 간접적으로 하면 특별한 효과를 얻을 수 있다. 만약 당신이 상대방이 있는 자리에서 다른 사람에게 그 사람의 장점에 대해 담담하게, 마치 별일 아니라는 듯이 이야기한다면, 그 사람은 아주 만족스러울 것이라고 확신해도 좋다. 당신이 그 사람이 없는 자리에서 그의 장점을 인정하고, 나중에 그 일이 그 사람의 귀에 들어간다면 더 좋다. 그가 당신에게 고맙다는 말을 하진 않아도, 당신은 그에게 마음 깊은 곳에서 우러나오는 기쁨과 만족감의 원천이 될 것이다.

선물과 칭찬의 또 다른 차이점이 있다. 칭찬을 들었을 때는 아무 거리낌이 없이 고맙다는 인사를 하지만, 선물을 받았을 때는 무언의 감사만 한다는 것이다. 고맙다는 인사는 "아주 상냥하시네요" 같은 정도인데, 이런 인사는 칭찬만큼이나 아무 가치가 없다. 하지만 당신의 선물이 상대방의 마음을 정확히 파고들었다면, 대부분의 경우 상대는 그 선물을 절대로 인정하지 않는다. 다시 말해, **당신은 선물을 주고 난 뒤에도 고맙다는 말을 듣지 못할 것이다. 대신 그보다 더 값진 것을 얻게 된다. 바로 당신에 대한 그 사람의 진정한 호감이다.**

당신은 사람들이 얼마나 선물을 필요로 하는지 상상조차 하지 못할 것이다! 당신은 사람들이 겉으로는 아무 문제가 없는 것처럼 보이려고 노력하지만, 사실은 온갖 부정적인 슬라이드와 콤플렉스로 근심이 가득한 경우를 주변에서 많이 봤을 것이다. 심지어 많은 사람들은 그들이 자랑스러워할 만한 점이 아무것도 없다고 오해하며 자신의 불완전함 때문에 고통스러워한다. 그래서 선물을 받으면 그 사람은 다시 용기를 내고 진심으로 기뻐하며 자기 자신을 자랑스러워한다. 그는 당신이 준 선물을 기억의 깊숙한 곳에 소중히 간직할 것이다. **당신은 그 사람에게 자신이 이 세상에서 어떤 의미가 있는 존재라고 느끼게 해줬기 때문이다.**

칭찬은 쉽게 잊힌다. 하지만 선물은 오랫동안 기억되며, 어쩌면 평생 기억에 남을 수도 있다. 당신이 직접 자신의 경험을 통해 그 사실을 확인할 수도 있다. 누군가 당신에 대해서 뭔가 좋은 말을 하고, 당신의 가치를 인정하고 돋보이게 했던 적이 있지 않은가? 그때 당신이 충분히 그런 말을 들을 만하다고 생각했다면 지금까지도 그 말이 당신의 기억 속에 남아 있을 것이다. 중요한 것은 당신의 마음에 선물을 준 사람의 자리가 남아 있다는 것이다. 선물이 사람들에게 얼마나 큰 영향을 미치는지 보라!

사람들을 위한 선물을 찾길 바란다. 그것은 틀에 박힌 칭찬을 하는 것보다는 약간 더 어렵긴 하지만, 그래도 꽤 쉽다. 선물을 찾기 위해서는 잠깐이라도 그 사람에 대해 진정 어린 관심을 가지기만 하면 된다.

사람은 끊임없이 자신의 가치를 지키고 인정받으려 애쓰며, 기회만 있으면 경쟁자의 가치를 낮추는 동시에 타인이 평가하는 자신의 인격에 대해 생각한다. 또한 온갖 방법을 동원해서 자신의 가치를 높이기 위해 노력하는 공격적인 환경에서 사는 데 익숙하다. 이런 환경에서는 모든 형태의 관심과 배려가 아주 큰 의미를 가진다. 만약 당신이 자신의 가치를 높이기 위한 싸움을 중단하고 다른 사람의 가치를 빛내는 데 관심을 가지기 시작한다면, 당신은 '어둠의 왕국에 비치는 한 줄기 빛'*이 될 것이다. 그리고 보물 같은 존재가 될 것이다.

자신의 가치를 포기하면, 그 가치는 오히려 차고도 남을 정도로

---

* A. N. 오스트롭스키의 희곡 〈뇌우〉에 관한 논설로, 대중에게 큰 인기를 얻어 논설문의 제목 자체가 유명한 인용구로 사용되고 있다. ─ 옮긴이 주

커진다. 그렇게 하기 위해서는 아주 간단한 행동을 하나 해야 한다. 바로 **자신의 내부의도를 다른 사람의 가치를 부각시키는 데 맞추는 것이다.** 아부와 아첨은 곧바로 들통날 것이다. 필요한 것은 진정한 관심, 배려, 응원, 그리고 대가를 바라지 않는 선물이다. 그 사람은 당신에게 선물을 받고 매우 고마워할 것이다. 하지만 그것이 전부가 아니다.

선물은 한 사람의 인생에서 극적인 전환점의 계기가 되기도 한다. 화가, 음악가, 작가 등 많은 유명 인사들은 선량한 점쟁이가 준 선물을 받고 현재 그들의 가치를 빛내고 있는 그 길로 향하게 되었다. 어쩌다 무심코 선물을 주게 되는 경우도 있다. 한 소년이 길을 가던 도중에 누군가로부터 소년에게 썩 괜찮은 재능이 있으며 음악가가 될 수 있을 거라는 말을 들었다. 그는 소년에게 큰 의미 없이 말했을 거라는 일화도 있으나, 그 소년은 실제로 위대한 음악가가 되었다.

이런 선물은 운명을 바꾸는 힘을 지니고 있다. 그 안에는 목표나 문이 들어 있기 때문이다. 선물을 주는 사람은 받는 이에 대해 아무런 책임도, 부담도 가지고 있지 않다. 그러나 선물을 받는 사람은 행복을 느끼는 마음으로 빛이 난다. 그 선물이 섬세한 마음의 현絃에 닿는다면 말이다. 그 현은 바로 그 선물이 자신에게 필요한 것이라는 사실을 알기 때문에, 선물을 받는 순간 살아나 활기를 띠기 시작한다.

사람들에게 어떤 선물을 선사할 수 있는지 상상해보라! 칭찬

하기를 그만두고 선물하는 방법을 배운다면 당신에게 운이 따를 것
이며, 누군가에게 그가 가야 할 길이 어느 길인지 알려줄 수도 있을
것이다.

생식

자유에너지를 높이는 강력하고 확실한 방법

나는 사람들로부터 자신의 목표를 찾을 수 없으며, 무엇을 원하는지, 자신의 인생을 어떻게 바꿀 수 있는지 모르겠다고 불평하는 비관적인 편지를 적잖이 받는다. 많은 사람들이 출구가 없는 듯이 보이는 상황에 처해 있다. 그리고 거의 모든 문제는 물질적인 수단과 깊은 관련이 있다. 지긋지긋한 도시나 마을을 떠나 어디로 가야 할까? 생계를 위한 돈을 어디에서 구할 수 있을까? 실타래처럼 엉킨 가족 문제들을 어떻게 해결할 수 있을까? 좋은 직장을 어디에서 구할 수 있을까?

긍정적인 마음가짐이 없이는 트랜서핑을 할 수 없다. 하지만, 주변이 온통 어두컴컴하고 암울한 현실뿐이고, 그 현실에서 무엇을 어떻게 해야 할지 모른다면 어디에서 긍정적인 기운을 얻을 수 있겠는가? 이렇다 할 재능도 없고, 세월은 흐르고, 희망은 보이지 않고, 마치 삶이 늪에 처박힌 것처럼 일상에서 벗어나지 못한다. 이런 상황에서 트랜서핑이 약속하는 무한한 가능성을 믿는 것은 참으로 힘든 일이다. 또, 심각한 건강 문제를 가진 사람들도 아주 많지 않은가? 그렇다면 이런 악순환으로부터 어떻게 벗어날 수 있을까?

당신도 이런 상황에 처해 있다면, 손쓸 방도가 없을 것이다. 말 그대로 아무리 안간힘을 써도 당신은 그 절망에서 빠져나올 수 없으며 트랜서핑도 아무 소용이 없을 것이다. 트랜서핑을 하기 위한 에너지도, 아니 적어도 트랜서핑에 조금이라도 더 가까워지기 위한 에너지조차도 당신에겐 없을 것이기 때문이다. 여기에서 에너지라 함은 구덩이를 팔 때나 필요한 육체적인 힘이 아니라 의지를 실현할 수 있는 자유에너지(free energy)를 의미한다.

자유에너지가 없다면 의도도 없다. 달리 말하면 아무것도 바라지 않게 되고, 할 수 없게 되며, 힘은 그저 삶을 연명하고 일상생활을 할 수 있는 정도로만 남아 있는 상태가 된다. 의도의 힘은 사람이 삶에 대해 기뻐하고, 활동적으로 행동하며, 창작하고, 새로운 것을 정복해나가며 최종적으로는 자신의 현실을 만들도록 도와주는 생명력이다.

모든 것은 아주 간단하다. 에너지가 낮은 수준에 머물러 있을 때 낙관주의는 비관주의가 되는데, 바로 그 모습을 세계의 거울이 비추기 때문에 비관적인 생각이 점점 더 커지게 된다. 바로 이러한 이유로 인해 도망칠 힘도 — 도망칠 방법을 생각할 힘조차도 — 없어지고 마는 절망적인 현실의 악순환이 계속되는 것이다. 의도의 에너지가 낮은 수준에 머물러 있으면 트랜서핑을 생각할 겨를도 없게 된다. 에너지가 약해지면, 그 사람은 명료한 꿈조차도 통제할 수 없게 된다. 이것은 분명히 확인된 사실이다.

방법은 두 가지뿐이다. 첫 번째는 모든 것을 그냥 내버려두고, 해결할 수 없는 상황과 타협하며 개선할 수 있을 거라는 희망도 없는 삶을 이어나가는 것이다. 다만 이런 선택을 했다면 푸념하거나 되는 일이 하나도 없다고 불평하는 편지를 나에게 보내지 말기 바란다. 이 선택은 당신이 한 것이다. 당신 말고는 그 누구도 다른 선택지를 고르는 것을 방해하지 않는다. 그 선택지란 바로 활력을 되찾는 것이다. 그렇게 해야만 긍정적인 마음도, 목표도, 그리고 그 목표를 달성하기 위한 힘도 생긴다. 당신이 옳다고 생각하는 방향대로 자신의 현실을 만들 수 있게 되며, 이전에는 감히 꿈도 꾸지 못했던 것을 이룰 수 있는 능력을 얻게 된다. 하지만 그렇게 되기 위해서는 의도의 에너지를 적정 수준까지 끌어올려야 한다. 어떻게 하는지 알려주겠다.

당신이 곧 읽게 될 내용은 아주 큰 거부감을 불러일으키거나, 아니면 환희와 새로운 희망의 불씨를 가져다줄 것이다. 이 지식은 여러 가지 이유로 널리 알려지지는 않았다. 당신이 지금부터 알게 될 방법은 당신의 에너지를 완전히 새로운 수준으로 끌어올릴 것이다. 똑같은 결과를 낼 수 있는 방법이 이 밖에도 여러 가지가 있는데, 바로 요가와 다양한 수련과 명상이다. 다만 이 방법들은 시간이 아주 오래 걸리고 어려운 길이라는 사실을 염두에 두고 있어야 한다. 나는 가장 짧고 단순하며 자연스러운 방법을 제안하려고 한다. 이 방법은 아주 극단적이기 때문에(하지만 그건 처음에만 그렇게 보일 뿐이다), 현재 이 방법을 시도하는 사람들은 매우 소수다. 그래서 미리 말해두지만, 나는 이 방법이 자기 자신을 위해 도움이 된다고 생각하는 사람들을 위해 알려주는 것뿐이며 나의 의견을 강요하기 위해 알려주는 것이 아님을 밝힌다. 그것이 당신에게 필요한 방법인지는 당신이 직접 판단하길 바란다.

그러면 차례대로 알려주겠다. 자유에너지가 부족한 유일한 이유는, 누구나 그렇듯이 신체가 꽉 막혀 있기 때문이다. 이것은 모든 질병의 근원이자 근본적인 원인이 된다. 평범한 사람의 신체는 죽은 세포와 단백질과 지방의 일부를 가지고 있다. 그로 인해 세포와 세포 사이에 노폐물이 생긴다. 말 그대로 림프관과 혈관에 찌꺼기가 쌓이는 것이다. 이 찌꺼기는 신체가 정상적으로 작동하는 것을 방해한다. 세포들이 '교류'하는 데 장해물이 되어 세포들끼리 주고받는 전기 자극을 약하게 만든다.

물론 이 주제는 트랜서핑의 범위를 넘어서는 것이지만, 당신의 주의를 이렇게 환기하는 것 말고는 다른 방법이 없다. 그리고 충분히 그럴 만한 가치가 있는 방법이다. 왜냐하면 비만, 질병, 노화, 우울증, 비관주의, 삶에 대한 무기력함과 같은 전 세계적인 문제들이 우리가 놀라울 정도로 무지하다는 점 때문에 일어나기 때문이다. 이렇게 빠른 속도로 정보가 퍼져나가고 있는데도 사람들은 자신이 겪고 있는 문제의 원인에 대해 아무것도 모르고 있다는 사실이 놀라울 뿐이다. 분명한 것은, 현실을 지배할 능력을 가진 자유로운 개인이 여기저기에서 나타나게 만드는 지식이 널리 퍼지는 것은 펜듈럼에게 불리하다는 점이다.

근본적인 원인은 잘못된 식습관에 있다. 하지만 이렇게 말하는 것은 아무것도 말해주지 않는 것이나 다름없다. 모든 사람들이 그 사실을 알고 있지만, 인식하지는 못하는 것 같다. 대부분의 경우가 그렇듯이, 이것은 단순한 지식이 아니라 경험을 통한 지식이 필요한 일이기 때문이다. 틀에 박힌 사실들은 근거 없는 억측만 표면에 남겨두고 지식의 본질은 가려버린다. 일반적으로 모든 식이요법은 결론적으로 이런 것, 저런 것이 건강에 해롭다고 주장한다. 보통 건강한 식습관에 관한 정보는 이 정도이다. 다이어트와 특수하게 만든 영양제가 당신을 구할 수 있다는 인식도 있다.

하지만 건강한 신체를 만들고자 하는 이 모든 방법이 정말 그렇게 어렵단 말인가? 누군가는 연구를 하고, 누군가는 복잡한 식단을 개발하고, 정교한 약품을 만든다. 전체적으로 보자면 한 산업이 올바른 식습관을 위해 존재하는 것이다. 이 모든 것이 과연 누구를 위한 노력일까? 수없이 많은 사람들이 이런 잘못된 행동을 하고 있는데, 모두 헛수고다. 엄격한 채식주의조차도 올바른 식습관의 원리를 모르고 무작정 따르기만 한다면 아무 소용이 없다. 그러나 내가 일러주는 방법의 원칙은 매우 간단하며, 과학자들이 만든 것이 아니라, 신이 품질을 보장하는 자연 그 자체에 의해 발전된 것이다.

첫 번째, 생리학적으로 보면 인간은 과식 동물(frugivore)*이다. 중요한 것은 이것이 아니라, 인간이 소화하는 방식이 특별하다는 데 있다. 음식물이 흡수되기 위해서는 각각의 영양소가 서로 섞이지 않고 분리되어 있어야 한다. 만약 이 원칙이 지켜지지 않으면 음식물은 흡수되지 않은 채 부패하기 시작해서, 몸의 순환을 막고 신체를 중독시킬 것이다. 그리고 열처리를 거친 음식은 그 음식에 함유된 거의 모든 영양소가 손실된 상태이기 때문에 인체에 아주 큰 부담이 된다. 자연에서는 그 어떤 생명체도 먹이를 불에 익혀 먹지 않는다. 요리는 비교적 최근에 생긴 것이지만 소화기관은 수백만 년 동안 형성된 것이다.

참 이상한 일이다. 사람들은 외부 위생은 철저하게 따르지만, 내부 위생에 대해서는 그렇게 무관심하니 말이다. 하지만 사실 평범한 사람의 몸속에는 노폐물이 잔뜩 쌓여 있다. 보이지는 않지만 무게로 따지면 몇 킬로그램(수십 킬로그램에 달하기도 한다)이나 나간다. 이런 찌꺼기들은 배설기관에 의해 완전히 배출되지 않기 때문에, 인간의 몸은 이 노폐물을 몸속의 이곳저곳에 최대한 쌓아둘 수밖에 없게 된다. 그 결과 신체는 아주 빠른 속도로 오염되기 시작하며, 한 번도 청소한 적이 없는 오래된 하수관처럼 더러워진다. 사실, 인간의 몸은 건강을 유지하기 위한 자원을 아주 많이 가지고 있기 때문에 어떤 사람은 70세까지, 혹은 더 오랫동안 버티기도 한다. 하지

---

* 과일을 일상식으로 섭취하는 동물. ─ 옮긴이 주

만 모든 것에는 끝이 있다. 인생의 중간 과정을 지나고 있는 사람들은 이런 오염의 여파를 실감하기 시작한다. 질병에 시달리고 비만이 되거나 권태감을 느끼며 또는 전반적으로 과거 젊었을 때만큼의 기력이 없어졌다고 느끼기도 한다.

모든 문제는 사람의 에너지체가 '하수관'에 막히는 것에 민감하게 반응한다는 데 있다. 차크라 chakra* 가 막히고, 에너지의 통로가 좁아지며, 그 결과 에너지가 약한 줄기로 흘러서 생명의 힘을 잃게 만드는 원인이 된다. 에너지가 약해지면 물리적 신체에 병이 나타난다. 이렇게 악순환이 일어나는 것이다. 신체를 통제하지 못한다면 어떻게 현실을 통제할 수 있겠는가?

하지만 예전의 활력을 되찾거나, 심지어는 단 한 번도 가져보지 못했던 건강을 얻을 수 있다! 단, 그러기 위해서는 죽은 식단을 살아 있는 식단으로 바꿔야 한다. 당신의 집에 무엇이 있는가? 가스레인지, 냄비, 프라이팬? 당신의 몸에서 쓰레기를 없애고 가스레인지 앞에서 낭비했던 수많은 시간을 여가 시간으로 바꾸고 싶다면, 음식물을 죽이는 데에나 적합했던 이 모든 물건들은 당신의 주방에서 사라져야 할 것이다.

누군가에게는 이 모든 사실이 충격적으로 다가올 수도 있다. 하지만 당신의 귀를 잡고 질질 끌고 가려는 사람은 아무도 없다. 나

---

* 척추를 따라 위치한 일곱 개의 에너지 중추로서, 오라Aura의 에너지 출입구로 알려져 있다. 각각의 차크라는 신체적, 정서적 상응물을 가지고 있다. 보통 제1의 차크라는 회음, 제2의 차크라는 단전, 제3의 차크라는 위장, 제4의 차크라는 가슴, 제5의 차크라는 목, 제6의 차크라는 미간, 제7의 차크라는 정수리에 해당한다고 여겨진다. ─옮긴이 주

는 당신에게 동참하라고 제안하는 것이 아니라, 그저 당신 앞에 있는 작은 쟁반에 사실이라는 빵을 조금씩 떼어주고 있는 것뿐이다. 당신이 익숙하게 먹는 음식이 과연 당신의 건강, 에너지, 삶을 희생시킬 만한 가치가 있는 것일까? 보통 우리는 후회할 때 '젊었을 때 알았더라면', '늙어서도 할 수 있다면' 같은 말을 한다. 그러니 지금부터 알려주는 방법을 시도해보라. 지식과 기회 두 가지를 모두 가진 젊음만이 남아 있는 현실에 도달하게 될 것이다.

첫 번째로 시작해야 할 것은 자신의 '하수관', 특히 간을 깨끗하게 하는 것이다. 어떻게 하는지는 많은 책을 통해 알 수 있다. 왜 외부적으로는 철저하게 위생을 지키면서 내부 위생에는 그만큼의 주의를 기울이지 않는가? 그저 더러운 것이 겉으로 더 잘 보이기 때문에 그런 것일까? 하지만 식습관을 올바르게 바꾸기만 한다면, 내부 위생은 신체 그 자체로 유지될 수 있다. 이것은 여러 단계를 통해서 점진적으로 이루어져야 한다. 바로 단계적 섭취 단계와 푸드 컴바이닝food combining** 단계를 거치고 일부 음식물을 식단에서 제외하는 단계를 통해 최종적으로 생식을 하는 것이다. 곧바로 익히지 않은 식품을 섭취하는 단계로 들어가면 신체가 급격한 변화를 도저히 견디지 못할 것이다. 몸이 다시 만들어지는 데는 시간이 필요하기 때문이다.

** 한 끼 식사마다 같은 영양소를 함유하거나 궁합이 잘 맞는 음식만을 섭취하여 다이어트, 디톡스, 건강 관리를 하는 방식. 원칙적으로는 식사 한 끼에 단백질만 먹고, 다른 식사 때는 탄수화물만 섭취하는 것이 일반적이다. — 옮긴이 주

단계적 섭취 단계의 원칙은 모든 음식을 한 번에 먹는 것이 아니라, 먼저 한 종류의 음식을 먹고 그다음에 다른 음식을 섭취하는 방식으로 식사를 하는 것이다. 가장 먼저 먹어야 하는 음식은 흡수가 잘 되는 음식이다. 음식이 각각 다른 층의 형태로 위장을 통과하면 소화도 훨씬 더 잘 되고, 건강에 해로운 물질도 적게 나온다. 물은 식사하기 15분 전이나 식사 후 두 시간이 지나고 나서 마셔야 한다. 그렇지 않으면 위액이 희석되어 음식이 소화되지 않고 부패해버린다. (바로 이 점을 반드시 써야만 했다. 어쩌겠는가? 그렇지 않으면 에너지를 높이는 방법을 달리 설명할 방법이 없다.)

최대한 빠르게 진행했으면 하는 두 번째 단계는 푸드 컴바이닝 단계이다. 이 단계는 단계적 섭취를 전제로 할 뿐 아니라 서로 조화를 이룬다. 물론 두 방법을 동시에 진행하는 것은 거의 불가능하지만 말이다. 음식이 소화되는 시간과 조건에는 각각의 음식마다 큰 차이가 있기 때문에, 여러 음식물이 혼합되어 있으면 '생산 폐기물'이 생길 수밖에 없으며, 이 생산 폐기물은 배출되지 못하고 신체에 지방과 노폐물의 형태로 축적된다. 신선한 약초는 거의 모든 음식과 궁합이 잘 맞는 유일한 식품이다. 따라서 이상적인 방식은 식사 한 끼에 섭취하는 음식의 수를 최소 단위로 하는 것이다. 푸드 컴바이닝 식단의 방법에 대해 자세히 다루고 있는 책을 찾는 것은 그다지 어렵지 않을 것이다.

자신의 식단에서 꽤 많은 음식을 단계적으로 제외해나가야 한다. 가장 대표적인 것이 껍질을 벗긴 곡물, 밀가루 음식, 발효 빵이다. 우유와 통조림 역시 마찬가지다. 이 음식물은 아무런 영양가가 없다. 예를 들어, 곡물이 함유하고 있는 몸에 좋은 모든 영양소는 씨눈과 껍질에 들어 있다. 그런데 밀가루는 밀에서 씨눈과 껍질을 분리하여 만든다. 그래서 유익한 영양소는 모두 떨어져나가고, 거의 전분으로 이루어진 쓸모없는 덩어리만 남게 된다. 이 영양가 없는 곡물의 일부분은 애초부터 자연에 의해 건축 자재 같은 역할을 하도록 만들어졌다. 말하자면, 씨눈을 위해 지방을 보관하는 일종의 나무통 같은 역할을 하는 것이다. 다음 공정으로 밀가루에 인공 비타민, 즉 화학약품을 첨가한다. 그래서 어떤 음식이든 상관없이 밀가루 음식을 먹는 것은 마트에서 산 전분을 식사 시간에 숟가락으로 떠먹는 것과 같다. 간은 기름 같은 덩어리로 지저분해지고, 전분은 점액의 형태로 체내에 쌓이게 되며 위장 벽은 얇은 층으로 뒤덮여버린다. 게다가 곡물은 단백질의 비율이 균형적이지 않다. 이상하게 들릴 수도 있겠지만, 죽이나 마카로니를 먹느니 차라리 고기를 먹는 것이 낫다. 또 우유는 카제인을 함유하고 있는데, 카제인은 동물의 뿔이나 말발굽을 자라게 하는 성분이다. 인체 내에서 우유는 목공용 풀과 비슷한 크세로젤*로 변한다.

이런 불쾌한 설명을 계속하자면 아직도 할 말이 많다. 이런 상황에서 사람이 어떻게 견디고 살며, 자신의 몸 상태가 아직은 괜찮은 편이라고 누가 장담할 수 있겠는가? 문제는, 사람은 진정한 건

---

* 건조한 상태에 있는 젤. — 옮긴이 주

강이 뭔지 모른다는 점이다. 태어나서 단 한 번도 경험해본 적이 없기 때문이다. 그러니 "아주 오래전부터 모두가 그렇게 먹어왔는걸!"이라고 말하며 틀에 박힌 생각으로 합리화를 해서는 안 된다. 물론 당신이 다른 사람들과 똑같은 문제로 고생하고 싶은 것이 아니라면 말이다.

마지막으로, 당신의 식단에 남겨둬야 할 것은 오직 천연 식재료뿐이다. 신선하고 얼리거나 말린 채소와 과일, 해조류, 견과류, 씨앗, 꿀 정도이다. 그 어떤 열처리도 거쳐서는 안 된다. 오직 날것의 상태로 먹어야 한다. (다만 견과류에 땅콩은 포함하지 않기를 바란다. 땅콩은 콩 종류이며, 게다가 건강에 그다지 좋지 않다) 하지만 평소에 먹던 식단에서 곧바로 익히지 않은 채소와 과일을 먹는 식단으로 넘어가는 것은 아무 소용이 없다. 신체는 다시 만들어지기 위한 시간이 필요하다. 따라서 기존 식단에서 익힌 채소류의 비중을 줄이고 익히지 않은 채소류의 비중을 늘려가며 차근차근 진행해야 한다. 사람이 평생을 주로 가공식품을 먹어왔다면 그의 미생물상微生物相*은 이런 식단에 꼭 들어맞게 적응한다. 물론 식단을 갑자기 바꾸는 것도 원칙적으로는 가능하지만, 그것은 충분히 그 부담을 견딜 정도로 건강한 사람에게나 추천한다.

미생물상이 완전하게 재조직되는 데에는 1년이 걸린다. 1년이 끝나갈 무렵, 식단에는 그 어떤 가공식품도 남아 있어서는 안 된다.

---

* 신체의 특정 부위에 서식하는 미생물의 구성을 이르는 말. — 옮긴이 주

잘 알다시피, 열처리를 한 식품에는 비타민과 다른 영양소들이 대부분 손실될 뿐 아니라 발암물질인 독성이 만들어진다. 익히지 않은 음식은 신체를 오염시키지 않고, 오히려 정화해준다. 그렇게 된다면 주방에 있는 접시들도, 모든 장기도 완벽할 정도로 깨끗한 상태를 유지하게 될 것이다. 그 차이는 어마어마하다.

생식으로 식습관을 바꾸는 것이 아주 어려워 보일 수 있다. 예를 들어, 겨울에는 무엇을 먹고 살아야 할지 고민될지도 모른다. 게다가 돈도 더 많이 들 것이라고 생각할 것이다. 하지만 두려워할 것 없다. 오히려 기회는 아주 많으며, 바뀐 식단으로 살아가는 것이 평범한 식단으로 생활할 때보다 비용도 덜 들 것이다. 그저 실행에 옮기기만 하면 된다. 그러면 이런 음식이 있을 것이라고는 상상조차 하지 못할 정도로 다양한 음식들을 맛볼 수 있을 것이다. 완전한 미지의 세계가 열리는 것이다. 이 책에서는 과도기를 거쳐가는 데 도움이 될 발아 식품에 대해서만 설명할 것이다.

곡물, 콩 종류 같은 씨앗은 우리 식단에서 꽤 큰 비중을 차지하고 있다. 씨앗은 반가공품半加工品으로 구성되어 있는데 이는 보존 처리된 건축자재라고 볼 수 있다. 구성성분의 대부분은 녹말, 단백질, 지방으로 이루어져 있다. 게다가 씨앗에는 소화를 방해하는 억제물질이 들어 있다. 짐승들과 새들에게 훼손되지 않고 장거리를 이동할 수 있도록 자연에 의해 그렇게 설계된 것이다.

씨앗이 발아하면 그 안에서는 급격한 변화가 일어난다. 억제물질은 사라지고, 녹말은 당이 되며 단백질은 아미노산, 지방은 지방산이 된다. 사람의 몸에서 일어나는 소화 과정과 똑같다. 이제, 씨앗이 싹을 틔우는 단계에서 일어나는 과정은 거의 다 끝났다. 더불어 식물이 성장하는 데 모든 에너지를 사용할 수 있도록 매우 유용한 성분들이 합성되고, 씨앗에 저장되어 있는 모든 자원이 동원된다. 씨앗에 잠든 채 보존되어 있던 힘이 살아나 새 생명의 탄생을 위한 폭발적인 가능성이 실현되는 것이다.

풍부한 비타민과 미량원소를 함유하고 있는 발아 식품은 치료 효과가 뛰어나고 생체 활동을 자극하는 성분을 많이 가지고 있다. 그 성분을 전부 다 나열하지는 않겠다. 바로 이 성분들 덕분에 신진 대사가 활발해지고 신체가 정화될 뿐만 아니라, 면역력과 집중력이 높아지고 수많은 질병이 치유된다. 발아 식품은 새로운 생명이 성장하고 공격적인 환경에서 생존할 수 있도록 자연이 세심하게 설계해둔 모든 것을 가지고 있다. 완벽한 균형을 이루고 있어서 소화가 잘 되는 식품인 동시에 효과적인 약이기도 하다.

식단에 포함할 수 있는 종류로는 밀, 옥수수, 강낭콩, 병아리콩과 녹두가 있다. 만드는 방법은 아주 간단하다. 이른 아침에 씨앗을 물에 적신다. 그리고 저녁에 체나 망에 받쳐 깨끗이 씻은 다음 젖은 가제 수건으로 덮어둔다. 다음 날 아침이 되면 씨앗이 생기를 띤 것을 볼 수 있을 것이다. 옥수수와 강낭콩(붉은 강낭콩이 몸에 더 좋다)은 24시간 적셔놓아야 하며, 같은 방법으로 하루나 그 이상, 이따금씩 물에 씻어가며 발아해야 한다.

밀과 옥수수는 날것으로 먹을 수도 있다. 밀싹은 건강에 아주 좋은 성분을 가지고 있다. 밀싹은 아주 꼭꼭 씹어먹어야 하는데(하루에 적어도 두 티스푼은 먹는 것이 좋다), 씹을 때 입안에 고무 같은 성분이 만들어진다면 그 제품은 적절하지 않으니 다른 제품을 찾아야 한다. 유감스럽게도 콩 종류는 익히지 않은 상태에서는 그다지 맛이 좋지 않다. 그래서 뜨거운 물에 넣고 물이 끓을 때까지 데쳤다가 먹는다. 녹두는 끓는 물에 10분 정도 살짝 삶아 먹는 것으로도 충분하다.

그렇다면 살아 있는 물은 어떻게 만들 수 있을까? 먼저 불순물을 가라앉힌 수돗물을 5리터짜리 에나멜 주전자에 넣어 '하얗게' 끓어오를 때까지 끓인다. 그리고 차가운 욕조에서 빠르게 식힌다. 이것이 첫 번째 구조화* 단계다. 이렇게 만든 물은 평범한 방법으로 끓인 물보다 훨씬 더 몸에 좋다.

그러고 나서 약국에서 파는 규석을 다섯 개에서 일곱 개 정도 물에 넣고, 거즈 수건을 덮어 이틀 정도 둔다. 그다음 다른 용기에 조심스럽게 따라낸다. 규석이 질병의 원인이 되는 미생물과 유해한 화학물질들을 빨아들인 상태이기 때문에 주전자 아래에 깔린 2~3센티미터 정도의 물은 버려야 한다. 이 규소수는 이미 약효를 가지고 있다. 일반적인 물보다 더 구조적이며 규소를 다량으로 함유하고 있기 때문이다. 규소가 결핍되면 거의 모든 영양소들이 신체에 흡수되지 않을 정도로, 규소는 인체에 가장 필수적인 영양소이다.

---

* 인간의 가공 프로세스에 의해 오염되지 않은 물과 유사하게 물의 구조가 변하는 것. 구조화를 거친 물은 수돗물이나 정수된 물보다 건강에 좋다고 알려져 있다. — 옮긴이 주

이렇게 만든 물을 냉동실에 넣는다. 물의 표면과 냄비의 표면에 살얼음이 생기면 물을 플라스틱 용기에 옮겨 담아 다시 냉동실에 넣는다. 이런 방식으로 얼음을 제거함으로써 중수*를 분리해낸다. 중수는 수소의 동위원소^{同位元素}**인 중수소와 삼중수소를 가지고 있는데, 어는점이 영상 3도이며 몸에 좋지 않다.

마지막으로 얼린 물은 바로 이 플라스틱 용기에서 만들어야 한다. 에나멜 주전자는 갈라질 수 있기 때문이다. 물이 3분의 2 정도 얼었을 때 얼음에 작은 구멍을 뚫어 남은 물을 따라낸다. 이 '용액'에는 온갖 불순물이 들어 있기 때문이다. 이제 얼음을 실온에서 녹여 최고의 물이 만들어질 때까지 기다리는 일만 남았다. 이 물은 또 다른 이름으로 경수^{輕水}라고도 하는데, 중동위원소^{重同位元素}***가 깨끗이 제거되었기 때문이다.

마지막으로, 만약 고리 모양으로 된 자석이나 자석 깔때기가 있다면 그 자석의 구멍으로 물을 흘려서 물의 구조를 더 강화시키라. 이런 방법으로 얻은 물은 특별한 약효를 가지고 있다. 이 물은 신체를 정화하며, 장기간 마시면 다양한 질병을 예방할 수 있다. 효

---

* 보통 물보다 분자량이 큰 물. 따라서 일반적인 물(H_2O)보다 무게가 더 무겁다. 동물이나 식물이 이 물을 흡수하면 소화, 호흡, 광합성과 같은 정상적인 대사작용을 방해하는 등 다른 효과를 나타낸다. ― 옮긴이 주

** 물은 화학식(H_2O)에서 볼 수 있다시피 수소 두 개와 산소 한 개로 이루어져 있다. 그중 수소에는 원자의 개수에 따라 경수소(중성자 없이 양성자 한 개만으로 구성), 중수소(중성자 한 개와 양성자 한 개), 삼중수소(중성자 두 개와 양성자 한 개)라는 동위원소가 존재한다. 이에 따라 똑같은 물이라도 화학적으로는 조금씩 다른 특성을 가지게 된다. ― 옮긴이 주

*** 동위원소 중 질량이 더 큰 동위원소를 말한다. ― 옮긴이 주

능이 지속되는 시간은 일곱 시간 정도로 제한적이다. 이런 물은 그 어디에서도, 그 어떤 값으로도 살 수 없을 것이다.

생식은 음식을 익히는 것이 아니라 성장하게 만드는 놀라운 방식이다. 음식물을 죽이는 일반적인 요리와 다르게 생식은 음식물에 생명을 불어넣는다. 직접 경험해보길 바란다. 발아 식품에 다양한 향신료와 소스를 더해 만든 음식은 평범한 음식보다 훨씬 더 맛이 좋다. 이런 음식들이 우리가 잘못된 정보를 들어서 몸에 좋다고 착각하는, 똑같은 재료로 만든 죽보다 모든 면에서 훨씬 더 값어치 있는 음식이라는 사실은 더 말할 필요도 없다.

발아 식품은 소화가 아주 잘 되는 단백질이 많이 들어 있어 신체가 채소류를 섭취하는 데 잘 적응할 수 있게 도와준다. 새로워진 미생물체는 익히지 않은 음식을 처리할 수 있을 뿐 아니라, 단백질의 공급원 역할을 할 수도 있다. 초식동물들은 바로 이런 방법을 통해 음식을 소화한다.

이런 질문이 떠오를 수도 있다. 그렇다면 감자나 애호박처럼 반드시 익혀 먹어야 하는 음식들은 어떻게 날것으로 먹을 수 있을까? 그러면 여기에 상응하는 질문을 하겠다. 이런 음식들을 먹어야 할 필요가 있을까? 전분이 많은 채소는 칼로리와 점액질 말고는 인체에 아무 도움도 주지 못한다. 바로 이것이 감기 같은 질병에 걸리는 이유이다. 한편, 농장에서는 도축용 돼지를 더 살찌우기 위해 삶은 감자를 먹인다. 농장주들은 돼지들에게 감자를 먹이면 더 빨리 살이 찌고, 그것이 경제적으로 더 이득이 된다는 사실을 알아낸 것이다. 하지만 익히지 않은 음식을 먹으면 살이 찔 수가 없다. '섭취한' 칼로리의 양과 무관하게 말이다.

익숙한 음식들에 작별을 고하는 것이 너무 슬픈 일이 되지 않도록 식단에서 해산물의 비중을 높여도 좋다. 모든 바닷물고기와 갑각류는 익히지 않고 먹을 수 있다. 간을 하는 방법은 어렵지 않다. 날것에 향신료를 첨가하면 훨씬 더 맛있다. 엄격한 생식주의자들은 달리거나 뛰는 동물, 헤엄치는 동물을 먹지 않는 것은 물론이고 소금도 쓰지 않지만 말이다.

신선한 채소와 과일, 그중에서도 특히 발아 식품은 몸에 아주 좋은 성분을 가지고 있다. 특별히 말하지만, 생식주의로 넘어가면서 명현현상을 한 번 또는 여러 번 겪을 수 있으며, 이때 평소에 앓고 있던 질병이 더 악화될 수도 있다. 이런 증상을 치료하려고 애쓸 필요는 없다. 이 증상들은 신체가 오랫동안 쌓여온 여러 가지 노폐물을 내보내고 있으며, 정상적인 작동 체계로 변하고 있다는 것을 뜻하기 때문이다. 이런 증상이 일어나는 동안 할 수 있는 유일한 일은 증류시킨(끓인) 물을 하루 또는 며칠 동안 마시며 공복을 유지하는 것이다.

원칙적으로, 만약 건강이 그렇게 엉망인 상태가 아니라면 완전한 생식으로 곧바로 넘어가도 좋다. 이런 경우 명현현상은 더욱 확실하게 나타나지만, 사람마다 다른 형태로 지나갈 것이다. 몸무게가 훨씬 줄어들 수도 있다. 이것은 신체가 죽은 조직을 버리고 다시 태어나고 있다는 것을 뜻한다. 사실 비만인 사람은 실제로는 걸어 다니는 해골과도 같다. 옳지 않은 식습관과 활동량이 적은 생활 습관으로 인해 그들의 몸이 기름진 침전물과 노폐물 덩어리로 변해버린 것이다. 이런 몸에는 살아 있는 조직이 거의 남아 있지 않으며, 대부분이 죽어 있는 짐덩이다. 바로 이런 노폐물이 제거되는 것이다. 여기에서 가장 중요한 것은 걱정하지 않는 것이다. 신체가 정화되고 정상적인 상태로 돌아오고 있는 것일 뿐이니 말이다. 하지만 이런 변화를 잘 이겨내도록 약간의 도움을 줘야 한다. 반드시 해조류와 곡식 가루, 아마씨유를 식단에 포함시키는 것이다. 이 식재료들은 몸이 변화하는 과도기에 필수영양소가 일시적으로 부족해지는 것을 보완해주는 역할을 하기 때문이다. 이 책에서 소개하는 것 말고도 인터넷에서 생식에 대한 정보를 더 찾아보는 것이 좋다. 정보가 그리 많지는 않을 것이다. 정말 독특하긴 하지만, 다시 태어날 수 있는 똑똑한 방법이다.

이 방법이 많은 사람들의 눈에 놀라울 정도까진 아니더라도, 완곡히 말하자면 아주 독특해 보일 수도 있다. 일반적으로 사람은 오래된 습관을 버리는 데 있어 그다지 적극적이지 않고, 옳지 않은 생활 습관이 모든 사람들에게 수용되는 기준이 된다면 쉽고 분명한 자연 원칙들은 모순적으로 보이기 때문이다. 그렇다면 자연식은 도대체 어떤 특징을 가지고 있기에 그것을 위해 수많은 맛있는 음식을 포기해야 하는 걸까? 그것이 과연 그만한 가치가 있는 것일까? 앞으로 내가 설명하려는, 그리고 당신이 처음 들을 가능성이 높은 다음의 사실들이 당신의 의견에 결정적인 영향을 미칠 것이다.

생식은 3000년대를 살아갈 사람들이 먹을 음식에 대한 연구이자 제3의 물결을 위한 문화이다. 가장 유명한 생식주의 운동가는 아르샤비르 테르 오바네샨*(아테로프)이다. 테헤란에서 출간된 그의 저서 《생식주의 또는 질병과 악과 독에서 자유로운 신세계》(Raw-Eating, or A new world free from diseases, vices and poisons)에는 생식주의의 근본적인 원칙들이 소개되어 있다. 아테로프는 질병으로 두 아이를 잃은 후, 셋째 딸은 오직 익히지 않은 음식만 먹이며 키웠다. 그 딸은 신체적으로도, 정신적으로도 보기 드물게 건강한 아이로 자랐다. 그는 자신의 저서에서 이렇게 설명하고 있다.**

"딸은 이제 곧 일곱 살이 되는데, 그 아이는 아직까지 익힌 음식을 입에 대본 적도 없다. 아이의 건강은 완벽 그 자체다. 나는 이제 한 아이를 미식가로 키우는 것보다 100명의 아이들을 생식주의자로 키우는 것이 얼마나 더 쉬운지 알 수 있을 것 같다. 나는 감기, 콧물, 설사, 변비 등과 같이 아이들이 자주 앓는 질병에 대해 걱정하거나, 아이가 오늘 충분히 먹었는지 아닌지 걱정할 필요가 없었다. 내 딸은 작은 새처럼 명랑하게 재잘거리며 놀고, 원하기만 하면 언제나 테이블에 와서 먹고 싶은 음식을 먹을 수 있다. 지치지도 않고, 울거나

---

* 1902-1990, 아르메니아인으로, 그의 직업은 과학자, 이란 왕궁에서 일하던 의사, 평범한 사람 등 의견이 분분하다. 이란에서 책을 출간한 뒤, 수백 명의 추종자들이 생겨났고 이들은 사람들에게 채식주의를 소개하기 위한 협회를 설립하고 식당을 여는 등 활발한 활동을 펼쳤다. ─ 옮긴이 주

** 아테로프의 저서에 대해서는 syroedenie.ru에서 더 자세히 볼 수 있다. ─ 저자 주

짜증을 내지도, 떼를 쓰거나 소리 지르지도 않고, 주위 사람들에게 민폐를 끼치지도 않으면서 하루종일 놀고, 노래 부르며 춤을 춘다. 정확히 밤 8시가 되면 잠자리에 누워 몇 분 동안 노래를 부르고는 눈을 감고 곤히 잠들어 다음 날 아침 6시에 일어난다. 딸이 태어난 이후로 한밤중에 깨어난 적이 언제였는지 기억조차 할 수 없다. 딸아이는 그 어떤 소음이나 움직임도 방해가 되지 않을 정도로 깊고 곤히 잔다."

자연요법의 유명한 전파자이자 《생식주의란 무엇인가? 생식주의자가 되는 법》(What is raw foodism and how to become a raw food eater)이라는 책을 쓴 알렉산드르 추프룬***은 젊었을 때 심각한 만성 질병으로 1급 장애인이 되었다. 그는 병을 치료하기 위해 온갖 방법을 동원했지만 아무 소용이 없었다. 그러던 중 그는 익히지 않은 음식을 먹기 시작하면서 완전하게 건강을 되찾았다. 추프룬은 자신의 문제에 대해, 뜻밖이지만 놀라울 정도로 분명한 결론으로서 면역 문제가 관련되어 있다고 주장했다.

그 본질은 사람들이 전염병에 걸렸을 때 인체는 고의적으로 면역 체계의 작동을 멈춰버린다는 데 있다. 일반적으로 사람이 병에 걸리면 신체는 약해지고, 노폐물이 너무 많이 쌓이며, 비타민과 다른 기타 필수영양소의 결핍을 느낀다고 알려져 있다. 이런 상황

*** 1935-2008, 주로 러시아와 캐나다에서 활동하며 자연주의를 기반으로 한 채식법을 널리 알린 강연자이자 작가. — 옮긴이 주

에서 어떤 전염병에 걸리면 인터페론* 분비는 낮아진다고 한다. 즉, 신체가 방어력을 고의적으로 떨어뜨려 병이 더 커지도록 만드는 것이다. 밝혀진 바에 의하면, 질병을 유발하는 미생물체들은 부적절한 식습관 때문에 '하수도 시스템'이 미처 배출하지 못하여 생긴 찌꺼기들을 먹고 자라난다고 한다. 신체는 미생물이 이 찌꺼기를 먹어치우며 증식하도록 내버려두는 것 말고는 별다른 수가 없게 되는 것이다. 미생물이 일부만이라도 신체를 정화하는 임무를 수행하면 면역력이 되살아나고 질병이 치료된다.

추프룬은 자신이 쓴 책에서 이렇게 설명한다.

"원칙적으로, 우리는 미생물성 질병이나 바이러스성 질병에 고마워해야 한다. 이런 질병들은 몸이 치유되는 과정에서 나타나는 전형적인 증상들을 보여주기 때문이다. 이런 방식으로 신체는 가장 큰 문제점으로 지적한 상태 — 내부 환경이 노폐물과 온갖 약품들로 오염된 상태 — 에서 자연 치유된다. 그렇지만 이런 치유 과정의 증상들에 올바르게 대처해야 한다. 증상이 완화될 때까지 단 며칠 동안만이라도 완전히 공복을 유지하는 것이 방법이 될 수 있다. 자연이 준 이 힘은 미생물과 바이러스의 도움을 받아 몸이 스스로를 치유하도록 돕는 최고의 방법이다. 언젠가 문명 세계는 비누와 칫솔

---

* 바이러스에 감염된 동물의 세포에서 생산되는 항바이러스성 단백질. — 옮긴이 주

을 사용하는 법을 배우는 것과 같은 수준으로 이 치유 방법
도 배우게 될 것이다. 하지만 문명이 이 방법을 그렇게 빨리
배우지는 않을 것이라는 사실을 염두에 둬야 할 것이다. 과
학은 발전하지만, 무지함은 커져만 가기 때문이다…."

여기에서 생기는 의문에 대해 다음과 같은 결론을 내릴 수 있
다. 왜 신체를 정상적인 상태로 만들어야 하며 누가, 어떻게 신체를
정화시킬 수 있을까? 깨끗했던 처음의 몸 상태를 계속 유지하는 것
이 더 좋지 않을까? 실전 경험을 통해 확인된 바에 따르면, 생식을
실천하는 사람은 애초에 병에 걸리지 않는다.

논란의 여지조차 없는 근본적인 원칙이 하나 있다. **살아 있는
신체는 살아 있는 음식을 먹어야 한다는 사실이다.** 이 원칙의 의미를
최초로 발견한 사람은 20세기 초에 아주 정교한 연구를 진행했던
프랭크 포튼저Frank Pottendger 박사다. 그는 10년 동안 고양이 90마리
에게 익히지 않은 음식을 먹인 결과, 모든 고양이가 건강하고 체력
도 좋았다는 사실을 알아냈다. 한편, 또 다른 고양이 집단에게는 익
힌 음식을 먹였는데, 그 결과 이 집단에서는 폐렴, 마비, 치아 손실,
피로함, 과민증 등과 같이 인간이 앓을 수 있는 모든 질병이 발견되
었다. 거의 모든 신체 기관에 질병이 생긴 것이다. 첫 세대가 낳은
새끼 고양이들은 선천적으로 약하고 병든 상태로 태어났으며, 다음
세대의 새끼들은 죽은 채 태어난 새끼들이 많았고, 그다음 세대에
서는 불임이 나타났다.

자연 치유법의 창시자 중 한 명인 에드워드 하웰Edward Howell 박사는 익히지 않은 음식과 조리된 음식을 구분하는 가장 중요한 요소는 효소(enzyme)라는 결론에 도달했다. 그는 이 '생명력의 활성 요소'가 **50도 이상에서 파괴된다**는 사실을 증명했다. 그는 왜 효소에 '생명력의 활성 요소'라는 거창한 이름을 붙였을까?

  효소는 삶을 가능하게 만드는 물질이다. 그것은 우리 몸속에서 일어나는 모든 화학 반응에 필요한 존재다. 효소가 없다면 살아 있는 신체에서 그 어떤 활발한 활동도 일어나지 못할 것이다. 효소는 건설 인부들이 집을 짓는 것과 같은 방식으로 신체를 짓는 '일꾼'이다. 영양소들과 비타민, 미량원소들은 건축 자재들에 불과하다. '건설 현장'에서 모든 움직임이 일어나게 하는 것은 바로 이 효소다. 효소는 단순히 화학 반응을 가속화시키는 불활성 물질인 촉매 역할을 하는 것뿐만이 아니다. 밝혀진 바에 의하면 효소는 화학 반응이 일어나는 과정에서 일정한 에너지를 방출하는데, 그것은 촉매 이상의 기능을 한다. 효소는 전기 배터리처럼 에너지로 충전된 단백질의 전달 장치로 이루어져 있다.

  그렇다면 우리의 신체는 어디에서 효소를 얻을까? 우리는 일정한 양의 효소 자원을 물려받은 채 태어났을 확률이 높다. **평생 동안 사용할 만큼의 에너지를 가지고 태어나는 것이다.** 달리 말하면, 한정된 종잣돈을 가지고 있는 것과 마찬가지다. 그 돈을 그냥 다 써버리면 파산을 하게 된다. 마찬가지로, 당신이 효소의 에너지를 빨리 쓸수록 생명력은 더 빠르게 고갈된다. 그리고 신체가 효소를 더 이상 생산하지 못하는 지점에 이르면 삶이 끝나버린다. 배터리가 수명을 다하는 것이다.

인간은 조리된 음식을 먹으면서 한정된 자신의 효소 자원을 아무 생각 없이 써버린다. 에드워드 하웰 박사는 이러한 현상을 '만병의 근원이자, 급격한 노화와 조기 사망의 원인'이라고 여겼다. 반면에 **익히지 않은 음식은 자가분해를 도와주는 효소를 가지고 있다. 이런 음식은 주로 그 음식물에 있는 효소에 의해 분해되기 때문에, 음식물이 스스로 소화된다.** 하지만 효소가 없는 조리된 음식을 먹으면 우리 몸은 음식을 소화시키기 위해 몸에 축적되어 있던 효소 자원을 끌어다 쓸 수밖에 없다. 바로 이런 점 때문에 몸에 제한적으로 남아 있던 효소 자원이 줄어드는 것이다.

당신이 집을 리모델링 한다고 상상해보라. 사건은 두 가지 경우로 전개될 수 있다. 첫 번째의 경우, 당신의 집으로 필요한 자재들이 배송되었는데, 배송 기사들이 모든 자재를 한자리에 쌓아놓고 떠난 상황이다. 그래서 당신은 직접 리모델링을 해야 하고, 이 모든 힘든 일을 하기 위해 많은 노력과 시간을 투자해야 한다. 두 번째 경우에는 건설 인부들이 자재들을 가지고 와서 알아서 모든 작업을 하는 경우다. 이때 당신은 휴식을 취하며 자기만의 시간을 보낼 수 있다.

화식火食과 생식의 사이에는 바로 이런 차이가 있다. 화식을 하면 음식을 소화시키는 힘든 일에 그의 모든 생명력이 사용된다. **직접적인 책임 ─ 신체의 정화와 회복 ─ 을 다하는 데 집중해야 하는, '일**

꾼'인 효소가 마땅히 해야 하는 일을 모두 제쳐두고 본래의 임무가 아닌 다른 일을 해야 하는 것이다. 그래서 효소는 더 이상 인체를 돌보는 일을 하지 못한 채 고갈되고 만다.

사람들이 너무 피곤하여 녹초가 될 지경인데도 걷거나 차분하게 앉아 있지 않고 미친 사람처럼 여기저기 분주하게 날뛰는 상황을 상상해보라. 생식주의자와 '평범한' 사람의 인체가 작동하는 방식이 바로 이 모습과 똑같다. 한 사람은 차분하게 걸어다니고, 다른 한 사람은 지쳐 쓰러질 때까지 끝없는 마라톤을 뛰는 것이다.

앞서 말한 내용을 전부 읽고 나면 조리된 음식을 먹는 것이 우리 몸에 엄청난 손해를 가져다준다는 점에 대해 더 이상 의심할 여지가 없을 것이다. 생식으로 식단을 바꾼 사람이 얻을 수 있는 장점에 대해서는 자연식을 지지하는 사람들 중 한 명인 니콜라이 쿠르듀모프가 가장 잘 정리했다. 그는 이렇게 주장한다.[*]

1. **염증이 생기거나 감기에 걸리지 않는다.** 독감은 거의 증상도 없이 지나간다. 거의 모든 심신증[**]이 치료되고 사라진다. (장기 부전, 관절 관련 질병, 통증 등이 여기에 해당한다. 모든 장기가 깨끗해지며 원기를 회복하기 때문이다.) 인위적으로 유지되던 낮은 면역력은 자연스러운 **기준**에 맞게 회복한다. 영하 18도에서 수영복만 입고 세 시간 동안 눈밭에서 뒹굴거나

---

[*] kurdyumov.ru — 저자 주
[**] 불안 같은 심리적 증상이 신체적인 반응으로 나타나는 현상. — 옮긴이 주

뛰어다녀도 아무렇지 않을 수 있다. 그것도 특별한 수련을 거치지 않고도 말이다!

2. **해로운 물질에 대한 민감도가 아주 높아지고, 반응도 강해지 며, 심지어는 통증이 생길 수도 있다.** 하지만 동시에 육체는 아주 강하고 빠르게 이러한 물질들을 배출해서 해독하기 때문에 독성으로 인한 피해는 실질적으로 거의 없다.

3. **음식에 대한 내구력이 아주 강해진다.** 익숙하지 않거나 소 화에 부담이 되는 음식을 먹어도 특별한 부작용 없이 음식 을 소화하고 해독할 수 있다. 육체의 필터가 순식간에 모 든 것을 처리해내는 것이다. '돌도 소화하는 위장'을 가지 게 되는 셈이다.

4. **음식물을 흡수하는 능력이 월등해진다.** 즉, 흡수율이 높아 진다. (8개월 동안 위기를 겪은) '대식가' 생식주의자는 사과 세 알과 오이 두어 개만 먹어도 포만감을 느낀다. 산나물, 채소 잎, 포도순만으로도 배불리 먹을 수 있다. 이 모든 것 이 식용으로 적절한 음식이다. 따라서,

5. **어떤 상황에 처하든 좋은 컨디션을 유지할 수 있다.** 자연과 의 통합에 대해 거창한 말을 하진 않겠다. 그러나 무슨 일

이 일어나든, 어디에 있든, 그것이 숲 한가운데일지라도, 가진 돈 한 푼 없어도 항상 충족감을 느낄 것이며 **생존할 수 있을 것이다.**

6. **맛을 느낄 수 있다.** 혀와 눈이 아니라 온몸으로 맛을 느낀다. 신체는 욕망, 무감각함, 거부감 같은 신호를 보내서 음식을 받아들이거나 거부한다.

   포만감을 느낄 수 있다. 몸에서 오는 반응이 아주 객관적이기 때문에 과식할 가능성이 없다. 익히지 않은 음식으로는 애초에 과식하기가 매우 어렵다.

7. **공복감이 사라진다.** '명현현상'이 일어난 이후에는 걱정할 필요가 거의 없다. 우리가 '식욕'이라고 부르는 노이로제가 사라진다. '그래, 조금만 먹자'라는 생각은 들 것이다. 하지만 잠깐 들다가도 금세 잊힐 것이고, 하루나 이틀 정도가 지나면 아무 기억도 나지 않을 것이다. 물론 기억이 나면 먹겠지만 말이다. 따라서,

8. **'낙타 효과'가 생긴다.** 평정심과 인내심을 잃지 않고 하루나 이틀, 사흘 정도 아무것도 먹지 않을 수 있게 된다. 마실 것의 경우에도 마찬가지다. 격렬한 육체 노동을 하지 않았다면 말이다.

9. 요약하자면, **정상적인 육체적 인내심이 생긴다.** 달리기를 해도 기분이 상쾌하다. 몇 시간 동안 달리기를 하고 나서도 피곤하지 않을 수 있다. 전혀 힘들지 않고, 앉거나 눕고 싶은 욕구가 생기지 않는다. 삶의 효율이 훨씬 높아진다. 그리고 다시 한번 말하지만, 이 모든 것은 특별한 훈련을 하지 않아도 가능하다.

10. 그 어떤 부담이 생겨도 **지적 인내심**은 그만큼 높아진다. 생각이 아주 명료하고 깨끗하다. **기억력도 최상이다. 분명하게 사고할 수 있기 때문에** 준비를 거의 하지 않고도 시험을 볼 수 있으니, 공부는 더 이상 문제가 되지 않는다.

11. **필요한 수면 시간이 여섯 시간 이하로 줄어든다.** 잠이 부족해도 이전보다 더 잘 견딜 수 있게 된다. 예를 들어, 나이가 60세라도 자기 통제력이 약해지거나 주의력이 떨어지지 않은 상태에서 3일 동안 쉬지 않고 운전할 수 있다. **잠에서 깨어나는 것이 쉽고, 상쾌하며 기쁘다.** (젠장! 이것만으로도 얼마나 좋은가…)

12. **말투에서부터 인생에 대한 강한 흥미가 드러난다.** 기분이 안정되어 있고 상쾌하다. 불행한 일이 생겨도 더욱 활기에 넘치고, 갈등이 생겨도 흔들리지 않는다. 실질적으로

언쟁을 할 일이 없어지는 것이다. 그 어떤 것에도 동요하지 않으며 모든 것을 의식적으로 받아들일 수 있다.

13. **결정을 내리고, 타당한 근거를 기반으로 생각하는 능력이 강해진다.** 강박적인 상태가 없어진다. 즉, 몸이 자신을 통제하는 것이 아닌, 자신이 몸을 통제할 수 있게 된다. 성욕을 포함하여 모든 육체적 욕구의 주인이 된다. 생식을 하면 술에 대한 의존도 완전히 사라진다. 행여 그런 증상을 겪었다고 하더라도 회복할 수 있다.

14. **자신의 신체를 통제할 수 있는 능력이 현저히 높아진다.** 몸이 고분고분해지고, 더 말을 잘 듣는 상태가 된다. 인생에서 얼마나 더 많은 기회를 얻을 수 있을지 상상해보라.

개인적으로는 많은 사람들이 걱정하는 외모 문제도 저절로 사라진다는 점을 덧붙이고 싶다. 신체가 본래 자연에게서 받은 아름다움을 되찾기 때문이다. 노년층의 경우에는 시간을 되돌릴 수 있다. 대략 20년 정도를 되찾을 수 있으며, 인생이라는 이름의 축제에서 보내는 마지막 부분을 더 길게 늘릴 수 있다. 그러기 위해서는 오직 식습관을 바꾸는 방법밖에 없다!

특별히 강조하고 싶은 점은, 생식은 일시적인 효과를 가져다주는 수많은 식단 관리 방법들 중 하나가 아니라 완전한 삶의 방식이라는 사실이다. 당신이 생식을 시작하기로 마음먹었다면 꾸준히 해야 할 것이며, 가장 중요한 것은 그 어떤 상황에서도 이 방식을 자기 자신에게도, 다른 사람에게도 강요하지 않는 것이다. 생식을 할 때는 트랜서핑의 원칙을 특별히 더 철저하게 따라야 한다. 여러 사람들과 함께 식사하는 것은 우리가 생활하면서 절대로 피할 수 없는 부분이기 때문에, 주변 사람들은 당신을 이해하지 못하고, 터무니없는 짓을 하고 있다고 설득하려 들 것이다. 그런 사람들을 설득하려고 하지 말길 바란다. 그들은 당신이 옳을지도 모른다는 강한 의심을 가지고 있기 때문에 그렇게 신경을 쓰고 있는 것이니 말이다. 아무도 설득하려 들지 말고, 아무것도 증명하지 말고 그저 침착하고 기쁘게 자신의 길을 고수하면 된다. 당신의 빛나는 모습이 모든 것을 말해줄 것이기 때문이다.

하지만 무엇보다도 자기 자신에게 강요하지 말아야 한다. 당신이 '해야 한다'는 원칙에 따라 행동한다면 아무 소용도 없을 것이다. 그렇게 한다면 결국 실패할 것이며, 모든 것은 원점으로 돌아갈 것이다. 식습관을 바꾸는 것은 반드시 마음과 영혼이 일치하는 상태에서 시작해야 한다. '해야 한다'가 아닌 '하고 싶다'여야 하는 것이다. 그래서 자신의 의지와 신체에게 생식으로 전환할 것을 강요하지 말고 단계적으로 식습관을 바꿀 것을 제안하는 것이다. 수많은 유혹을 뿌리치는 것은 참으로 어려운 일이다. 차라리 앞으로 30년 정도까지 여한 없이 즐기고 그 이후에 생각을 바꾸는 것이 더 좋다. 눈에 띄지는 않더라도, '욕구의 배터리'는 언젠가 수명을 다하게 마련이기 때문이다.

운동도 잊어서는 안 된다. 매일 콘트라스트 샤워*와 최소한 한 시간씩 걷기 운동을 해야 한다. 달리기는 꼭 필수가 아니다. 달리기는 신체가 느끼기에 과격하고 부자연스러운 운동이다. 달리기에 '집착하는' 것은, 결과물이 필요한 운동선수가 아닌 이상은 의미가 없다. 자연은 결과가 아니라 이상적인 균형을 유지하기 위해 노력하기 때문이다. 걷기는 다른 문제다. 걷기는 이미 도움 이상의 것을 주는 운동이니 말이다. 운동은 자신의 취향에 따라 선택하면 된다. 예컨대 피터 켈더Peter Kelder가 쓴 《아주 오래된 선물》에서 소개된 티베트 체조는 단순하면서도 동시에 에너지를 높이는 데 아주 효과적이다.

새로운 삶의 방식은 어느 기분 좋은 날, 당신 자신에게 **"나는 정말로 나의 신체와 현실을 통제하고 있다"**고 말할 수 있을 정도로 의도의 에너지를 아주 높이 끌어올려 줄 것이다. 말 그대로, 마음대로 세계의 층을 만들 수 있는 능력을 가지게 되는 것이다. 이것은 놀랍도록 유기적인 조율의 느낌이다. **무슨 일이 일어나든 나의 의도는 현실이 될 것이며, 모든 일은 그것이 마땅히 일어나야 하는 방향으로 흘러갈 것이다.**

---

* 찬물과 뜨거운 물을 번갈아 끼얹으며 샤워하는 방식을 말한다. — 옮긴이 주

멈춘 트롤리버스에서
생식을 불편해하는 당신에게

오랫동안 저를 괴롭혀온 질문을 하나 하고 싶습니다. 작가님은 이 모든 것들을 이론가로서 쓰는 건가요, 아니면 실제로 경험하고 쓰는 것인가요? 작가님이 쓴 내용을 작가님 자신도 따르고 있는지요? 그 방법을 삶에 적용하고 있나요? 만약 그렇다면, 어떤 결과를 얻으셨나요? 특히 생식에 관한 이야기가 궁금합니다…. 트랜서핑도요. 작가님은 개인적으로 트랜서핑의 이로움, 더 정확히 말하자면, 이 이론이 효과가 있다는 사실을 경험했나요?

당연히 내가 쓰는 모든 것들은 확인을 거쳤을 뿐 아니라 내 삶의 방식을 이루고 있다. 예를 들어, 나는 생식을 시작한 이후 큰 자유에너지를 얻었고, 그 에너지가 창의력을 일깨워 트랜서핑 기법을 효과적으로 사용할 수 있게 되었다.

예전에는 나 역시 대부분의 사람들과 마찬가지로 목표를 달성하기 위해 오랫동안 꾸준히 노력하는 삶을 살았다. 그리고 그 노력의 대부분이 헛수고로 끝났다. 평범한 방법으로 많은 것을 이뤄내는 것은 거의 불가능에 가까웠다. 하지만 이제 나는 내 세계의 층, 즉, 내가 살고 있는 현실을 내가 원하는 모습으로 만들 수 있다. 굳이 발버둥 치지 않아도 필요한 방향으로 의도의 에너지를 보냄으로써 모든 것을 저절로 이루어지게 할 수 있다. 하지만 가장 먼저 그 에너지를 가져야 한다.

나는 이미 쉰이 넘었지만, 예전보다 더 건강하다. 심지어 넘치는 에너지를 주체하지 못하고 아슬아슬하게 재주를 넘으며 스키를 타고, 트램펄린 위에서 점프를 하던 열네 살 때보다도 활력이 넘친다. 나는 겉으로 보기에도 내 나이 또래보다 젊어 보인다. 만약 내가 강의실에 대학생들과 함께 앉아 있다면 아무도 큰 차이를 느끼지 못할 것이다.

사실 아주 황당하게도, 나는 내 몸 하나 움직이는 것도 겨우할 수 있는 지경에 이르러서야 '진정한 길'에 들어섰다. 만약 누군가 비슷한 상황에 처한다면 두 가지 중 하나를 선택할 수밖에 없을 것이다. 치료를 받거나, 건강을 회복하는 것. 많은 사람들이 전자를 고른다. 그 결과 원래 앓고 있던 병이 그대로 유지된 채 새로운 병에 걸리고 만다. 다른 어떤 결과가 있겠는가? 거울이 계속해서 '나의 병을 치료하는 모습', 더 정확히 말하자면 '나의 병을 위로하고, 돌보고, 이 병원 저 병원을 돌아다니고, 투덜거리며 나 자신과 주변 사람들의 삶을 오염시키고 있는 모습'을 그대로 반영하기 때문이다. 반면에 내가 선택한 두 번째 방법은 '나 자신을 더 건강하게 만드는 모습'이라는 전혀 반대의 심상을 만든다. 그리고 그것에 부합하는 결과를 얻는다. 분명한 것은 이 두 방법은 근본적으로 전혀 다르다는 것이다.

건강할 때는 생식이나 그 어떤 '변형된' 식이요법에 대한 정보가 하나도 귀에 들어오지 않는다. 하지만 건강은 자신의 몸을 돌보지 않으면 일시적으로 머물렀다가 사라지는 현상이라는 것을 명심해야 한다. 무엇 때문에 안 좋은 변화가 생길 때까지 기다리는가? 이 변화가 이미 손쓸 수 없을 지경이 될 수도 있지 않은가? 이 모든 것은 어디에서 오는 걸까? 바로 펜듈럼이 우리를 길들이며 만들어 놓은, 오래된 습관들을 바꾸고 싶지 않다는 욕망에서 오는 것이다.

이렇게 다양하고 익숙하고 맛있는 음식을 어떻게 포기할 수 있을까? 상상조차 할 수 없다. 하지만 이 모든 '맛있는 세계'도 펜듈럼에 의해 만들어진 것이며, 이 세계에 이끌리는 이유는 압도적으로 많은 사람들이 얽매여 있는 올가미 때문이다. 마약 중독자, 알코올 중독자, 흡연자만이 악순환에서 헤어 나오지 못한다고 여기는 것은 순진한 생각이다. 의학 펜듈럼과 같이 '좋은' 펜듈럼을 믿으며 이런 '나쁜' 펜듈럼을 반대하는 이들은 그런 사람들을 '환자'라고 부르고, 그들의 생리학적 중독을 치료하려고 한다.

실제로, 익숙한 식습관에 중독되는 것은 마약 중독과 똑같은 특징을 가지고 있다. 올가미에 붙잡히는 것이다. 이런 증상을 고치는 데 성공한다면 단 음식, 육류 중독도 치료할 수 있다. 이 사실은 어렵지 않게 확인할 수 있는데 천연 식품을 섭취하며 이미 '맛있는' 펜듈럼으로부터 자유로워진 사람들에 의해서도 이미 여러 차례 증명된 바 있다. 예를 들어, 음식이라는 마약을 '끊은' 사람이 밤에 케이크나 사탕을 먹으면 다음 날 아침에 술을 마신 것처럼 숙취가 생긴다.

마약 중독자뿐만 아니라, 사회적으로 널리 받아들여지긴 했지만 몸에 해로운 음식을 먹는 소비자도 모두 펜듈럼의 올가미에 묶여 있다. 그래서 그들은 너무 맛있어 보이는 이 온갖 쓰레기들 없이는 도저히 살아갈 수가 없는 것이다.

'맛있다'는 개념은 특정 펜듈럼에 집착하는 것 그 이상도 이하도 아니다. 모든 것은 상대적이다. 하지만 자신에게 만족감을 주는 것을 내가 스스로 빼앗을 필요가 전혀 없다. 이런 올가미에서 벗어나는 것은 정말 어렵고, 게다가 유쾌한 감정과는 거리가 멀다. 더 나은 방법이 있다. 취향을 바꾸는 것이다. 그러면 만족감은 사라지지 않는다. 그저 **달라지는 것뿐이다.** 가장 올바른 방법은 푸드 컴바이닝이든 생식이든 덜 파괴적인 펜듈럼을 따르는 것이다.

예를 들어, 생식주의자들은 겉으로는 달라 보일지 몰라도 필요에 의해서 뭔가를 자신에게 강요하지 않는다. 그들은 의외로 흥미에 따라 생식을 유지하며, 그러면서도 뭔가에 심취한 미식가와 똑같은 만족감을 느낀다. 상상해보라. 그들에게는 밭에서 막 캐낸 당근이 디저트 애호가들 눈에 비친 근사한 케이크만큼이나 먹음직스러운 음식인 것이다. 펜듈럼이 바뀌면 곧바로 취향도 바뀐다. 그것이 전부다. 그러면서도 삶의 만족감은 잃어버리지 않을 것이다. 아니, 오히려 더 큰 만족감을 얻을 것이다. 활력을 얻은 덕분에 더 새로운 자극을 느끼고, 이전에는 접하기 어려웠던 것들이 생기기 때문이다.

다른 한편으로, 나는 누군가의 집에 손님으로 가면 '난 이런 건 안 먹는다', '안 마신다'라며 까다롭게 굴지 않는다. 나는 익힌 음식을 '끊었고' 더 이상 이 '채권자'들에게 의존하지도 않기 때문에, 반드시 먹어야 하는 상황이라면 뭐든 먹을 수 있다. 마치 은행 앞을 지나가다 갑자기 안으로 들어가, 나중에 어떻게 갚아야 하는지에 대해서 걱정할 필요 없이 원하는 만큼의 돈을 빌려서 조용히 떠나는 것과 같은 것이다. 다른 말로, 나는 숲에서뿐 아니라 도시에서도 살아남을 수 있다.

중요한 것은 꿈에서 깨어나 펜듈럼의 올가미에서 벗어나는 것이다. 생식을 시작하는 것은 자유를 얻을 수 있는 더 직접적인 방법이다. 주의를 기울이길 바란다. 책장을 아무리 살펴봐도 생식에 대한 책을 찾을 수 없을 것이니 말이다. 치료에 대한 책도 있고, 신체의 정화에 대한 책도 있을 것이다. 하지만 가장 근본적인 방법으로 병을 치료하거나 노폐물을 배출시키는 것에 대한 책은 없다! 왜냐하면 모든 사람들이 끊임없이 겪는 문제들 중 대다수가 해결되는 것은 펜듈럼에게 있어 죽음이나 다름없기 때문이다. 뭐든 다 되지만 그것만은 절대로 안 되는 것이다! 자연의 깨끗함으로 의식적으로 돌아가고, 중독 문제를 해결하는 것은 인간의 건강이나 활력과 직간접적으로 연관된 엄청난 규모의 산업과 관련 분야를 무너뜨린다.

나는 당신을 선동하려는 것도 아니며(내가 무엇 때문에 그렇게 하겠는가?), 나와 함께하자고 권유하는 것도 아니고, 그저 누군가에게는 도움이 될 수 있는 정보를 주는 것뿐이라는 사실을 기억하길 바란다. 질병은 자연 그 자체에 의해 쉽게 치유될 수 있다는 사실을 모른다는 이유만으로 많은 사람들이 수술대 위로 올라간다. 무지함 때문에 맞는 죽음만큼 어리석은 것은 없다. 여기 한 사람이 펜듈럼의 올가미에 묶여, 새로운 풍조에 대해 한 귀로 흘려들으며 생각한다. "생식이라고? 무슨 말도 안 되는 소리야?" 그리고 펜듈럼은 그를 안심시키며 귓가에 속삭인다. "그건 익히지 않는 음식만 먹는 바보들이나 하는 소리야. 너는 얼른 소시지나 먹어, 먹으라고!" 그렇게 그 사람은 무지한 상태에서 계속 벗어나지 못한다.

내가 트랜서핑 기법을 통해 얻을 수 있었던 구체적인 결과에 대해서는 별로 자랑하고 싶지 않다. 사생활은 공개적인 범위 바깥에 남겨두어야지, 그렇지 않으면 더 이상 사적인 것이 아니게 된다. 내 말의 뜻을 이해해주길 바란다. 다만 한 가지는 확실히 말할 수 있다.《리얼리티 트랜서핑》과《트랜서핑의 비밀》에서 제안하는 것들을 꾸준히 따르기만 한다면 트랜서핑 기법은 확실한 효과를 거둘 수 있다는 점이다. 모든 것은 보이는 것만큼 그렇게 어렵지 않다. 모든 원칙들이 아주 간단하니, 그저 초반에 약간의 노력만 기울여 트랜서핑을 하는 습관을 들이면 된다. 상황에 따라 다르게 대응하는 것이 아니라, 체계적으로 꾸준히 따르기만 하면 되는 것이다.

솔직히 말해서, 작가님이 갑자기 이런 말을 할 거라고는 상상도 하지 못했습니다…. 이제 할 말이 없어진 건가요? 죄송하지만, 할 말이 없어지면 그저 아무 말도 하지 않는 것이 더 낫다고 생각합니다. 이제는 맛있는 요리를 먹는 것조차 포기해야 하는 건가요? 어쨌든 우리는 모두 언젠가는 죽지 않나요? 아니면 누가 영원히 살고 싶어하기라도 한다는 말입니까? 게다가 그런 식습관이 주는 해로움이나 이로움을 추측해보자면 끝도 없을 것입니다. 모든 것은 예상할 수 있는 범위를 넘어섭니다. 토끼를 대상으로 실험한다고 해도 알아낼 수 없지요. 어쨌든 사람은 토끼와는 다르니까요. 그리고 그 둘을 비교해서도 안 된다고 생각하고요. 사실 사람은 음식을 물질로서만 먹는 것이 아닙니다. 만족감도 에너지일 테니까요. 그저 자신의 신체에 귀 기울이기만 하면 됩니다. 그거면 돼요. 생식은 '우리의 방법'이 아니에요. 적어도 제 방법이 아닌 것은 확실합니다.

— 평온한 관찰자

자, 첫 번째로, 이 편지에서는 평온함이 아니라 오히려 불안함이 전해진다. 생식을 시작하는 것처럼 일반적인 고정관념을 대담하게 파괴하기를 시도하는 사람들에게 나는 분명히 많은 사람들이 생식을 시도한 사람들 때문에 안락한 보금자리의 기반이 무너졌다며

수군거릴 거라고 경고한 바 있다. 그리고 그 사람들은 모든 방법을 동원하여 당신의 다짐을 꺾고 깎아내리며, '다른 세계에 사는 괴짜'라고 완곡하게 표현된 꼬리표를 붙일 것이다.

어떤 사람들은 당신에게 좋은 일이 생기길 진심으로 기원하면서 아주 친절한 의도로 당신에게 말할 것이다. "당신은 어리석게도 쓸데없는 일을 하고 있으니, 바보 같은 짓은 그만두고 보통 사람들처럼 사세요!"라고 말이다. 반면에 다른 사람들은 당신의 행동을 모욕으로 여기며 적대적으로 반응할지도 모른다. '불안함'이 느껴지는 이 모든 반응들은 본질적으로 하나의 공통된 욕망에서 온 것이다. 바로 당신이 "어딜 끼어들어. 네가 우리보다 낫기라도 하다는 말이야? 그저 잠자코 우리처럼 살라고!"라는 말을 듣는 것이다. 그들은 펜듈럼의 원칙을 따르며, 당신도 똑같은 원칙을 따르도록 끈질기게 강요할 것이다. 하지만 질문은 바로 이것이다. 그들이 그토록 자신의 기반을 지키도록 만드는 것은 과연 무엇일까? 우리는 우리의 의견을 따르라고 다른 사람에게 강요하지도, 누군가를 바꾸려고 하지도 않지 않는가?

여기에서 모순은, 당신이 주변 사람들에게 당신이 옳았다고 적극적으로 증명하기 시작하는 순간, 그들은 당신의 괴짜스러움에 침착하게 손을 흔들며 그저 비웃고 말 것이라는 사실이다. 그러나 아무에게도 묻지 않고 확신을 가진 채 묵묵히 자신의 길을 걸어간다면 주변 사람들은 분노할 것이다. 사실 그들의 마음은 이미 굳어버린 고정관념에 의해 깊은 잠에 빠져 있음에도 불구하고, 그들 자신의 정당성을 무의식적으로 의심하기 때문에 이렇게 불안해하는 것이다.

예를 들어, 동물원에 가면 '먹이를 주지 마시오'라는 팻말을 볼 수 있다. 그 팻말을 보는 사람의 이성은 그 순간, 논리적인 연결 고리를 만든다. 동물은 사람이 먹는 음식을 먹으면 아플 수 있다. ― 동물에게 사람이 먹는 음식은 비정상적이다. ― 동물은 동물이 먹는 음식을 먹으면 건강하다. ― 사람은 사람이 먹는 음식을 먹으면 아프다. ― 이것도 정상이다. 뭔가 이상하지 않은가? 실제로 사람은 누구나 언젠가는 온갖 질병으로 고통을 받기 시작하며, 모든 사람들이 그 사실을 익숙하게 받아들인다. 그런데도 이 논리가 정상으로 보인단 말인가?

여러 가지 음식이 주는 이로움이나 해로움에 대해서는 더 이상 말하지 않겠다. 문제는 그것이 아니기 때문이다. '불안함을 느끼는 사람들'은 펜듈럼의 에너지에 의해 만들어진 익숙한 편안함을 빼앗기는 것이 두려워 불안함을 느끼는 것이다. 평온한 관찰자가 올바르게 지적하기도 했다. '맛있게 조리된 음식을 먹고 느끼는 만족감은 에너지다(비록 '맛있게'라는 말은 꽤 상대적이긴 하지만)'라고 말이다. 이미 내가 말한 것처럼, 많은 사람들이 즐겨 먹는 모든 음식들, 특히 광고에 더 많이 나오는 음식들은 펜듈럼에게 진 빚이다. 매일 '적정량'을 포기하는 것은 차마 엄두가 나지 않고, 포기하기를 시도하는 사람을 보는 것은 도저히 견딜 수 없을 것이다. 그래서 '불안함을 느끼는 사람들'은 이렇게 감히 '규칙을 파괴하며' 주제넘게 구는 사람들에 대해 끓어오르는 분노를 느끼며 동요하는 감정을 가라앉히려고 애쓴다.

심지어 그들은 음식 취향에 있어서는 오직 자신의 확신만을 따라야 한다고 진심으로 믿고 있을 수도 있다. 하지만 아니다. 올바른 식습관을 가진 사람들은 이런 편지를 쓰지 않고, 필요 없는 정보는 한 귀로 흘려버리며 **묵묵히** 자신의 길을 걸어간다. 의심이 없다면 누군가에게 자신의 뜻을 증명해 보일 필요도 없기 때문이다. 나역시 아무것도 증명하지 않는다. 그저 필요로 하는 사람들에게 그정보를 줄 뿐이다.

이 독자와 비슷한 방식으로 불안함을 표현하는 편지를 보낸 사람들은 아주 많았으며, 다음에 이어지는 것과 같이 건강 문제를 해결해달라고 부탁하는 편지도 아주 많았다. 다시 한번 말하지만, 트랜서핑 자체가 요구하는 것이 건강하지 않은 사람은 가지지 못할 많은 양의 자유에너지라면, 트랜서핑이 무슨 도움이 되겠는가? 그 에너지를 어디에서 얻을 수 있겠는가? 나는 분명하게 대답할 수 있다. 자신의 물리적 신체를 신중하게 돌보는 것이다. 자신의 신체도 통제하지 못한다면, 어떻게 자기 세계의 주인이 될 수 있겠는가?

건강과 에너지 문제를 아직 겪지 않은 사람들은 아무것도 걱정할 필요가 없다. 트랜서핑의 원칙을 익힌 독자들은 그들이 무엇을 먹어야 하는지 아무에게도 묻지 않을 것이며, 다른 사람들에게 자신의 의견을 강요하려 들지도 않을 것이라고 생각하기 때문이다. 정당해질 권리를 누리길 바란다. 만약 당신이 현실의 주인이라면 타인에게 조언을 해달라고 부탁할 필요가 없다. 의심을 품으면 당신은 어떤 경우에서든 틀린 방식으로 행동할 것이다. 하지만 영혼과 마음이 일치하는 상태에 도달했다면(여기에 소화기관의 일치도 추가하기로 하자), 원하는 것을 먹어도 좋다. 그것이 당신에게 필요한 바로 그 음식일 테니 말이다.

만약 케이크가 건강에 해롭지 않을 것이라는 확신이 있다면 케이크를 먹을 수 있다. 나는 정당해질 권리를 가지고 있기 때문에, 건강에 해를 끼치지 않고 케이크를 원하는 만큼 먹을 수 있는 가능태 공간에 있는 것 아니겠는가? 나는 내 행동을 분명하게 인식하고 있고, 의식적으로 빛을 진다. 다시 한번 강조하지만, 이것은 오직 영혼과 마음의 일치가 이루어졌다는 조건이 충족되어야 한다. 만약 몸은 아니라고 하는데 마음은 몸에 해로울 것이라고 말한다면, 정말로 그것이 해롭다는 뜻이다. 평온한 관찰자는 '자신의 신체에 귀 기울이면 된다. 그거면 된다'고 편지에서도 썼다. 하지만 정말로 그거면 되는가? 옳은 말처럼 느껴지는 이런 익숙하고 상투적인 문구에서 거짓된 고정관념이 만들어지는 것이다.

펜듈럼의 올가미에 묶여 있는 신체는 더 많은 에너지를 빌리겠다고 요구해올 것이다. 하지만 현실을 통제하는 것은 신체가 아니다. 현실은 영혼과 마음이 일치했을 때 나오는 외부의도에 의해 통제된다. 즉, 영혼과 마음이 명령하는 대로 이루어질 것이다. 신체에 귀 기울일 필요는 있지만, 신체가 항상 진실만을 말하지는 않는다. 만약 신체가 뭔가에 저항하고 거절하려고 한다면 신체를 믿어도 좋다. 그런 문제에 관해서는 거짓말을 하지 않을 것이기 때문이다. 하지만 신체가 원하는 것이 자연스러운 상태와 거리가 멀다면, 그것은 펜듈럼의 목소리를 듣고 하는 말일 가능성이 높다. 그러니 소화기관과 영혼과 마음의 일치가 정말로 이루어졌는지 매우 신중하게 따져봐야 한다.

만약 마음이 '올바른 식습관으로 바꿔달라'는 요청을 그만두고 영혼도 그것을 따르지 않겠다고 한다면 그대로 하지 않아도 괜찮다. 특별한 건강상의 손해를 입지 않고도 모든 음식을 전부 다 먹어 치울 수 있다. 어떤 제한을 둬야 한다는 신호에 의해 이와 같은 일치의 상태가 무너지지 않는 한 말이다. 조리된 음식을 포기하는 것 역시 영혼과 마음의 일치 속에서 해야 한다. 중요한 것은 일치된 상태다! 자기 자신에게 강요해서는 안 된다. 필요에 의해 자연식을 시작하는 것이 아니라 단계적으로 확신을 가지고 한다면, 쉽고 만족스럽게 성공할 수 있을 것이다. 그러면 건강도, 마음의 평화도 유지할 수 있다. 자기 자신을 괴롭히는 것보다 나쁜 것은 없으며, 다른 사람에게 그들이 어떻게 살아야 한다고 지적하는 것 역시 마찬가지다.

많은 사람들에게(한때 나도 그랬다) 자연식을 시작하는 것은 너무 극단적인 방법으로 보일 수 있다. 만약 그렇다면, 그 방법을 시도해야 하는지 고민하느라 고통받지 않기를 바란다. 자연식은 어떤 권위자의 압력에 의한 것이 아닌, 영혼과 마음의 명령에 따라 살면서 자연스럽게 이루어져야 한다. 그 전까지는 더 성장하고 성숙해져야 한다. 이런 정보는 예기치 않게 얻을 수 있고 선택할 수 있는 성격이기 때문에, 나는 이 정보를 받아들일 준비가 되어 있는 사람에게만 알려준다. 특히, 건강상의 심각한 문제를 가지고 있거나 자신의 에너지를 완전히 새로운 단계로 끌어올리겠다는 의도를 가진 사람들에게 말이다. 그러나 다시 한번 말하지만, 반드시 그렇게 해야 한다는 뜻은 아니다.

트랜서핑의 관점에서 볼 때, 아주 흥미로운 상황이 하나 있다. 트롤리버스trolleybus가 선로의 전류가 끊겨 멈췄다고 하자. 이런 사건은 익숙한 시나리오를 깨버리기 때문에 사람들을 현실에서 깨어나도록 만든다. 승객들은 어떤 의미에서 일시적으로 관찰자가 되는데, 그들의 반응을 세 그룹으로 나눌 수 있다.

첫 번째 그룹은 깊이 생각하지 않고 곧바로 트롤리버스에서 내려 자신이 가던 길을 계속 가는 부류이다. 이 부류는 '단호한 관찰자'이다. 그들은 변화한 상황을 받아들였고, 그에 따라 자신의 시나리오를 수정했다. 그들은 기다리지 않고, 확신을 갖고 자신이 해야 할 일을 하기 위해 계속 이동한다.

두 번째 그룹도 마찬가지로 상황을 받아들이지만 동요하지 않고 그 자리에 남는다. 그들은 그 어디로도 서둘러 움직이지 않고, 가능태 흐름에 따라 앞으로 이어질 변화를 침착하게 기다린다. 이들은 '침착한 관찰자'이다. 만약 당신이 멈춰 있는 트롤리버스 옆을 지나간다고 한다면, 침착한 관찰자들이 마치 크고 영리한 새들처럼 멀뚱멀뚱 서서 당신을 바라보고 있는 모습이 매우 우스꽝스러울 것이다. 두 번째 그룹의 침착함은 단호한 첫 번째 그룹만큼이나 가치 있다.

마지막으로 세 번째 그룹은 그대로 남아 있을지, 트롤리버스에서 나가야 할지 결정하지 못한 채 우왕좌왕하는 사람들로 이루어진 그룹이다. 그들은 잠시 불안해하다가 천천히 전차를 떠난다. 이들은 '불안한 관찰자'다. 그들은 시나리오의 변화를 받아들이기 싫어하기 때문에 단호하게 결정을 내리지 못한다. 균형은 무너지고 그들의 내면에서는 갈등이 시작된다. '불안한 관찰자'들 중 일부는 이런 내적 갈등을 내버려두는 것이 싫기 때문에, 주변 사람들에게 초조한 마음을 드러낸다. 흔들리지 않고 결정을 내린 사람들에게 분노하고, 요구하고, 암묵적인 비난을 보내는 것이다.

나는 진정한 트랜서퍼는 세 번째 그룹, 그중에서도 특히 마지막에 언급한 사람에 속할 일이 절대로 없을 것이라고 생각한다.

당신은 어떻게 생각하는가?

맥주의 주인

펜듈럼의 노예가 될 것인가, 주인이 될 것인가

여유롭게 사는 사람들은 펜듈럼이 만든 제품들에 끝없이 둘러싸여 있습니다. 매혹적인 향수와 화장품, 스타일리쉬한 옷, 차… 저는 가난하게 살 의도가 전혀 없습니다. 그래서 이 펜듈럼이 얼마나 위험한지 알고 싶어요. 이 모든 것들은 사치스러운 삶의 상징이니까요. 원칙적으로는 이런 물건들이 없어도 얼마든지 살 수 있습니다. 하지만 저는 이런 물건들을 사고 싶고, 쓰고 싶어요. 이 펜듈럼들을 무시하고, 사지도 말아야 하는 건가요?

내가 문명의 모든 산물이 펜듈럼에게 진 에너지의 빚이라고 말한 것은, 그 제품들을 완전히 거부해야 한다는 뜻이 아니다. 펜듈럼에게서 도망치는 것은 아무 의미가 없다. 그들을 피해 어디로 도망칠 수 있겠는가! 요점은 펜듈럼의 노예가 되지 말아야 한다는 것이다. 펜듈럼의 주인이 되어라. 예를 들어, 값비싼 자동차의 주인, 고급 호텔의 주인, 게임기의 주인…. 이런 식으로 나열하면 끝이 없을 것이다. 거리로 나가 마음속으로 외쳐볼 수도 있다. (소리 내서 외치는 것은 추천하지 않는다.)

"이봐요! 이 모든 핸드폰의 주인은 바로 나라고요! 모르셨어요?"

다만, 제품에 중독되어 자유를 잃어버린다면 당신은 더 이상 그 물건의 주인이 아니라는 사실을 잊어서는 안 된다. 펜듈럼은 당신이 어쩌다 그렇게 변해버렸는지 기억조차 하지 못할 정도로, 당신도 눈치채지 못하는 사이에 아주 쉽게 당신을 유혹할 수 있다. 그리고 언젠가는 계산서대로 값을 지불할 날이 올 것이다.

일반적으로, 어떤 시기부터는 펜듈럼에게 진 빚이 건강이나 지갑에 강한 부담을 주기 시작한다. 그 고객은 기꺼이 대출을 거절하겠지만, 그럴 수 없다면 그는 노예로 전락하고 말 것이다. 예를 들어, 오늘 당신은 '맥주의 주인'이지만, 내일은 '포트와인의 주인'이 되고, 그다음에는 '보드카의 주인'이 될 수도 있다. 어쩌면, '헤로인의 주인'이 될지 누가 알겠는가? 그렇게 계속 주인이 되는 것에 끌리는가? 아마 그럴 리는 없을 것이다. 여러 가지 빚이 당신에게서 건강이나 돈을 빼앗고 있다고 느끼기 시작하면, 곧바로 악덕한 은행과 관계를 끊어버리는 것이 좋다. 펜듈럼의 세계에서 자유를 지키려면 아주 신중해야 하며, 의식의 상태를 높은 수준에서 유지해야 한다.

누군가는 동의하지 않을 수도 있다. 이 모든 것이 전부 말도 안 되는 소리이며, 그는 문명의 혜택을 전부 누리고 있고, 그런 생활이 좋으니 포기하지 않을 것이라고 말이다. 하지만 만약 암소의 의식 수준이 더 높았다면, 토씨 하나 틀리지 않고 이렇게 말했을 것이다. "나는 먹이를 먹고, 사람들은 나에게 서비스를 제공해. 나는 야생 소와는 다른 이런 삶이 좋아." 실제로 모든 것이 아무 문제가 없으며, 펜듈럼이 강해질수록 삶의 질은 더 높아진다. 그러나 단 하나의 '하지만'이 있다. 펜듈럼의 제품에 대한 수요의 수준이 높을수록 의식이 깨어난 수준은 낮으며, 그럴수록 더 심하게 중독된다는 점이다.

〈신밧드의 모험〉이라는 동화를 기억하는가? 어느 날 탐험가들은 한 나라에 도착해서 따뜻한 환대를 받고 맛있는 음식을 대접받았다. 그런데 그 음식을 먹으니 급격하게 체중이 불어나고 의식이 흐려졌다. 알고 보니, 이 나라의 시민들은 이방인들을 잡아먹기 위해 그들에게 음식을 대접해온 것이다.

이것을 동화라고 부를 수 있을까? 전혀 그렇지 않다. 펜듈럼에 있어 가장 발전한 나라인 미국을 예로 들어보자. 미국인들 중 3분의 1이 비만을 유발하는 것으로 잘 알려진 음식을 먹고, 실제로도 비만이 많다. 그런 음식들은 맛이나 품질이 아니라, 삶의 방식을 만드는 펜듈럼의 시스템이 증식한 결과로 넓은 지역에서 인기를 얻은 것이다. 영화관에 있을 때 두 손에는 종이 팩이 들려 있다. 일을 하다 점심을 먹으러 밖으로 나왔을 때 이들은 무엇을 어디서 먹을

지 이미 알고 있다. 그리고 집에서는 무엇을 주문하는가? 이 음식들을 밝히지는 않겠다. 굳이 그러지 않아도 모두가 알고 있을 테니 말이다.

겉보기에는 아무런 문제가 없는 것처럼 보일 것이다. 소비자들은 만족스럽게 생각한다. 그 음식들을 좋아하니 말이다. 하지만 그들이 이런 음식을 그토록 좋아하는 이유는 무엇일까? 그 이유는, 그 편이 펜듈럼의 시스템에 이롭기 때문이다. 소비자들은 자기가 음식을 원한다고 생각한다. 하지만 이 시스템이 존속하기 위해 필요한 것을 그곳에 속하는 사람들이 원하도록 만든 것이다. 거미줄처럼 퍼진 정보망을 통해 '올바른' 삶의 방식이 만들어지고, '좋은 것이란 무엇이며, 어떻게 하면 그것을 가질 수 있는가'에 대한 고정관념이 생긴다. 그 결과, 사람의 의식은 매트릭스의 칸에 꼭 들어맞도록, 즉 시스템의 모든 요구사항을 만족시키는 요소가 되도록 '재단'된다.

현실에서 꿈을 꾸며 살아가는 사람은 시스템에 도움이 되는 것을 그 자신이 원하는 것처럼 착각하는 의식의 상태로 자신도 모르게 들어가게 된다. 이 모든 것은 자기도 모르게 점진적으로 이루어진다. 펜듈럼의 생산물은 광고를 통해 모든 평범한 상황에 스며들어, 일상과 떼려야 뗄 수 없는 상징물이 된다. 예를 들어, 예전에는 휴대폰이 없었기 때문에 사업가들은 말보다는 행동을 더 많이 했다. 그러나 이제는 '말하는 것'이 더 중요한 기능이 되고 있다. 그래서 펜듈럼은 일상생활에 자신의 생산품을 집어넣어 사회 전체의 네트워크를 올가미로 얽매버린다.

과거에 아름다운 건축물로 우리의 눈을 즐겁게 해주던 러시아의 도시들은 이제 값싼 체인점으로 가득 차 있다. 물질적인 수준에서 말하자면 그렇다. 그러나 에너지의 측면에서는 주변의 모든 것이 불결한 거미줄에 얽매여 있는 것처럼 보인다. 비유적으로 말하는 것이 아니다. 그저 보이는 그대로 말하는 것이다.

'좋다, 그렇다면 신밧드의 동료들을 잡아먹기 위해 그들에게 먹을 것을 주던 일과 대응하는 것은 어디에 있는가?'라고 당신은 말할 것이다. 아주 간단하다. 사람은 문명의 산물을 소비하면서 질병을 키워내고, 그다음 펜듈럼인 의학 펜듈럼에 의존한다. 현실을 직시하자. 외과 같은 일부 분야는 제외하고, 의학의 목적은 환자를 치료하는 것이 아니라 치료하는 과정 자체에 있다. 당신이 건강한 삶의 방식을 지키는 것보다 치료하기를 선호한다면, 당신은 죽을 때까지 병의 원인을 제거하지 못하고 계속 치료만 받을 것이다. 그리고 병을 치료할 새로운 방법을 찾기 위해 이 병원 저 병원을 전전하다가 결국에는 폐쇄 고리에 갇혀버리기 때문에, 당신의 방황은 영원히 끝나지 않을 것이다. 여기 있는 모든 것이 펜듈럼이다. 보건, 제약 산업, 광고 등은 서로 연관되어 있으며, 다른 많은 펜듈럼 위에 세워진 것들이다.

펜듈럼의 거미줄은 무시무시한 속도로 성장하여 인간이 여러 가지 프로세스에 얽매여 괴물 같은 체계의 아주 작은 부품으로 전락해버릴 정도로 거대한 권위주의 시스템이 되어버렸다. 분명히 말해둬야 할 점은, 펜듈럼은 의식을 가지고 있지 않기 때문에 의도에 따라 행동하지 않는다는 사실이다. 펜듈럼의 네트워크는 한꺼번에 성장하는 시스템의 형태로 저절로 뻗어나간다. 기생식물이 당신의 정원을 온통 휘감아버렸다고 상상해보라. 그 식물은 어떤 생각을 한 것도 아니고, 그 어떤 목표를 위해 움직인 것도 아니며, 그저 성장한 것뿐이다. 펜듈럼도 마찬가지다.

따라서 당신은 펜듈럼의 생산물을 소비하면서 언제든 펜듈럼이 성장하는 과정에 참여하게 될 것이며, 이것은 당신이 한 구조체의 구성원이 된다는 것을 의미한다. 당신이 자유롭지 못한 정도는 당신의 식단에서 인위적으로 만들어진 음식의 비율에 완전히 비례한다. 그리고 반대로, 자연에 가깝고 가공되지 않은 음식을 더 많이 먹을수록 더욱 자유롭다. 얼핏 보기에는 자신이 소비하는 음식과 자유로운 정도가 관련되어 있다는 사실을 믿기 힘들지도 모른다. 하지만 생각해보면 이 둘은 그 무엇보다도 밀접하게 연관되어 있으며, 우리 모두는 펜듈럼의 거미줄에 얽힌 채 살아가던 방식에 길들어 있을 뿐이다.

부적절한 식습관이 만병의 근원이라는 사실을 인식하는 사람들은 매우 적으며, 비정상적인 식습관에 대한 기호를 버리라고 북돋우는 사람들은 그보다도 더 적다. 이런 단순한 사실을 이해하기 위해서는, 지금 우리에게 결여된 명확한 의식을 갖출 필요가 있다. 평소에 의식은 좀비 같은 상태로 있다. 그리고 그 상태에서 벗어나기 위해서는 의도의 에너지가 필요하다. 하지만 펜듈럼의 빛에 귓

바퀴를 잡혀 이리저리 끌려다닌다면 의도의 에너지를 어디에서 얻을 수 있겠는가? 담배를 끊는 것이 힘들다고 생각하는가? 아니다. 익숙한 음식을 끊는 것이 훨씬 더 힘들다. 아주 강한 의지를 가지거나, 펜듈럼의 빚을 하나씩 차례대로 제거해나가야 한다.

다만 여기에서 '굳이 그럴 필요가 있는가?'라는 질문이 생길 것이다. 이것은 모든 사람들이 자기 자신을 위해 결정할 문제이고 여기에는 다시 많은 것이 에너지의 수준에 달려 있다. 왜냐하면 오직 자신의 인생을 바꾸겠다는 결단력만이 자유에너지의 존재를 필요로 하기 때문이다. 만약 뭔가를 바꾸려는 욕망이 없다면, 그것은 의도의 에너지가 아주 낮은 수준에 머물러 있음을 의미한다. 채무 부담이 너무 큰 것이다.

아주 유명한 어느 할리우드 스타의 이야기가 떠오른다. 이 여배우는 어느 정도 나이가 들고 예전의 아름다운 외모를 잃고 나니 캐스팅 제의가 점점 뜸해지기 시작했다. 아무도 원하지 않았던 이 스타는 그나마 제의가 들어왔던 보잘것없는 역할을 받아들이지 않았고, 화려하게 빛나던 대스타의 자리에서 점점 멀어졌다. 모든 사람들은 그녀의 커리어가 완전히 끝났다고 생각했다. 하지만 놀랍게도, 그녀는 몇 년 뒤 그 어느 때보다도 아름다운 모습으로 재기에 성공했다! 그녀가 젊음을 되찾을 수 있었던 비결은 아주 간단했다. 천연 식품을 먹기 시작했을 뿐이었다.

부디 내가 선동하고 있다는 생각은 하지 않길 바란다. 나는 모르는 사람들의 운명이나 건강에 전혀 관심이 없다. 모든 것은 그들의 손에 달려 있으며, 나는 그저 그들의 눈이 번쩍 뜨이게 만드는 정보를 알려줄 뿐이다.

인간이 자연에 더 가까울수록, 그리고 문명에서 멀리 떨어져 있을수록 신체적·정신적 건강 모두가 더 효과적으로 펜듈럼을 멀어지게 할 수 있다는 사실에 대해 그 누구도 반박하지 못할 것이다. 그리고 여기에서 문제는 주변 환경이나 생산물 자체에 있는 것만이 아니다. 인간으로부터 건강과 에너지와 자유를 빼앗는 가장 파괴적인 요소는 펜듈럼의 가공된 상품에 들어 있는 힘의 비율이다. 당신이 지금 먹고 있는 샌드위치를 생산하는 데 얼마나 많은 사람들이 참여했을지 상상해보라. 누군가는 샌드위치에 들어갈 재료를 만들었고, 누군가는 그것을 팔았으며, 광고를 했고, 농사를 지었고, 공장 기계를 생산했고, 기계를 돌리는 데 필요한 연료를 채굴했다. 실질적으로 사회 전체가 참여한 셈이다. 샌드위치를 생산하는 데 참여했던 모든 사람들은 자기 에너지의 일부를 샌드위치에 불어넣었다. 그리고 잘 알다시피, 에너지는 흔적 없이 그냥 사라지지 않는다. 펜듈럼에 의해 축적되어 빚의 형태로 나누어지는 것이다. 당신은 생산물의 실체를 받으면서 돈을 지불할 뿐 아니라, 언젠가 어떤 형태로든 이자와 함께 상환해야 할 에너지의 빚을 지게 된다. 바로 이 노예 계약이 당신의 자유와 에너지를 빼앗으며 당신을 구조체에 얽매는 것이다.

어떻게 하면 이 중독에서 벗어날 수 있을까? 다시 한번 말하지만, 각자가 자기 자신을 위해 직접 결정할 문제이다. 자유로워질 수 있는 아주 구체적인 방법을 제시한 사람이 블라디미르 메그레의 저서로 유명한 《아나스타시아》*다. 오늘날 많은 러시아 사람들이 가족 사유지를 만드는 데 관심을 가지고 있다. 어떤 사람들은 최대한 자연에 가까운 생활 양식을 유지할 수 있는 공간을 만들기도 한다. 가장 근본적인 원칙은, 천연 제품을 사용하는 비중이 크면 클수록 모든 관계에서 더 자유로워진다는 것이다. 하지만 도시와 이별하는 것을 진심으로 원하는 것이 아니라면 극단적으로 치닫지 말아야 한다. 가장 이상적인 선택지는 도시에서 일하면서 외곽에서 생활하는 것이다. 당신의 주머니 사정이 어떤지는 여기에서 중요한 것이 아니다. 그 문제를 위해서 트랜서핑이 있기 때문이다. 애초에 나나 다른 사람에게 어떻게 해야 할지 질문하지 않기를 바란다. 답은 당신이 가장 잘 알고 있을 테니 말이다. 당신은 '맥주의 주인'이라는 입장에 만족하고 있을 수도 있다. 하지만 충분히 과감해진다면 그 누구도 당신이 현실의 주인이 되는 것을 방해하지 않는다. 그렇게 될 권리를 그저 누리기만 하면 된다.

---

* 러시아의 한 사업가가 시베리아 지역의 강을 따라 장삿배를 운영하던 도중, 타이가 지역에서 우연히 '아나스타시아'라는 여인을 만나 지혜를 전해 듣는 이야기. 당시 20대 처녀였던 아나스타시아는 어렸을 때 부모님을 잃고 증조할아버지와 할아버지의 보살핌을 받았지만, 실질적으로는 자연이 키운 사람이었다. 자연은 책의 주인공에게 자연과 진정한 조화를 이뤄야 여러 가지 사회적 문제가 해결되고 인간이 행복해질 수 있다는 가르침을 준다. — 옮긴이 주

도축장에서
우리는 고통을 먹고 있다

"정말로 인간은 동물의 왕이다. 인간의 잔인함이 동물의 그것을 훨씬
능가하기 때문이다. 우리는 다른 생명체의 삶을 대가로 살아간다. 우리
의 육체는 걸어다니는 묘지다! 사람들이 동물을 죽이는 사람을 살인자
와 똑같이 여길 날이 언젠가 반드시 올 것이다."

— 레오나르도 다 빈치

경고. 이 장은 감수성이 풍부한 사람들이 읽기에 매우 불쾌한
부분이 있을 수 있으니, 컨디션이 좋지 않다면 다음번에 읽기를 추
천한다. 미리 사과의 말을 전한다.

의학 전문가들은 이미 오래전에 동맥경화, 심장병과 육류
섭취의 관계에 대해 입증한 바 있다. 〈미국의사협회〉 학술
지 1961년호에서는 '채식주의 식단이 심혈관 질환 발병을
90~97퍼센트 정도 예방할 수 있다'고 설명했다. 음주와 더불
어, 흡연과 육류 섭취는 서유럽, 미국, 호주와 기타 선진국들
사이에서 사망의 주요 원인이 되고 있다.

— 지역신문 〈로도바야 제믈랴〉[*] 기사 중에서

---

[*] 로도바야 제믈랴. 2002. 6호. 요약문에 기술된 정보다. — 저자 주

최근 20년 동안 이루어진 암 발병에 관련된 모든 연구가 육류 섭취와 대장암, 직장암, 유선암, 자궁암이 명백하게 관련되어 있음을 지적하고 있다. 한편 채식주의자들은 암에 거의 걸리지 않았다.

왜 고기를 먹는 사람들은 이런 질병에 걸릴 확률이 더 높은 걸까? 동물이 온갖 화학물질들로 오염되고 도축되기 전에 받는 스트레스로 발생하는 유독성 말고도 또 다른 중요한, 자연 자체로 인한 원인이 있다. 영양학자와 생물학자들은 인간의 소화기관이 육류를 소화하는 데 적합하지 않다고 설명한다. 육식동물은 창자의 길이가 몸길이의 세 배 정도로, 초식동물에 견주면 상대적으로 짧은 편이기 때문에, 빨리 부패하여 독소를 배출하는 고기를 신체에서 재빨리 내보낼 수 있다. 반면에 식물은 분해되는 데 고기보다 훨씬 더 오래 걸리기 때문에 초식동물은 창자가 몸길이보다 여섯 배에서 열 배나 길다. 창자가 몸의 길이보다 여섯 배 긴 인간은 고기를 먹으면 독소에 자기 자신이 중독되고, 이 독소는 신장과 간의 활동을 방해하고 몸 안에 쌓여 시간이 흐르면서 암을 포함한 모든 질병을 유발한다.

고기는 특수한 화학약품으로 가공 처리된다. 사실 고기는 가축이 도살된 직후부터 부패하기 시작하여, 며칠 뒤면 보기 흉한 녹회색 빛을 띠게 된다. 그래서 육류 가공 공장에서는 질산염, 아질산염 말고도 고기의 밝은 붉은색을 유지하게 만드는 물질들을 사용하여 고기 색깔이 변하는 것을 방지한다. 여러 연구에 따르면, 많은 화학약품이 종양의 성장을 촉진하는 성분을 가지고 있다. 이것 말

165

고도, 도축용 가축의 사료에는 어마어마한 양의 화학물질들이 첨가되기 때문에 문제는 더욱 심각하다.

게리 널Gary Null과 스티븐 널Steven Null은 그들이 쓴 책《우리 인체의 독소》(How to Get Rid of the Poisons in Your Body)에서 고기나 햄 한 덩이를 더 사기 전에 진지하게 고민해봐야 할 사실들을 알려준다. 도축용 가축은 안정제, 호르몬제, 항생제 등의 약품을 넣은 사료를 먹고 자란다. 가축의 '화학 처리' 프로세스는 그들이 태어나기도 전에 시작하여 도축된 이후에도 한참 동안 지속된다. 그리고 마트의 계산대에 올라가는 육류 제품들에 이 모든 화학물질이 들어 있음에도 불구하고, 법은 이런 제품들이 상표로 등록되는 데 아무것도 요구하지 않는다.

육류의 품질에 매우 부정적인 영향을 미치는 가장 심각한 요인은 가축이 차에 실려서 운송되고 내려지는 과정과 굶고, 비좁고, 트라우마를 겪고, 지나치게 덥거나 추운 환경에 노출되며 받는 도축 전 스트레스다. 물론 가장 주된 요인은 죽음에 대한 공포다.

늑대가 갇힌 우리 옆에 양 한 마리를 두면 양은 심장이 터질 것 같은 스트레스로 하루 만에 죽을 것이다. 양은 피 냄새를 맡으면 꼼짝하지 못한다. 그들은 맹수가 아니라 희생양이기 때문이다. 돼지는 정신력이 아주 약하기 때문에 소보다 스트레스에 더 취약하다. 심지어는 히스테리에 가까운 반응을 보이는 경향도 있다.

고대古代 루시에서 모든 사람들이 돼지 도축업자들을 특별히 존중했던 데에도 그만한 이유가 있다. 그들은 도축 전에 돼지를 달래주고 애정을 주었으며, 그러다가 돼지가 만족해하며 꼬리를 흔들기 시작했을 때 정확한 한 방으로 돼지를 도축했다. 고기 맛을 아는 사람들은 바로 이 꼬리가 돌출되었는지의 여부를 보고 어떤 제품을 골라야 하고, 어떤 제품은 피해야 하는지 결정할 수 있었다고 한다.

하지만 이런 태도는 사람들이 '도살장'이라고 부르는 산업 도축장의 조건에서는 의미가 없다. 〈북미채식협회〉 잡지에 기재된 〈채식주의 윤리〉라는 기사에서는 소위 '인도적인 도축'이라는 개념이 틀렸음을 폭로했다. 감금된 채 평생을 보내는 식용 가축들은 비극적이고 고통받는 생명들이다. 그들은 인공수정으로 잉태되어 호르몬제를 투약받아 잔인하게 거세되고, 자극받으며, 자연과는 거리가 먼 먹이를 먹으며 사육되다가, 결국 끔찍한 환경 속에서 장시간 실려가 죽음이 그들을 기다리는 곳에 다다른다. 그들이 계속해서 겪는 비좁은 축사와 전기충격기, 형언할 수 없는 공포…. 이 모든 것들은 아직도 가축 번식, 운송, 도축 프로세스의 '최신식' 방법의 근본적인 과정이다.

도축에 관한 진실은 유쾌함과는 거리가 멀다. 산업용 도축장에서 볼 수 있는 장면은 흡사 지옥을 연상시킨다. 날카롭게 울어대는 동물들을 망치로, 전기 충격기로, 또는 공기총을 쏴서 쓰러뜨린다. 그다음 운송 장비에 다리를 걸어 곳곳에 있는 죽음의 공장들로 보낸다. 숨이 완전히 끊어지기도 전에 목을 잘라 피부를 벗겨내기 때문에 과다 출혈로 죽게 된다. 동물이 경험하는 도축 전 스트레스는 아주 오랫동안 이어지며, 동물의 몸속에 있는 세포 하나하나에 그 공포가 새겨진다. 많은 사람들이 도축장에 가본다면 조금도 주저하지 않고 육식을 포기했을 것이다.

"동물을 죽이는 것은 유쾌한 경험은 아니기 때문에, 우리들 중 대다수가 상처받기 쉬운 마음에 이 모든 절차에 대한 책임을 멀리 떨어진 곳에 있는, 일면부지한 도살장 직원들과 도축장에 전가한다고 해도 전혀 놀라울 일이 아니다. (…)

(…) 이와 같이, 죽음 앞에서 공포와 고통을 느꼈던 동물의 고기에 대해 한 유명한 요리사는 말했다. ― 비좁은 축사 안에서 살아가다 천천히 죽음을 맞이한 동물로 만든 음식이 나쁜 음식이라는 사실에는 의심할 여지가 없다. 이런 예를 들어보겠다. 만약 당신이 가게에서 피투성이에 뼈가 부러진 토끼 다리를 본다면, 당신의 마음은 그 동물이 덫에 걸려 엄청난 고통을 오랫동안 겪어야 했으며, 따라서 그 고기를 절대로 먹지 말아야 한다고 말해줄 것이다. 이성적인 주부들은 토끼를 포함한 다른 그 어떤 사냥감이든 그 동물이 어떻게 죽었는지 숨기기 위해 토막내어 손질해놓은 고기는 사지 않을 것이다. 다가오는 죽음에 대한 공포에 휩싸인 동물의 고기는 혈류에 샘 분비가 늘어나기 때문에 음식에 적합하지 않다.*

---

* mercy2000.chat.ru ― 저자 주

도축장 견학

"그곳에 들어갔을 때 가장 먼저 우리를 놀라게 한 것은 소음(주로 기계가 내는 소리)과 불쾌한 악취였다. 처음에 우리는 소 도축 장면을 봤다. 소들은 축사에서 차례차례 끌려나와 통로를 따라 높은 칸막이가 있는 철제 판 위로 올라갔다. 전기총을 든 사람이 몸을 숙여 칸막이 사이에 난 틈으로 소의 미간을 향해 총을 쐈다. 굉음이 들리고 소는 땅으로 쓰러졌다. 그다음에는 우리의 칸막이를 올리고 소가 옆으로 눕도록 굴렸다. 온몸의 근육 하나하나가 긴장감에 멈춰버렸는지 소는 딱딱하게 굳어 있었다. 소를 도축한 사람이 소 무릎의 힘줄에 사슬을 걸어, 가축을 들어올리는 기계로 소의 머리만 땅에 닿아 있는 상태가 될 때까지 살짝 들어올렸다. 그다음 그는 큰 전선을 가져왔다. 그 전선에 전기가 흐르는 것은 아니라고 한다. 그는 소의 미간에 총을 쏴서 생긴 구멍에 그 전선을 밀어 넣었다. 이렇게 하면 동물의 뇌와 척수 사이의 연결이 끊어져, 결국 가축이 죽음에 이른다고 했다. 직원이 전선을 소의 뇌에 밀어 넣을 때마다 소는 발을 버둥거리며 저항했다. 의식이 사라진 지 오래였는데도 말이다. 그 작업을 보는 동안 숨통이 아직 붙어 있던 소는 몇 번이나 발길질을 하다가 철제 판 위에서 떨어졌고, 직원은 전기총으로 소를 다시 쏴야만 했다.

소가 움직일 수 있는 능력을 완전히 상실하자 직원은 소의 머리가 바닥에서 2~3피트(약 60~90센티미터) 정도 떨어지도록 몸통을 들어올렸다. 그다음 그는 소의 머리를 돌려 목을 절단했다. 절단 작업을 할 때 피가 분수처럼 솟구치며 우리를 포함해 주변에 있던 모든 것에 흩뿌려졌다. 그는 같은 방법으로 소의 무릎 부분을 잘라냈다. 다른 직원은 옆으로 비스듬히 놓여 있던 목을 완전히 분리해냈다. 그리고 그들보다 더 높이 있는 특수한 플랫폼에 서 있던 직원은 가죽을 벗겨냈다. 가죽은 그다음 단계로 옮겨졌고, 몸통은 둘로 나뉘었다. 그 바람에 몸통 안에 있던 내장이 — 폐, 위, 장 등 — 밖으로 쏟아져 나왔다. 우리는 소의 몸에서 꽤 크고, 발육이 거의 다 된 송아지가 나온 것을 보고 큰 충격을 받았다. 도축되는 소 중에 출산 직전인 암소가 있었던 것이다. 가이드는 이런 일은 도살장에서 흔한 일이라고 했다.

그다음 직원은 척추를 따라 전기톱으로 몸통을 갈라 냉동창고에 넣었다. 우리가 창고에 있는 동안에는 소를 잡는 작업만 했지만, 축사에서는 양도 자신의 차례를 기다리고 있었다. 자신의 운명을 기다리는 가축들은 패닉에 가까운 공포감을 느끼는 듯한 징후를 보였다. 숨이 가빠지고, 눈을 크게 치떴으며, 입에는 거품을 물고 있었다. 돼지는 전기 충격기로 죽이지만 소들은 이 방법이 적절하지 않다고 했다. 소를 죽일 정도의 전압이라면 몸이 뒤집힐 정도의 큰 충격이 가해져서 몸통이 온통 검은 반점으로 뒤덮이기 때문이다.

직원들은 양을, 그것도 한꺼번에 세 마리를 끌고 나와 낮은 상 위에 등이 아래로 오도록 눕혔다. 날카로운 칼로 목을 자르고, 피가 빠지도록 뒷다리를 걸어두었다. 여기까지 했다면 같은 절차를 반복할 필요가 없다는 것을 의미한다. 때로는 바닥 위 자신의 피가 고여 만들어진 웅덩이 속에서 고통에 몸부림치는 양의 숨통을 직원이 직접 끊어야 할 때도 있었다. 이렇게 죽기 싫어하는 양들을 이곳에서는 '둔한 놈들' 또는 '미련한 놈들'이라고 불렀다.

도축장의 직원들은 축사에 있던 어린 황소를 다른 곳으로 옮기려 하고 있었다. 그 황소는 다가오는 죽음의 숨결을 느끼고 저항했다. 그들은 긴 막대기와 총을 사용해 황소를 앞쪽으로 몰아, 특수한 축사 안에 가두고 육질을 부드럽게 만드는 주사를 놓았다. 몇 분 뒤, 그들은 황소를 격리실로 강제로 끌고 가서 가둔 뒤, 문을 쾅 닫았다. 이곳은 전기총으로 황소를 쏴 죽이는 곳이었다. 황소의 다리가 바들바들 떨렸다. 문이 열렸을 때, 그것은 바닥에 쓰러져 있었다. 직원들은 총에 맞아 이마에 난 작은 구멍(약 1.5센티미터 정도의 크기)에 전선을 넣어 황소를 휘젓기 시작했다. 황소는 잠시 몸을 떨더니 이내 조용해졌다. 황소의 뒷다리에 사슬을 걸었을 때, 그것은 다시 발버둥 치며 저항하기 시작했다. 그때 마침 가축을 들어올리는 장비가 피 웅덩이에서 황소를 들어올렸다. 황소는 꼼짝 않고 있었다. 그때, 도축업자가 칼을 들고 황소에게 다가갔다. 많은 사람들이 황소의 시선이 도축업자에게 집중하고 있는 것을 봤다. 황소의 눈이 다가오는 그의 모습을 계속해서 좇았기 때문이다. 황소는 칼이 몸에 닿을 때뿐 아니라 몸속에 완전히 들어올 때까지도 계속 저항했다. 그것은 반사적인 행동이 아니었다고 모두가 입을 모았다. 황소는 완전히 의식이 있는 상태로 저항했다. 칼은 황소를 두 번 찔렀고, 황소는 과다 출혈로 죽었다.

나는 전기 충격기로 도축되는 돼지들의 죽음이 특히 더 고통스럽다는 사실을 알아차렸다. 돼지들은 새끼 때부터 축사에 갇힌 채 가엾고 불행하게 살아가다가, 그 뒤에는 운명의 고속도로를 따라 순식간에 숨을 거둔다. 돼지들이 도축 전날 축사에서 보내는 밤은 그들의 인생에서 가장 행복한 시간일 것이다. 그들은 톱밥 위에서 잠을 자고, 배부르게 먹고 깨끗이 씻는다. 하지만 이 짧게 반짝이는 순간은 그들에게 처음이자 마지막이다. 전기충격이 가해지는 순간 돼지들이 내는 날카로운 비명은 우리가 상상할 수 있는 모든 소리 가운데 가장 비참하다."

인간의 선량함에 대하여*

"미국에서 알을 잘 낳는 닭 수백만 마리 가운데 95퍼센트가 소위 '집중적인' 또는 '공장식' 닭장에서 사육된다는 사실을 얼마나 많은 사람들이 알고 있을까? 일반적으로, 성체 닭 네 마리는 짧은 목숨을 사는 동안 '배터리 케이지Battery Cages'라고 부르는 공장식 양계장에 갇혀 알을 낳는다. 이 양계장은 가로 30센티미터, 세로 45센티미터 크기로, 홰가 설치되어 있지 않으며 배설물이 바닥을 통과해 아래로 떨어지도록 철망을 엮어 만든다. 긁을 수 있는 거친 바닥이 없어서 닭들의 발톱은 아주 길게 자라 이리저리 꼬이거나 철망에 빈틈없이 엉켜버리는 경우도 많다. 그러다 철망이 끊어져 시간이 지나면서 닭발의 부드러운 부분에 파고들기도 한다. 게다가 '배터리 케이지'의 조명은 닭이 쉬지 않고 알을 낳도록 하루에 열여덟 시간씩 켜둔다. 평균적으로 이곳의 닭들은 14개월 동안 서른두 시간마다 알을 낳고, 이후 도축된다."

"오늘날 '선진국'의 전형적인 양계장은 사육되는 닭들을 위한 고문실이나 마찬가지다. 땅을 파거나, 홰에서 쉬거나, 진흙 목욕을 하거나, 날개를 쭉 뻗거나, 또는 아주 약간만이라

---

* 아래 내용은 모두 필립 카플로가 쓴 《인간의 선량함에 대하여》(On the Kindness of Man)에서 발췌한 것이다. 필립 카플로Philip Kapleau(1912-2004)는 미국에서 태어나 일본에서 선불교를 공부하여 계를 받은 스님이다. 이후 미얀마, 스리랑카, 태국 등을 다니면서 공부를 계속하다 뉴욕에서 로체스터 선원을 열고 선禪을 가르쳤다. — 옮긴이 주

도 움직일 수 있는 공간 하나 없이 닭의 모든 본능은 무자비하게 억압된다. 이런 상황에서 피할 수 없는 스트레스는 주변 닭들에 대한 공격성으로 표출된다. 그래서 더 강한 닭들이 약한 닭들을 공격하고, 도망칠 수 있는 권리조차 빼앗긴 가장 약한 닭들은 닭장 속 먹이사슬의 희생양이 되는 경우도 적지 않다. 닭장에서 흔히 볼 수 있는 이런 문제를 해결하기 위해 사람들은 닭의 '부리를 잘라버린다.' 뼈와 민감한 뿔 조직으로 이루어진, 새들의 가장 중요한 기관인 부리를 잘라내는 과정에서는 빨갛게 달군 칼이나, 흡사 단두대를 떠올리게 하는 도구를 사용한다. 어떤 닭들은 이런 과정을 평생 동안 두 번이나 거치기도 한다."

"동물들은 아마 도축장으로 운송되는 과정에서 가장 큰 고통을 겪을 것이다. 아주 거칠고 급하게 차에 실리면서 모든 과정은 시작된다. 차에 실리는 도중, 두려움과 혼란스러움에 미끄러운 발판에서 떨어지는 가축들은 그 과정에서 불구가 된 상태로 버려져 천천히 죽는 일도 흔히 일어난다. 붐비는 트럭에서 동물들은 가장 먼저 사체 더미에 깔려 압사하거나 질식사한다.

가축들은 대형 화물차에 실려 차에서 내려질 때까지 3일 동안 먹이도, 물도 없이 이동하는 경우도 많다. 갈증과 굶주림 말고도 날씨가 고통의 요인이 되기도 한다. 겨울에는 차디찬 바람 때문에 전체적으로 체력이 약해지거나 일부는 동상에 걸린다. 여름에는 타는 듯한 더위와 직사광선이 내리쬐는 가운데 물도 마시지 못하기 때문에 탈수 현상이 오기도 한다. 며칠 전에 막 거세를 당하고 어미와 헤어진 송아지들의 고통은 아마 그중에서도 가장 끔찍할 것이다."

"고통이 아주 심하고, 동물을 오랫동안 충격 상태에서 헤어나오지 못하도록 만든다고 농장 주인들조차 인정하는 거세에 대해 몇 마디만 덧붙이고자 한다. 일반적으로 통증을 완화하는 거세 방법을 사용하지 않는 미국에서는 다음과 같은 절차를 진행한다. 땅에 동물의 사지를 쭉 뻗게 묶은 다음, 칼로 음낭을 잘라내 고환 부분을 드러낸다. 그다음 그 부위에 연결된 인대와 힘줄을 하나하나 분리한다."

불합리의 승리

선한 가치는 왜 실현되지 않는가

어떻게 하면 부정적인 것들에 영향을 받지 않을 수 있을까요? TV에서 부정적인 소식이 나올 때마다 채널을 돌려 피하려고 했지만, 뭔가를 회피하는 행동이 바로 잉여 포텐셜을 만들어낸다는 사실을 이후에 깨달았습니다. 심지어 부정적인 기운은 점점 더 커지는 것 같습니다. 다른 행성에서 온 정보를 받은 것처럼 행동해야 할까요? 하지만 베슬란 사태*는 어떻게 피할 수 있을까요? 어떤 반응이라도 보여야 하지 않을까요? 인간은 돌로 만들어진 존재가 아니니까요.

---

* 2004년 9월 러시아 세베로오세티야 공화국에 있는 베슬란 시에서 일어난 인질 사태. 러시아로부터 독립을 요구하는 체첸 공화국의 강경파를 중심으로 한 무장 집단이 학교를 점거해 1,180명이 넘는 시민들을 인질로 잡고 러시아 육군 특수부대와 총격전을 벌였다. 러시아 측이 건물을 확보해 상황은 종료되었으나, 386명이 사망하고 700명 이상의 부상자가 발생한 대참사였다. ― 옮긴이 주

부정적인 정보를 받아들이지 않는다는 것은, 그 정보와 거리를 유지하는 것을 뜻한다. 마음속 깊이 담아두지 말고, 도망치지도 않고, 반대하지도 않으면서 자기 자신을 보호하려고 하지 않고 그저 스쳐 지나가도록 두는 것이다. 다만 거리 유지하기와 무관심, 이 두 가지는 전혀 다른 개념이니 헷갈려서는 안 된다.

위인들의 말에 따르면, 우리의 인생 전체는 연극이다. 당신이 그 연극에 완전히 몰입해 버리면 당신은 상황의 권력 안에 있을 것이며, 꼭두각시 인형으로 전락해버릴 것이다. 상황의 통제를 받을 수도 있다. 이런 경우, 인생은 의식이 없는 꿈과 같다. 꿈이 당신에게 일어나는 것이다. 하지만 당신이 직접 연기하는 관객으로서 의식을 가지고 연극에 참여한다면, 사건의 실제 상황을 꿰뚫고, 보이는 모든 것들의 운명을 휘어잡는 능력을 가지게 될 것이다.

자신의 삶을 통제할 수 있는 자각몽으로 바꾸기 위해서는, **가장 먼저 연극에서 빠져나오는 동시에 그 속에서 연기를 계속해야 한다.** 자신의 역할을 연기하지만, 타인의 의지를 실행하는 사람이 되지 않기 위해 모든 상황을 객관적으로 바라볼 수 있어야 한다. 다른 말로, 의식이 있는 상태를 유지해야 하는 것이다. 그렇지 않으면 당신은 운명의 주인이 될 수 없으며, 당신의 삶은 당신이 아닌 다른 누군가에게 도움이 되는 시나리오대로 흘러가게 된다.

연기하는 관객이 되는 것은 아주 쉽다. 그저 그 연극이 누구를 위해 상영되고 있는지 자각하면 된다. 우리는 펜듈럼 ― 자신의 물질적 체계의 상부구조가 되는 에너지체 ― 의 위계질서로 만들어진 세계에서 살고 있다. 일반적으로 모든 연극은 여러 펜듈럼의 이익에 따라 흘러간다.

우리 세계에서 일어나는 모든 프로세스는 아주 복잡해 보이지만, 기본적으로 두 가지 프로세스로 존재한다. 하나는 펜듈럼끼리 벌이는 싸움이며, 다른 하나는 자신의 구조체를 더욱 강하게 만들기 위한 펜듈럼의 노력이다. 무엇을 하든, 펜듈럼은 자신의 구조체는 강하게 만들고 다른 펜듈럼은 파괴하려고 한다. 이것이 전부다. 즉 안정화와 붕괴, 그 이상도 이하도 아닌 것이다.

이제 이 프리즘을 통해 사건들을 바라본다면 모든 것이 분명해질 것이다. 모든 상황이 이해됨과 동시에, 매혹적인 환상이 있었던 자리에 일상적인 행동에 대한 의식이 자리 잡을 것이다. 사람들이 잔혹함, 불공정함, 부조리함을 경험하면서 "세상은 왜 이런 것들로 가득 차 있는가?"라는 의문을 얼마나 많이 가졌겠는가. 모든 이들을 위한 전 인류적인 가치는 분명한데 말이다. 바로 평화, 깨끗한 환경, 관용, 평등한 권리, 공정함 등이 그것이다. 도대체 이성의 목소리는 언제쯤에야 승리를 거둘 수 있을까?

절대 그럴 일은 없다. 펜듈럼의 세계에서 모든 것은 구조체의 이익을 위한 것이지, 그 구조체의 구성원들을 위한 것이 아니기 때문이다. 물론 우리는 정반대의 상황을 선언하기는 한다. 하지만 모든 인류는 현실에서 의식이 없는 채로 꿈을 꾸며 살아가기 때문에,

'클린스코예 맥주'*가 없는 파티는 상상조차 할 수 없다는 생각부터 시작해서 친환경 수소 모터는 효과가 없다는 사실에 이르기까지, 펜듈럼은 온갖 망상을 인간에게 심어줄 수 있는 것이다.

권력의 최정상에서 누군가가 모두의 행복과 안녕을 돌보고 있다고 믿는 것은 참 순진한 생각이다. 그 자리에 있는 사람들이 파렴치한이라서가 아니라 — 결코 아니다 — 그들이 자신은 조국을 위해 정직하게 일하고 있다고 진심으로 믿고 있기 때문이다. 하지만 사실 그들은 권력을 가지고 있음에도 불구하고, 자신의 행동을 좌지우지할 힘이 없다. 구조체는 모든 피통치자는 물론, 지도자를 포함한 모든 구성원에게 구조체의 이익을 위해 본능적으로 행동할 것을 요구한다. 모든 것은 저절로 이루어지고, 구조체는 저절로 조직된다.

구성원들이 구조체를 위해 일하도록 하기 위해서는 그들을 통합된 정보 공간에 배치해야 한다. 그 공간은 바로 언론, 인터넷, 네트워크다. 사람들은 이 공간에 들어섬과 동시에 자기 자신을 작은 칸 속에 욱여넣는다. 그들의 동기와 행동이 그들 자신의 뜻에 따라 만들어진 것이라는 생각은 착각에 불과하다. 뭐, 부분적으로는 그 말이 맞을 수도 있다. 하지만 어디까지나 부분적일 뿐이다. **문제는, 에너지 정보 구조는 자신에게 유리한 것을 사람들이 원하도록 만든다는 데 있다.** 꼭두각시 인형으로 전락하기 싫다면, 정해진 목표를 가

지고 당신에게 강요하려고 하는 의도적인 해석과 객관적인 사실을 밝히는 증거들을 구분하기만 하면 된다.

위에 언급한 두 프로세스의 관점에서 베슬란 사태를 살펴보기로 하자. 두 개의 서로 반대되는 구조체가 대립할 때, 어떤 경우에서든 사람들은 '총알받이'로 이용된다. 두 펜듈럼 모두에게 전쟁은 반드시 필요하다. 펜듈럼들은 전쟁에서 에너지를 얻고 서로를 파괴하겠다는 의도를 실현시키기 때문이다. 따라서 한 구조체가 먼저 다른 구조체에 접근해, 갈등에 불을 붙이고 그 구조를 파괴한다. 이것이 구조체가 붕괴되는 프로세스이다. 이 과정에서 많은 사람들을 하나의 방향으로만 생각하게 만드는 강력한 정보전이 펼쳐진다. 그리고 안전을 강화하기 위해 권력이 재조직된다. 이것은 구조체가 안정화되는 과정이다. 그다음, 테러와의 전쟁을 위해 단결할 것을 모든 사람들에게 요구한다. 또 다른 전쟁을 준비하기 위한 안정화 과정이 다시 일어나는 것이다.

주목하길 바란다. 여기에서 일어나는 모든 일은 사상이나 원칙 사이의 전쟁이 아니라, 두 구조체의 대립이다. 모든 이데올로기는 — 종교든, 정치든 — 무대배경에 불과하다. 그 어떤 펜듈럼도 도덕이나 윤리적 기준이라는 것은 가지고 있을 수 없다. 그리고 싸우는 것은 사람들이 아니라, 그들을 노예로 만든 구조체들이다. 사람들은 그저 전쟁의 도구일 뿐이다. 테러광들은 그들의 의식이 이미 그들의 것이 아니라는 점을 자각하지 못한다. 그들은 매트릭스를 이루는 구성요소가 될 때 사람이 어떻게 변할 수 있는지 보여주는 예시일 뿐이다. 희생자들과 관객들도 그들이 어떤 방법으로든 이용될 것이라는 사실을 알아차리지 못한다.

그러니 상식과 인도주의의 승리는 따놓은 당상이라는 환상에 취해 있어서는 안 된다. 당신이 심각한 불공평함이나 완전한 부조리의 증인이라면, 분개하거나 이유를 묻지 않길 바란다. 그보다는 여기에서 어떤 프로세스 — 붕괴하는 프로세스인지, 안정화하는 프로세스인지 — 가 일어나고 있는지 자기 자신에게 묻는 편이 좋을 것이다.

이미 언급한 것처럼, 현실은 물리적 측면과 형이상학적인 측면을 가지고 있다. 물질적 수준에서 우리는 구조체들의 전쟁을 본다. 반면에 형이상학적인 수준에서 보면 그것은 펜듈럼의 전쟁이다. 본질은, 펜듈럼의 위계질서가 한 피라미드의 정상에 자리 잡을 때까지 이 갈등은 끝나지 않을 것이라는 데 있다. 그런 상황이 일어난다면 세계는 거대한 매트릭스로 변할 것이다. 그것이 어떤 모습일지는 상상에 맡기는 수밖에 없다.

마음의 목소리와 공정함의 승리에 집중하며 누구의 의도가 되었든, 선함에 의지하는 것은 무의미하고 순진한 태도이다. 최근에는 상황이 급격히 변했다. 오늘날의 전쟁은 더 이상 예전처럼 조국의 보호 아래 이루어졌던 전쟁이 아니다. 테러 척결은 — 그 어떤 형태에서도 — 순수한 형태의 펜듈럼 전쟁이다. 이런 전쟁에 참여하는 것은 자신의 인생 전부를 구조체의 이익에 바친다는 뜻이다.

참여와 저항은 모두 전투적인 쪽에 유리한 방향으로 사용된다. 펜듈럼은 반응을 보이는 모든 신호를 받을 때마다 강력해진다. 그것이 긍정적인 반응인지, 부정적인 반응인지는 중요치 않다. **파괴적인 펜듈럼을 막을 수 있는 유일한 방법은 그들이 내세우는 동기의 실체를 확실하게 밝혀주는 데 있다.** 펜듈럼의 동기는 항상 종교, 민주주의, 애국주의, 인도주의, 그 밖의 여러 슬로건에 가려져 있다. 자신의 품위 있는 장식을 모두 잃어버린 펜듈럼은 지지자들의 의식을 붙잡을 수 있는 꼭두각시의 끈을 잃게 된다.

당신이 누군가와 함께 뭔가를 만들거나 뭔가를 위해 싸우도록, 즉 '공동 작업'을 하도록 권유받았다면 여기에는 구조체의 이익이 뒤따른다는 사실을 확신해도 좋다. 펜듈럼에게는 지지자들의 생각과 행동이 오직 한 방향을 향하는 것이 아주 중요하다. 그러기 위해서는 '공동 작업'이 개인의 이득처럼 따라와야 한다. "함께 힘냅시다. 그러면 모두에게 좋은 일이 생길 거예요"라고 말이다. 하지만 이 경우에 개인의 이익은 사상과는 무관하게 항상 뒤로 밀려난다. 마치 "오늘은 사적으로 중요한 날이 아니라, 그냥 일하는 날이라오"라는 노래 가사*와 똑같은 것이다.

만장일치, 평화, 번영이라는 개념은 유토피아적이다. 이 사실은 가장 객관적인 재판관인 '역사'에 의해 이미 여러 번 입증되었다. **전체의 행복을 위해 노력하면서 개인의 행복을 만들 수는 없다.** 전체의 행복이란 완전히 추상적인 개념일 뿐, 행복은 개인마다 다른

---

* 구소련 때 인기 가요였던 〈내 주소는 소련이라네〉의 한 소절. — 옮긴이 주

것이기 때문이다. 이 문제는 완전히 다른 시각에서 접근해야 한다. **만약 모든 사람이 개인의 행복만을 위해서 노력한다면, 전체가 복지를 보장받을 수 있을 것이다.** 그렇지 않으면 모든 활동이 오직 단 하나, 구조체의 건설을 위한 활동으로 환원될 것이다.

공공복지의 문제를 해결하는 데 가장 가까이 접근한 것은 블라디미르 메그레가 쓴 책으로 유명한 《아나스타시아》이다. 하지만 아나스타시아의 생각도 유토피아적이다. 왜냐하면 그녀는 펜듈럼의 영향력이 어느 정도까지 커졌는지 고려하지 않았기 때문이다. 모든 사람들이 자기 사유지를 만들 수 있도록 땅을 1헥타르씩 나눠줘야 할까? 그래, 다 나눠주자! 아주 아름답고 인도주의적이고 공평한 생각이다. 최고 권력층이 국민의 복지에 신경을 쓰고 있다는 점을 바로 여기에서 볼 수 있다.

하지만 당연히, 아무도 땅을 나눠주지 않을 것이다. 돈을 주고 땅을 사야 해서가 아니다. 그들은 결국 '공동의 것이 그의 것'이라는 원칙에 따라 공공재산이 소수의 올리가르히^{**}들 손에 넘어가도록 허용했다. 시민 전체를 통제하는 것보다 힘이 있는 일부 사람들을 통제하는 쪽이 구조체로서는 훨씬 편리하다. 그리고 가장 중요한 것은, 만약 모든 사람이 구조체를 위해 노예처럼 일하기를 그만두고 자신의 행복을 돌보기 시작한다면, 그 구조체의 결말이 어떻

** 구소련이 해체되고 러시아의 주요 국영산업이 민영화되는 과정에서 정경유착을 통해 막대한 부를 축적하며 등장한 신흥 재벌 세력. 이들은 축적한 부를 바탕으로 정치권과 결탁해 막후 권력을 휘둘렀다. ― 옮긴이 주

게 되겠냐는 것이다.

모든 시스템에 있어, 구성원 개개인이 자유를 가진다는 건 이롭지 못할 뿐 아니라 해롭기만 하다. 하지만 흥미로운 사실은 이것이다. 시스템의 법규는 특정한 권력자들이 아니라 시스템 자체에 의해 만들어지고 집행된다는 것이다. 모든 것이 저절로 이루어진다. 펜듈럼의 총아들은 행동하는 데 있어 자유롭지 못하며, 평범한 지지자들은 욕망에서 자유롭지 못하다. 구조체는 모든 구성원이 자신에게 주어진 기능을 수행하는 것이 자신의 의지를 실현하고 있다고 확신하게 하는 방식으로 스스로를 유지하고 보수한다. 구성원들은 그저 자기 자신이 자유롭다고 믿을 뿐이다. 게다가 만약 그가 자유를 받아들일 준비가 되어 있지 않다면, 자유를 얻는다고 해도 사용할 수 없을 것이다.

만약 한 사람의 의식의 절반이 이미 매트릭스에서 성장한 것이라면, 1헥타르의 땅을 가지고 무엇을 하겠는가? 깨어나기 싫은 사람을 굳이 깨우는 것은 아무 의미 없다. 일부 '깨어난 사람들'은 잠든 자신의 동료들을 흔들어 깨우려고 한다. "눈 좀 떠! 봐봐. 너 지금 매트릭스의 칸 속에 있잖아!"라며 말이다. 그리고 상대는 잠결에 뿌리친다. "내버려둬. 나는 지금도 괜찮으니까."

여기 그 생생한 예가 하나 있다. 내가 인터넷 메시지를 통해 자연식에 대해 설명했을 때, 아주 심하게 흥분하며 따졌던 사람들이 있었다. 일부는 이 정보를 아주 거세게 반대하기도 했다. 그 이야기가 주제에서 벗어난다는 것이다. 그들은 "우리는 계속 잠이나 잘 테니, 너는 우리의 꿈에 대해서나 이야기해. 깨우지만 마"라고 말하는 듯, 예전의 상태가 더 좋다고 했다. 정말, "아하, 결국 다들 걸려들었구나!" 하고 소리치고 싶었다. 어쨌든, 나는 아무에게도 나와 함께할 것을 제안하지 않았다고 미리 말해둔 바 있다. 식습관도, 꿈도 말이다. 트랜서핑은 달콤한 환상을 위한 동화가 아니라, 깨어나기 위해 차가운 물로 하는 샤워다. 부디 편안하게 잘 자고, 자는 데 방해되는 책은 읽지 않길 바란다.

불안해지는 것을 싫어하는 '잠든 사람들'은 구조체가 '농장'에 있는 자신의 '가축'들에게 먹이를 먹이며, 낯설게 다가오는 것이라면 뭐든지 반대하도록 만든다는 것을 인식하지 못한다. 시스템의 구성원들은 음식에 대해 마약 중독과도 같은 증상을 겪기 때문에, 그들은 자신이 그것을 원한다고 착각한다. 그래서 구조체는 안정화와 붕괴 프로세스에 '잠든 사람들'을 끌어들여 자신이 목표를 달성하는 데 그들을 이용한다.

다른 사람들이 '깨웠'지만 '깨어나지 못한' 사람들은 그들이 트랜서핑 자체로부터도 자유로워질 수 없다는 사실조차 인식하지 못한다. 만약 인간이 정말로 유혹의 거미줄에서 탈출했다면, 그는 무엇을 어떻게 해야 하는지 직접 선택하는 능력을 얻게 된다. '깨어난 사람'은 더 이상 외부 요인에서 진실을 찾아야 할 필요가 없다. 그는 자신 안에서 진실을 찾을 것이며, 트랜서핑조차 그에게 명령할 수 없다.

나는 지금 시스템이 만든 생산물에 등을 돌리고 산속 동굴에서 홀로 외롭게 지내라는 말이 아니다. 오히려 모든 꿈은 다양한 구조체의 틀 안에서 실현될 수 있다. 그저 문제는 누가 누구를 조종할 것인가에 있을 뿐이다. 당신이 펜듈럼에게 조종당할 것인가, 아니면 펜듈럼을 조종할 것인가를 정확하게 인식하고 있어야 한다. 내가 구조체 안에서 나를 위해 일하고 있는지 아니면 구조체를 위해서 일하고 있는지를 말이다. 시스템 자체와 그 시스템의 생산물은 자신의 목표를 위해 사용할 수 있는 것들이며, 또 그렇게 해야만 한다. 바로 그렇게 되기 위해서 우리는 깨어나야만 한다.

…9월 1일, 나는 긴장한 듯하면서도 설레 보이는 아이들이 꽃을 꽂고 다니는 것을 여기저기에서 많이 볼 수 있었다. 거의 모든 아이들은 부모님과 함께 있었으며, 많은 학생들은 화려한 꽃다발을 들고 값비싼 교복을 입고 있었다. 그때 나는 카니발*보다는 작은 규모인 이 축제의 행렬을 보며 거리를 산책하고 있었다. 온갖 종류의 현실이 하나의 장면으로 어우러졌다. "전부 다 괜찮아. 모든 것은 그것이 이루어져야 할 방향으로 이루어지고 있어. 바로 이렇게 되어야 해." 그리고 나는 '잠들었다.'

그러다 특별한 사건 하나가 나를 깨웠다. 축제를 즐기던 인파들 사이에서 여덟 살 정도로 보이는 여자아이가 걸어가고 있었다. 그 아이는 더러워 보이지는 않았지만, 매우 초라하고 밋밋한 옷을 입고 있어 바로 눈에 뜨였다. 아이는 마치 쓰레기장에서 갓 주워온

---

* 사순절 전 3일이나 한 주일 동안 즐기는 가톨릭의 축제. — 옮긴이 주

것 같은 구두를 신고 있었고, 손에는 화단에서 꺾어온 듯한 볼품없는 꽃 몇 송이가 들려 있었다. 소녀의 눈에는 어딘가 아이답지 않은 고독함이 어려 있었다. 지금 이 축제가 그 여자아이에게는 전혀 기쁜 일이 아니며, 이미 오래전에 자신의 운명을 받아들였고, 세상으로부터 그 어떤 선물도 기대하지 않고 있다는 것을 한눈에 알 수 있었다.

아마도 여자아이의 부모는 알코올이 주는 쾌감에 취해 더 깊은 잠에 빠지게 함으로써 과도한 에너지 빚을 지도록 유도하는 시스템에 심하게 얽매여 있을 것 같았다. 수많은 다른 아이들의 비극이 그렇듯, 이 여자아이의 비극에도 시스템은 아무 관심이 없었다. 완전히 일치하는 맥락에서 베슬란 사태도 구조체의 입장에서는 아무런 걱정거리가 되지 않는다. 만약 구조체가 걱정하는 모습을 보인다면, 그것은 그저 흉내를 내는 것뿐이다.

내가 이런 이야기를 하는 이유는, 구조체는 모든 정보를 — 긍정적인 정보든, 부정적인 정보든 — 그저 아무 이유 없이 주는 것이 아니라, 그 출처가 아무리 '자유로운' 것일지라도 특정한 목적을 위해 준다는 것을 알려주고 싶어서다. 절대적으로 자유롭고 독립적인 정보의 출처란 것은 원칙적으로 있을 수 없다. 모든 출처는 하나의 시스템, 즉 펜듈럼의 위계질서에 연결되어 있는 개별 고리이기 때문이다. 그리고 펜듈럼의 목표는 자신의 구조체나 상부 구조체를 안정시켜 다른 구조체를 파괴하는 것이라는 걸 다시 한번 강조한다.

당신은 자신의 의식이 깨어 있다는 것을 잊지 말고, 당신이 어떤 정보를 전달받는 것인지 아니면 주입되는 것인지를 구분해야 한다. 그 정보가 펜듈럼으로부터 오는 것이라면 펜듈럼의 구조체가 어떤 목표를 좇고 있다고 확신해도 좋다. 펜듈럼은 매우 듣기 좋은 말로 그럴듯한 논리를 펼치며, 확신에 찬 목소리로 속삭이며 사람들을 설득한다. "다른 사람들과 싸워서 이겨. 그들이 전부 다 잘못한 거라고!", "네가 가진 것들을 지켜. 그것들이 너를 행복하게 만들어 줄 테니까!" 그리고 가장 중요한 충고를 한다. "삶을 포기하지 마, 이 광고판에 나오는 사람들처럼 성공해야 해!", **"나처럼 해!"**라고 말이다.

비록 그 정보가 이념적인 방향성을 내포하고 있지 않더라도, 그 정보는 펜듈럼에게 있어 매우 중요한 한 가지 과제를 해결해준다. 바로 수많은 사람들의 주의를 펜듈럼의 올가미에 붙잡아두는 것이다. 사람들의 의식은 사고가 한 방향으로 일치할 때 더 조종하기 쉽다. 가장 중요한 것은 주의를 통제하는 것이며, 나머지는 생각을 주입시키는 방법의 문제다. 그러므로 의식을 흐리게 만드는 펜듈럼의 영향력 앞에 무너지지 않으려면 깨어 있는 상태를 유지하고, 타인의 해석으로부터 객관적인 사실을 구분하는 것이 필요하다. 그렇지 않으면 어느 날, 매트릭스에서 깨어난 자신을 발견할 것이다. 아니면, 영영 깨어나지 못하거나 말이다.

펜듈럼의 전투

펜듈럼을 둘러싼 다양한 질문들

현대 사회는 사람들이 안전하다고 믿기 힘든 사회입니다. 테러는 평범한 사람들의 주변에서 점점 더 많이 일어나고, 잔혹하고 공격적인 장면들을 도처에서 볼 수 있지요. 때로 사람들이 끔찍한 상황에 처하기도 한다는 것은 비밀도 아닙니다. 무엇 때문에 이런 일이 일어날까요? 그리고 어떻게 하면 트랜서핑의 원칙을 이용해서 이런 것들로부터 자기 자신을 지킬 수 있을까요? 그저 모든 것이 잘 될 거라고 믿기만 해야 하나요?

첫 번째로, 자신을 두렵게 만드는 정보는 무시하고, 다른 것으로 주의를 돌려야 한다. 두 번째로, 죄책감과 — 양심이 아니라 죄책감이다 — 책임감, 의무감을 버려야 한다. 공포감을 제외하면, 죄책감이야말로 모든 불행의 가장 주요한 원인이 된다. 이 점에 대해서는 이미 여러 번 말했지만, 다시 한번 강조하고 싶다.

죄책감은 사소한 불행에서 큰 문제까지 아주 다양한 형태로 자신을 처벌하는 결과를 낳는다. 외부의도는 반드시 어떤 처벌을 시나리오로 끌어들이고야 만다. 인간이 지닌 가치관의 틀은 이렇게 만들어졌기 때문이다. 행동에는 반드시 대가가 따른다고 말이다. 그리고 그 점에서 영혼과 마음은 완전히 일치한다. 게다가 죄책감은 아주 심한 양극성을 만든다. 그 결과 균형력은 '죄를 지은 머리' 속으로 온갖 불행을 끌어들이려고 한다.

하지만 죄책감을 어떻게 없앨 수 있을까? 죄책감에 숨이 막혀서도 안 되지만, 그냥 잊어버릴 수도 없는 노릇이다. 죄책감은 마음 속 깊숙한 곳까지 파고들기 때문이다. 영혼과 마음은 아주 오랫동안 이런 감정과 함께 살아왔다. 무언가에 대해 영원히 책임을 지며 살아온 것이다. 당신은 오직 구체적인 행동을 통해서만 이런 상태에서 벗어날 수 있다.

그 구체적인 행동이란, 정당화하기를 그만두는 것이다. 병을 치료하는 것이 목적이 되어, 병의 원인을 잊어버리는 특별한 경우도 마찬가지다. 당신은 그 누구에게도, 그 어떤 일에 대해서도 책임을 져야 한다고 스스로를 입증할 필요가 없다. 그저 깨어 있는 상태로, 자신의 일상적인 행동을 주시해야 한다. 만약 당신이 사소한 일에도 사과하는 습관을 가지고 있었다면, 이제 다른 습관으로 대체하라. 정말로 필요할 때만 자신의 행동에 대해 설명하는 것이다.

나는 아무 책임이 없다고 자기 자신을 설득할 필요는 없다.

죄책감을 내면에만 머물게 하라. 하지만 겉으로 드러내서는 안 된다. 영혼과 마음은 새로운 느낌에 조금씩 익숙해질 것이다. — 당신이 정당화하지 않는다는 말은, 충분히 그렇게 될 수밖에 없는 상황이었으며, 결과적으로 당신은 여기에서 아무런 잘못이 없다는 뜻이다. 결과적으로, '속죄'를 받기 위해 변명하는 행동은 점점 더 줄어든다. 그렇게 인과관계의 연결고리를 따라 당신의 외면은 서서히 내면을 바꾸게 된다. 죄책감은 사라지고, 뒤따라 그에 해당하는 문제들도 사라지는 것이다.

서로 대립하는 두 개의 구조체에 대해서 어떻게 받아들여야 할까요? 로맨스 펜듈럼, 기독교 펜듈럼, 민주주의의 펜듈럼 등이 있지요…. 그런데 이 모든 펜듈럼이 하나의 전 세계적인 펜듈럼의 위계질서에 따라 다른 수준으로 존재하는 건가요? 아니면 로맨스 펜듈럼과 기독교 펜듈럼이 서로 다른, 대립하는 구조체인가요?

펜듈럼이 구체적으로 어떻게 만들어져 있는지는 나도 잘 모른다. 하지만 대략적인 모델만으로도 충분히 이해할 수는 있다. 펜듈럼은 어떤 구조체에 대해 상부조직으로서 존재하는 에너지체다. 로맨스는 구조체가 아니다. 민주주의와 종교도 마찬가지다. 그러나 교회는 구조체가 맞다. 테러 단체도 구조체다. 테러에 반대하는 국가도 마찬가지로 구조체다. 하지만 테러리스트들은 그저 혼자서 존재하는 사람들이 아니다. 테러리스트들은 그들 위에 군림하는 존재의 이익을 대변한다. 구체적으로 어떤 이익인지는 말하지 않겠다.
나는 정치인이 아니니까.

작가님이 왜 이 세상에 언젠가 매트릭스가 도래할 거라고 생각하
는지 잘 모르겠습니다. 매트릭스는 이미 도래했고, 거의 다 완성
된 상태입니다. 또 피라미드*에 대해 말씀드리자면, 가장 강력한
펜듈럼은 이미 생성된 지 오래입니다. 바로 돈의 펜듈럼이지요.

동의할 수 없다. 돈은 징표에 불과하다. 물리적인 측면에서 우
리는 돈을 주고받지만, 형이상학적인 측면에서는 에너지를 주고받
는다. 에너지는 사람뿐만 아니라 모든 생명체와 펜듈럼이 상호작용
을 하도록 한다.

첫 번째로, 트랜서핑 작가가 비관적인 어조를 가지는 것이 조금
이상한 것 같습니다. 두 번째로, 세계는 앞으로도 지금과 똑같은
모습일 것입니다. 펜듈럼의 위계 사회는 하나의 정점 ― 지구 행
성의 펜듈럼 ― 에서 이미 굳어졌기 때문이지요. 그리고 매트릭
스는 오래전부터 존재해왔어요.

나는 오직 사회 전체에 관해서만 비관적인 어조를 가지고 있

---

* 여기서 말하는 피라미드는 펜듈럼들 간의 위계질서를 뜻하는 것으로 보인다. ― 옮긴이 주

다. 트랜서핑은 이미 자기 자신을 알고 있는 사람들만 도울 수 있으며, 따라서 그 사람들은 이 지식을 받아들일 준비가 되어 있다. 나머지 대중까지 깨우는 것은 불가능하다. 나라면, 애초에 펜듈럼의 위계 사회가 어떻게 만들어졌는지 예측하려고도 하지 않았을 것이다. 추상적으로 생각할 수밖에 없기 때문이다. 우리는 실제 장면을 절대로 볼 수 없을 것이다. 우리에게 허락되지 않을 것이기 때문이다.

미국 9·11 테러에 관한 질문입니다. 저는 개인적으로, 재난영화를 제작하고 전 세계적으로 유행시킨 미국인들이 현실에서도 바로 그런 재난을 일어나게 했다는 생각을 머릿속에서 지울 수가 없습니다. 아니, 어쩌면 그 시나리오일지도 모르지요. 이 점에 대해서 어떻게 생각하시나요?

집단의식이 현실이 된 것이다. 세계는 사람들의 생각과 의도를 비추는 거울이다. 전쟁, 재난, 범죄와 불행한 사건을 기사로 퍼뜨리는 대중매체는 갈등에서 에너지를 빨아들이는 파괴적인 펜듈럼의 무기가 된다. 일반적으로 기사에서는 '이런 나쁜 일이 일어났다'라는 소식이 집중적으로 보도된다. 그렇게 해야 더 많은 감정을 짜낼 수 있기 때문이다. 이런 기사들은 흥미로울 뿐 아니라, 사람들을 불안에 떨게 만들기도 한다. 바로 이것이 펜듈럼이 필요로 하는 것이다.

우리는 세계가 아주 위험하고 험난한 지경에 처한 영화들을 보곤 한다. 그런 장면들을 보면서 실제로 현실이 그렇다고 확신하게 되며, 그 확신 때문에 머릿속에 일정한 형상을 떠올리게 된다. 이 형상은 세계의 거울에 반영되어 실제 현실이 된다. 그리고 불행한 소식이 또 들려온다. 그렇게 악순환이 계속되는 것이다.

흥미롭게도, 방송업계 사람들의 머릿속에는 '이런 좋은 일이 일어났다'를 전하는 방송을 해야겠다는 생각이 떠오르지 않는다. 새로운 아이디어로서라도 말이다. 끊임없이 혐오스럽고 부정적인 기운을 전달하는 방송과는 차별화된 이런 방송이 대중의 이목을 집중시킬 수 있다는 사실은 의심할 나위가 없는데도 말이다. 하지만 사람들은 그렇게 하지 않는다. 모든 정보는 주로 파괴적인 펜듈럼을 위해 주어진다. 사람을 무기력하게 만드는 그들의 영향력은 이 정도까지 커져버린 것이다.

저희는 이스라엘에 살고 있는데, 궁금한 점이 있습니다. 네다섯 살 된 아이들에게 여러 사건들(테러, 교통사고 등)에 대해 어떻게 펜 둘럼의 함정에 빠지지 말라고 설명해야 할지 모르겠습니다.

그 연령의 아이들에게 '사건들에 대해 설명'하지 않길 바란다. 아이들은 자신이 무엇을 알아야 하는지, 어떻게 받아들여야 하는지 당신보다 더 잘 알고 있다. 어른들이야말로 거친 세상에서 자신은 아무 힘도 없다는 걸 체감하기 때문에, 아이들에게 인간은 아무것도 모르고 할 수도 없는 나약한 존재에 불과하다는 것을 주입하려고 한다. 다른 말로 하자면, 자신의 무의식적인 투영을 아이들에게 씌우는 것이다.

그리고 아이들에게는 완전히 다른 것을 알려줘야 한다. 부정적인 사건들에 대해 '설명하며' 그들의 주의를 산만하게 하지 말고, 반대로 그 모든 것들로부터 아이들의 의식을 여러 방법으로 보호하는 것이다. 아이의 사고관을 최대한 깨끗하게 유지해야 한다. 당신이 알고 있는 것처럼, 생각의 형상을 기반으로 그가 존재해야 하는 개별적인 세계의 층이 만들어지기 때문이다.

다양한 관점, 하나의 진실
가능태 공간의 탄생을 알고 싶어하는 사람들에게

최근에 《리얼리티 트랜서핑》을 추천받았습니다. 이 책에는 말로는 설명할 수는 없지만 옳다고 여겨지는 뭔가가 있습니다. 삶에서 일어나는 많은 일들에 대한 설명을 들을 수 있었어요. 작가님에게 감사합니다. 위험을 무릅쓰고, 사람들에게 인간이 될 수 있는 기회를 한 번 더 주신 점에 대해서 말입니다.

칭찬해줘서 감사하다. 하지만 나는 위험을 무릅쓴 것도 아니고(정말이다!) 사람들에게 인간이 될 수 있는 기회를 준 것도 아니다. 나 자신도 그렇게 큰 책임을 지지 않으니 말이다. 이 지식은 나의 지식이 아니다. 그저 객관적으로 존재하는 지식일 뿐이며, 당신이 이 사실을 좋아하든 싫어하든 상관없이 이 지식은 책이 아닌 가능태 공간에 존재한다. 그리고 트랜서핑을 다른 비슷한 교리들과 비교하는 것도 아무 의미가 없다. 시모론^{Simoron}*이라던지, 다른 교리들과도 말이다.

이런 감사 편지 말고도, 때로는(아주 가끔이지만) 싸늘한 적개심이 느껴지는 내용의 편지도 받곤 한다. '트랜서핑의 어떤 내용은 어떤 기법에서 이런 것과 저런 것을 차용한 것이다'라는 말을 들으면, 아주 얼토당토않은 말을 들었을 때 느낄 법한 당혹감, 혼란스러움과 무기력함을 느끼게 된다. 혼란스러운 마음에 이렇게 외치고 싶다. "어떻게 모를 수가 있습니까?"라고 말이다.

그러면 시모론은 무엇을 어디에서 '긁어왔겠는가?' 그리고 시모론 이전의 교리는 또 누가 무엇을 '긁어와서' 만들었는가? 왜 블라바츠키**, 레리흐***, 구르지예프****, 우스펜스키*****와는 비교하지 않는가? 왜냐하면 이들이 쓴 책을 읽지 않았기 때문이다. 고백하자면 나도 그런 책을 읽지 않았다. 그러나 사실, 모두가 같은 것을 다르게 설명하고 있을 뿐이다. 모든 교리에는 자신의 시대가

---

* 인간 개개인이 선천적으로 가진 천재성을 발견하거나 바라는 바를 이루는 것을 목적으로 하는 정신 수련 기법. — 옮긴이 주

** 19세기 최고의 영매로 알려진 인물. 어렸을 때부터 초자연 현상을 겪었다고 알려져 있으며, 세계 각지를 여행하며 비교 종교학, 민족학, 박물학을 연구했고 티베트 밀교, 카발라, 이집트 마술의 행법을 통해 타고난 오컬트 능력을 계발하는 데 힘썼다. — 옮긴이 주

*** 러시아의 화가이자 역사학자, 철학자, 작가, 여행가, 고고학자. 신지학과 티베트 불교에도 조예가 깊었던 것으로 알려져 있다. — 옮긴이 주

**** 20세기 초 신비사상과 1960년대 히피 문화에 큰 영향을 미친 신비주의 사상가. 인간을 구속하는 낡은 사고와 감정에서 벗어난 영적 자유를 달성할 것을 추구했으며, 이를 실현하기 위해 워크^{work}라는 시스템을 제시했다. — 옮긴이 주

***** 수학자와 신문기자로 활동하다 구르지예프의 제자가 되었다. 이후 구르지예프가 창안한 이론적 체계와 기법을 사사받아 영국과 미국에서 그의 이론 체계를 가르쳤다. — 옮긴이 주

있으며, 반대로 모든 시대에도 그 시대의 교리가 있다. 모든 학파와 가치관들은 같은 현실의 본질적인 모습을 보여준다. 관점은 다르지만, 모두 똑같은 하나의 현실이다! 그 사실을 아직도 이해하지 못한 것인가?

다른 교리들과 아무런 공통점도 없는 교리를 찾아보라. 만약 그런 교리를 찾는다면, 그것은 다른 현실을 다루는 교리일 것이다. 하지만 인간의 마음은 우리의 세계와 관련 없는 것을 만들 수 없다. 심지어 공상과학소설들도 언젠가는 현실이 된다. 공상과학소설 작가들은 실현되지 않은(어쩌면 아직 실현되지 않았을 뿐인) 현실에 대한 글을 쓴다. 사실 그 모든 아이디어와 이미지는 꿈과 마찬가지로, 이성의 생산물이 아니다. 그것은 하나의 정보장에 객관적이고 영구적으로 존재한다. 그리고 '스승'은 물론, 평범한 사람을 포함한 모두가 똑같이 이 데이터 뱅크에 접근할 수 있다. 그러니 근본적으로 완전히 새로운 것을 원하는 사람들에게는 유감을 표하는 수밖에 없겠다.

하나의 교리를 다른 교리들과 비교하다 보면 우파니샤드 Upaniṣad*의 경지에 도달할 수도 있다. (이것이 무엇인지 들어본 적 있는가?) 하지만 그것이 다 무슨 소용인가? 이 모든 지식은 하나의 근본에서 나오는 것인데 말이다. 똑같은 이유로, 서로 아무 관련도 없는 사람들 여러 명이 똑같은 발견을 하는 경우도 종종 일어나곤 한다. 그리고 새로운 조류가 지구의 끝과 끝에서 동시에 일어날 때도 많다.

---

* 고대 인도의 철학 경전. 브라만교의 성전 〈베다〉에 속하며 시기 및 철학적으로 마지막에 해당하기 때문에 '끝, 결론'을 의미한다. ─ 옮긴이 주

가능태 공간에 있는 정보는 누구나 접근할 수 있다. 모든 것은 아주 간단하다. 도서관에 가듯이, 가능태 공간에 가서 아무 책장에서 마음에 드는 책을 집어라. 유일한 조건은, 자신의 능력을 믿고 지식에 접근할 수 있는 권리를 누리며, 이 지식을 얻겠다는 의도를 실현시키는 것이다. 자기 자신에게 질문을 하고, 용감하게 스스로 대답도 해보라. 감히 그것을 할 수 있는 사람이 발견을 하고, 음악을 작곡하고, 책을 쓰고, 여러 분야에서 걸작을 만든다. 지식은 그것을 **직접 가지겠다는** 의도를 선언한 사람들에게 열린다.

예를 들어, 가장 믿기 힘들고 훌륭한 발견은 가장 용감한 사람들에 의해 만들어진다. 과학 역사에서는 알베르트 아인슈타인Albert Einstein과 니콜라 테슬라Nikola Tesla**가 그런 인물이었다. 실제로 과학자들 스스로도 발명품은 그들의 머리에서 탄생하지 않고, 난데없이 어딘가에서 지식이 불쑥 나타났다고 한다. 게다가 그 어떤 새로운 이론도, 어두운 밤하늘에서 별 하나가 반짝이며 탄생하듯 갑자기 나타난 것이 아니라는 사실을 말해두고 싶다. 여러 사람들이 동시에 연구를 진행하는 경우는 항상 있었고, 거의 동시에 똑같은 결론이 나온 적도 아주 많다. 모든 사람이 같은 하늘 아래 살아가는 것이다.

모두가 알고 있는 것과 다르게, 라디오를 발명한 사람은 바로

** 미국의 전기공학자이자 과학자, 발명가. 전기 시스템과 무선통신, 테슬라코일 등을 발명하여 과학과 기술 발전에 크게 기여했으나, 경쟁자였던 에디슨의 이름에 가려져 상대적으로 업적이 잘 알려져 있지 않다. ─ 옮긴이 주

니콜라 테슬라이며, 여기에는 근본적으로 그 어떤 오해도 없을 것이라고 자신 있게 말해도 좋다. 그와 비슷한 측면에서 상대성 이론의 아버지는 아인슈타인이 아니라 헨드릭 로런츠$^{Hendrik\ Lorentz}$* 라고 주장할 수도 있다. 여기에서도 마찬가지로 진실인 부분이 적지 않을 것이다. 빛의 속도에 가까워질수록 물체의 선형 길이는 짧아지고, 질량은 커지며, 시간은 팽창한다는 사실을 보여준 '로런츠 변환식'이 먼저 나오지 않았는가? 하지만 아인슈타인은 알파벳 'i'에서 맨 위의 점을 마지막으로 찍는 과감함을 보였다. 할 수 있지만 행동에 옮길 결심을 하지 못했던 사람들과 비교하면 아인슈타인은 오직 한 측면에서 달랐다. 바로 자신의 권리를 누릴 뻔뻔함을 가지고 있었다는 점이다.

누구나 스스로 발명할 수 있는 능력을 가지고 있다. 하지만 아주 많은 사람들이 그저 그 사실을 모르거나, **감히** 실행에 옮길 생각을 하지 않는다. 그래서 다른 사람을 통해 정보를 얻기를 기대한다. 물론 그렇다고 해도 나쁠 것은 없다. 모든 사람들이 자신의 길을 따라 움직이기 때문이다. 스스로를 녹음기가 아니라 수신기로 변화시키는 용기를 내는 것은 그 일이 어려워서가 아니라, 매우 낯설어서다. 처음으로 낙하산을 타고 뛰어내리는 것과 똑같은 것이다. 누군가에게는 그저 이것이 불필요한 일일 수도 있다. 하지만 차마 자신의 현실을 바꿔보겠다는 결심은 하지 못하면서, '나에게 주어진 일

---

* 네덜란드의 물리학자. 전자기파의 운동과 빛 사이의 유사성을 주장했으며 아인슈타인의 상대성 이론의 선구로서 '로런츠 변환식'을 만들었다. — 옮긴이 주

이 아니라면, 너도 하지 마. 네가 나보다 낫기라도 하다는 말이야?' 라고 생각하기 시작하는 사람들이 항상 있기 마련이다. 그렇지만 실현되지 않은 의도의 에너지가 아직 남아 있지 않은가? 그 에너지를 어딘가에 써먹어야 한다. 그래서 의도는 엉뚱한 방향을 향하게 된다. 예를 들어, 신성모독이나 표절(절대 그런 일이 없기를!) 등 근거 없는 비방을 다른 사람에게 퍼붓는 것 말이다. 그보다 더 쉬운 것도 없다. 그것은 자신의 가치를 확인하고 존재를 알리는 방법 중 하나지만, 최선의 방법과는 거리가 멀다.

더 흥미로운 사실은, 너무도 무거운 지식의 짐을 짊어지고 '거의 모든 것을 알고 있고, 심지어는 조금 더 안다'라고 확신하고 있는 독자는 여기에 새로울 것은 아무것도 없다는 듯이 말한다. 그런 사람은 지문의 표면적인 내용만 읽고, '의도'나 '중요성'과 같은 몇 가지 익숙한 개념을 발견하고 나서 의기양양하게 "이건 카스타네다 Castaneda** 잖아!"라고 외칠 것이다. 그리고 문제의 본질을 전혀 파악하지 못한 채, 시시해진 책을 '탁' 덮고 — 그에게 있어 이것은 이미 한 번 거친 과정이기 때문이다 — 계속해서 질주할 것이다. 그에게는 돈 후앙의 가르침과 트랜서핑이 사실은 현실의 양면이라는 것을 전혀 신경 쓰지 않는다. 그런 점에서 나는 항상 내가 얼마나 무지한지 깊이 깨닫곤 한다. 내가 쓴 책의 한 부분을 읽으면서도 때로는

** 페루 출신의 작가. 멕시코 야키족 주술사의 비밀에 관한 '돈 후앙 시리즈'를 출간하여 미국 뉴에이지 운동의 기수가 되었다. 1968년 발간된 《돈 후앙의 가르침》은 큰 인기를 얻으며 베스트셀러가 되었다. — 옮긴이 주

뭔가 새로운 것을 발견하기 때문이다.

그리고 다시 한번 말하지만, 이런 경우에는 완전히 둔한 상태가 아니라 오히려 해박한 지식을 가지고 상황을 대하고 있음에도 불구하고, 적어도 뭔가 변명해야만 한다는, 예전과 똑같은 당황스러움과 무력감을 느끼게 된다. 하지만 아무 소용이 없다. 그런 적들의 귀와 눈에는 그들이 선택한 역할에 일치하는 것만 통과시키는 필터가 장착되어 있기 때문이다. "나는 누군가를 비판하고 폭로할 수 있어. 그러니 나는 가치 있는 사람이야!"라고 그들은 외친다.

하지만 이런 행동은 전혀 바람직하지 못하다. 정당할지라도, 누군가를 비난하는 것 말이다. 누군가를 비난하는 사람은 자기 자신에 대해 만족해하며 짧은 시간 동안 내면에서 어떤 승리감을 느낀다. 다만, 그 뒤에 따라오는 불쾌한 사건들에서 쟁취한 사소하고 익숙한 승리감은 만족할 만한 가치가 없는 것이다. 균형력은 반드시 그 자신이 비난받는 역할에 처할 수밖에 없도록 만들 것이다. 그런 상황을 본 게 한두 번이 아니다. 잠깐 의식을 잃어 그가 틀렸을지도 모른다는 사실을 누군가에게 보여주기 시작하는 순간, 모든 장면은 즉시 반대쪽으로 방향을 틀어버린다. 눈치채지 못했는가?

이쯤에서 들 수 있는 적절한 예시가 스티븐 킹Stephen King이 쓴 《랭고리얼The Langoliers》이다. 이 책은 과거와 미래 모두 필름의 형태로 어딘가에 영구적으로 보관되며, 시간이 흘러가는 효과는 현재에 빛이 쏘이는 각각의 프레임이 움직이는 결과에 의해서 나타난다는 내용을 담고 있다. 아주 흥미로운 책이라, 간략하게 소개해주고자 한다.

어느 날 비행기를 타고 있던 승객 몇 명이 잠에서 깨보니, 놀랍게도 조종사를 포함한 다른 승객들이 모두 사라졌다는 사실을 발견한다. 다행히 그들 중에는 비행기를 착륙시키는 방법을 아는 비행사가 있었다. 하지만 그것만으로는 그들에게 큰 도움이 되지 않는다. 도시의 불빛들이 있어야 할 지상에는 어두컴컴한 사막이 펼쳐져 있고, 라디오에서는 쥐 죽은 듯한 침묵만이 이어지고 있었기 때문이다. 지상의 삶은 도대체 어디로 사라졌다는 말인가?

그들은 한 공항에 성공적으로 착륙하지만, 악몽에서조차 나올 수 없는 일이 그들을 기다리고 있었다. 비행기와 공항 건물, 다른 모든 대상, 심지어 식당의 음식들까지도 전부 그 자리에 있는데 사람들만 사라진 것이다. 주변에는 온통 잿빛의 침묵만이 흐른다. 전기도 없고, 휴대폰도 먹통이며, 음식은 맛도 향도 없고, 그 어떤 움직임도 보이지 않는다. 그곳은 재생되는 프레임들의 뒤에 남겨진 과거의 세계였다.

이내 사람들은 뭔가가 불쾌하게 바스락거리는 소리를 들었다. 소리는 지평선에서부터 점점 가까워졌는데, 이건 전혀 좋은 징조가 아니었다. 그들의 눈앞에서 물질세계가 사라지기 시작했다. 아마도 물질세계는 정보와는 달리 영구적으로 보관되지는 않는 듯했다. 그때, 그들 중 하나가 시간의 구멍을 통해 그들이 과거로 왔으며, 돌아가는 방법은 똑같은 길을 거슬러 올라가는 방법밖에 없을 것 같다고 말했다. 서둘러 비행기로 돌아간 그들은, 오래된 현실을 허공이 삼키는 속도를 겨우 따라잡으며 반대 방향으로 비행했다. 그들은 다시 시간의 구멍을 통해 나오는 데 성공했지만, 비행을 마쳤을 때 그들을 맞이한 것은 똑같이 텅 빈 공항이었다.

하지만 새로운 장면은 싸늘한 바람이 불어오는 좀 전의 낡디낡은 현실과는 공통점이 없었다. 색깔, 소리, 냄새가 평소와 마찬가지로 풍부했다. 하지만 사방에서 들려오는 둔탁한 소리가 점점 커지는 것이 꼭 무슨 일이 일어날 것만 같은 예감이 들었다. 구조대가 오든지, 아니면 무자비한 죽음이 찾아오든지. 그러던 중 마치 허공에서 나타나듯, 그들의 눈앞에 갑자기 사람의 형체가 나타났고, 모든 것이 평범한 삶처럼 움직이기 시작했다. 시간 여행자들은 프레임이 움직이는 속도를 앞질러버렸고, 그 후 그들이 있는 곳으로 현실이 스스로 다가온 것이었다.

내가 왜 이 이야기를 소개하는지 알겠는가? 바로 자폭지뢰 같은 몇 가지 어리석은 질문을 던지기 위해서다. 가능태 공간을 '만들어내는' 데 이 책의 공이 있다고 보는가? 아니다. 시간에 대한 개념은 필름의 프레임처럼 이전에도 존재해왔다. 스티븐 킹에 따르면, 그는 하마터면 표절로 소송에 걸릴 뻔한 상황에 처한 적이 한두 번이 아니었다고 한다. 왜냐하면 다른 저자들의 작품에서도 비슷한 아이디어가 있었기 때문이었다.

그렇다면 가능태 공간이 판타지의 영역에서 현실로 넘어왔다는 사실은 트랜서핑이 달성한 것인가? 그것도 아니다. 판타지라는 것은 존재하지 않는다. 1940년대에 니콜라 테슬라는 강력한 자기장을 통해 시공을 조작할 수 있다는 사실을 증명했다. 그리고 시간의 구멍으로 미국 해군의 함대 전체가 사라진 적도 있었다. 이 실험에 참여했던 생존자들은 불가사의한 방법으로 다른 장소와 다른 시간에 나타났으며, 아주 심한 정신 착란을 겪었다고 한다.

그러므로 만약 우리가 가능태 공간의 존재에 대해 최초로 언급한 사람에게 다다를 때까지 '계몽된 사람들'의 사슬 전체를 추적하겠다는 목표를 세운다면, 과거 수천 년 전까지 거슬러 올라가야 할 수도 있다. 실제로 하늘 아래 새로운 것은 아무것도 없다. 변하지 않고 남아 있는 것은 똑같은 오해와 거짓된 고정관념을 가지고 있는 사람들의 삶이다. 다양한 관점에서 하나의 진실을 전달하는 영적 가르침이 수없이 많았음에도 불구하고, 인류는 끝내 그 진실을 이해하지 못했다. 어쩌면 이런 상태는 새로운 것이 아무것도 없다고 쉬지 않고 떠들어대는 '똑똑이'들을 가장 불안하게 만드는 것 같다. 언젠가 구세주가 나타나, 믿을 수 없을 정도로 '새로운' 이론을 그들에게 알려주면 그들은 탄성을 지르며 두 손을 모은 채 깨달음의 빛에 가득 찬 얼굴로 "바로 이거군. 이제야 알겠어!"라고 외칠지도 모른다.

하지만 틀렸다. 그들은 빛나지 않을 것이다. '똑똑이'들은 완전히 다른 태도를 가지고 있다. 그들은 지식이 아니라 '빈틈'을 찾아내려고 한다. 하지만 내버려두라. 그들과 쓸데없는 논쟁을 벌이는 데 에너지를 낭비할 만한 가치가 있는가? 반면에 트랜서핑은 완전히 반대되는 과제를 가지고 있다. 오래된(새로운 것이 아니다!) 지식을, 그것을 필요로 하는 사람들에게 전해주는 것이다. 나는 단지 친애하는 독자인 당신에게 내가 지적으로 방문한 목적을 다시 한번 설명해주기 위해서 시간을 할애하고 있는 것이다. 나는 당신 앞에서 정직하다. 트랜서핑의 본질은 나에게 전해진 그 모습 그대로 기술되었다. 이 모든 것은 현실이며, 감시인도 실제로 존재한다. 다만, 다시 한번 솔직하게 말하지만, 어디에서 그를 찾을 수 있는지는 말해줄 수는 없다. 그날의 첫 만남 이후로 그는 다시 나타나지 않았다. 비록 그와의 재회가 이루어지지 않는다는 점이 모든 것은 그것이 흘러가야 하는 방향대로 흘러간다는 사실을 증명해주긴 하지만 말이다. 그렇지 않다면 나는 정보의 원천으로부터 바로 '차단되었을' 것이다. 그러니 내가 아는 모든 것을 당신에게 설명하고 있다고 믿어도 좋다. 그것이 당신에게 필요한 정보인지는 직접 결정하길 바란다.

저는 판타지와 SF소설을 읽는 것을 좋아합니다. 그런 소설을 읽을 때면 주인공들처럼 그 현실에 있는 것처럼 느껴져요. 그리고 책을 다 읽고 나면, 며칠 동안 계속 그 세계에서 '살아요.' 제 주변에서 실제로 일어나는 일들은 우선순위에서 밀려나요. 저는 그런 일들에 아무 신경도 쓰지 않고, 영향도 받지 않습니다. 이런 상태가 며칠 뒤면 사라진다는 사실을 알지만, 그렇게 되는 것은 싫어요. 펜듈럼이 저를 아주 강하게 사로잡은 것 같아요. 맞나요? 만일 그렇다면, 모니터 앞에 앉아 있을 때나 책을 읽을 때 어떤 감정을 느끼는 것을 아예 포기해야 한다는 말이 되는 건가요? 어떻게 그렇게 할 수 있을까요? 다른 세계로 가고 싶다는 저의 꿈이 실현될까요?

펜듈럼은 여기에서 아무 상관이 없다. 당신이 본 것과 읽은 것으로부터 감명을 받았다면, 당신의 마음은 가능태 공간에서 그에 일치하는 섹터에 맞춰진 것이다. 간단하게 말하면, 마음이 정보를 받아들이고 있으며, 이성이 그것을 해석하고 받아들이는, 즉 자신만의 논리장치로 처리하는 것이다. 마치 입력되는 데이터를 처리하는 컴퓨터 프로그램처럼 말이다.

판타지의 세계는 허구가 아니다. 그것은 실재한다. 하지만 형이상학적 단계, 즉 실현되지 않은 단계에서 존재하는 것뿐이다. 그곳으로 가는 것은 거의 불가능에 가깝다. 왜냐하면 그곳에 있는 모든 것을 우리가 살고 있는 세계에서 구현해내려면 아주 많은 에너지가 필요하기 때문이다. 이것은 그 세계의 시나리오와 무대장치가 원칙적으로 실현될 수 없다는 뜻이 아니다. 초자연적인 사건들과 인물들은 그저 지금의 현실과 비교했을 때 더 비현실적일 뿐이다. 태양과 지구를 비교했을 때 태양이 훨씬 더 뜨거운 것처럼 말이다. 다른 말로 하면, 판타지의 세계는 꿈의 세계와 마찬가지로, 현실에서 너무나 먼 가능태 공간의 섹터에 있을 뿐이다. 그 현실에 가기 위해서는 너무 오래 '날아가야' 한다.

판타지의 세계를 생각하며 살아가는 것은 현실에서 꿈을 꾸는 것과 같다. 그것이 좋다면 두려워하거나 나쁠 것은 전혀 없다. 영화와 책은 영혼과 마음을 위한 위대한 놀이기구다. 다만 구름 속을 날아다닐 때, 주변 현실 속 배경에서 분리될 위험을 감수해야 한다. 그런 일은 당신에게 도움이 되지만은 않을 것이다. 현실을 통제하지 못한다면, 현실이 당신을 통제하기 시작할 것이니 말이다.

따라서 실질적인 관점에서 보자면, 실현되지 않은 세계에 오래 있는 것은 그다지 도움이 되지 않는다. 그것은 평생을 잠든 채 사는 것과 똑같다. 반면에 창의적인 일꾼들의 영혼은 계속해서 새로운 아이디어를 찾아 형이상학적 공간을 여행한다. 하지만 아이디어를 실현시켜 활동적으로 창작 활동을 하는 일과 환상의 바다를 수동적으로 헤엄치는 것은 전혀 다른 일이다. 트랜서핑은 단순히 헤엄을 치는 것이 아니라, 의식을 가지고 목표를 향해 노를 저어 나아가는 능동적인 존재 방식이다. 세계는 의도의 선택을 비춰준다. 당신이 꿈을 좇아 뛰어가든지, 꿈이 직접 당신을 찾아오든지 둘 중 하나이다. 반드시 오즈의 나라에서 꿈을 찾을 필요는 없다. 실제 현실은 더욱 선명하고 놀라운 것이니 말이다. 적어도 당신이 의도만 가지고 있다면 꿈을 직접 만들 수 있다. 분명한 것은, 그것은 컴퓨터 게임보다 조금은 더 어렵지만 훨씬 더 재미있다는 점이다. 그저 규칙을 알고 그것을 따르기만 하면 된다.

최근에 궁금한 점이 생겼습니다. 가능태 공간에 있는 모든 것은 누가 입력한 것일까요? 그것은 어디에서, 무엇 때문에 왔을까요? 그리고 가능태 공간이 있기 전에는 무엇이 있었을까요?

솔직하게 말하겠다. 모른다. 다만 추측은 해볼 수 있다. 가능태 공간은 누군가가 '만든' 것이 아니다. 그것은 그저 항상 존재해왔다. 인간의 마음은 이 세계의 모든 것이 무언가에 의해, 또는 누군가에 의해 만들어졌으며, 처음과 끝이 존재한다고 믿도록 만들어졌다. 하지만 모든 것은 아닌 듯하다. 어쩌면 사람의 의식이 깨어난 정도를 굴(oyster)의 의식보다 높은 수준까지 끌어올린다고 하더라도, 그런 것에 대해 생각하는 데에는 역부족일지도 모른다. 세상에는 마음으로도 어쩔 수 없는, 답을 알 수 없는 질문들이 너무나 많다. 마음은 그저 추상적으로 사고하는 능력을 장착했을 뿐인 논리적 기계에 불과하기 때문이다.

그러므로, 나의 추상적인 사고의 수준은 그저 원시적인 수학적 모델을 만드는 데 도움이 될 뿐이다. 만약 의식의 수준을 무의식까지 끌어올릴 수 있다는 조건을 설정하고, 인간의 의식 수준을 한 점에 해당한다고 한다면, 이 질문은 "왜 점인 나는 좌표의 평면에서 아무 자리에나 있을 수 있는 걸까? 누가 이 좌표를 만들었는가? 이 좌표는 누구에게 필요한 것일까? 그리고 그 전에는 무엇이 있었을까?"라고 묻는 것과 똑같다. 이 점에게 좌표 평면 말고도 3차원 공간과 N차원 공간이 있다고 말해준다고 해도, 점은 그 말을 절대로

209

이해할 수 없을 것이다.

하지만 누가 알겠는가? 어쩌면 당신의 지혜롭고 아주 오래된 영혼은 그 질문에 대한 답을 알지도 모른다.

신의 대담함

'현실의 지배자'인 권리를 뻔뻔하게 누리라

펜듈럼이 사라져 모든 사람이 의식을 되찾고, 자신의 결정에 따라 의도와 선택을 사용하는 삶은 어떨 거라고 상상하시나요?

펜듈럼이 없이는 삶 자체가 불가능하다. 아니, 펜듈럼은 파괴하거나 회피할 수 없는 존재다. 본질은 펜듈럼의 꼭두각시 인형이 되는 것이 아니라, 자신의 목적에 따라 펜듈럼을 사용하는 것이다. 모든 사람이 자신이 선택(용어 사전 297쪽 참고)할 권리를 실현할 수 있도록 우리 사회의 모든 구성원이 충분히 은혜를 받은 것이냐고 질문하는 것이라면, 걱정하지 않아도 된다. 모든 사람들이 의식적으로 깨어나지는 못할 것이다. 지식에 흥미가 있는 사람은 많아도 실전에서 활용하는 사람은 적을 테니까 말이다.

내가 얼마나 의식적으로 사고하는지, 즉, '잠들어 있지 않은지'
알 수 있는 방법이 있나요? 정신적 기법이 있다면, 어떤 것이 있
는지요?

완전히 깨어 있는 상태라고 하더라도, 사람의 의식 — 내부의
조종 장치 — 은 깊은 잠에 빠져 있는 시간이 많다. 수많은 일이 기
계적으로 이루어지며, 사고는 구름 너머 어딘가를 부유하고 의식은
어떤 펜듈럼의 올가미에 붙잡혀 있다. 사람이 상황의 권력에 놓여
자신의 행동에 대해 명확하게 알지 못하는, 현실에서 가장 자연스
러운 꿈을 꾸게 되는 것이다.

상황을 통제하기 위해서는 잠에서 깨어나, 내부의 관찰자를
깨워 자기 자신과 주변 사람들을 밖에서 지켜봐야 한다. 현재 상황
에서 내가 무엇을, 왜 하고 있는지 명확하게 자각한다면, 나는 잠에
서 깨어난다. 마치 연기하는 관객처럼, 자신의 배역을 연기하면서
도 일어나고 있는 사건들을 동시에 관찰해야 한다. 중요한 것은, 마
음이 통제하는 것은 사건이 전개되는 시나리오 자체가 아니라 나
자신이 의도 조율의 원리를 따르고 있는지, 사건의 흐름에 따라 움
직이고 있는지, 결정을 내리는 순간 영혼이 편안해하는지의 여부
다. 트랜서핑은 이 조건들을 만족했을 때에만 결과를 낸다.

어쩌면 가능태 공간은 존재하지 않고, 인간이 직접 만들어낸 것

이 아닐까요? 신이 정말 있냐는 질문에 대해 사이 바바^{Sai Baba}*
는 "당신도 신이다. 당신과 나의 유일한 차이점은, 나는 그 사실
을 알고 당신은 모른다는 것이다"라고 대답했습니다.

똑같은 본질에 대해서 다양하게 해석할 수 있다. 당신은 사이
바바를 인용했지만, 그가 당신에게 어떤 점을 설명하려고 했는지는
이해하지 못하는 것 같다. 그는 당신에게 '다른 곳에서 진실을 찾
지 말고, 자기 자신을 들여다보면 당신은 모든 질문에 대한 답을 찾
을 수 있을 것'이라고 말하고 있다. '자기 자신을 들여다보는 것'은
추상적인 것이 아니다. 그저 자기 자신에게 질문을 하고, 그에 대해
대담하게 직접 답하는 것이다. 트랜서핑은 다른 모든 비슷한 교리
들과 마찬가지로 그저 눈을 뜨기만 하면 된다고 말하고 있다. 그러
면 모두가 자신이 원하는 방향으로, 원하는 방법으로 스스로 앞으
로 나아갈 수 있다. 그 점에 대해서는 이미 여러 번 당신에게 말했
다. 중요한 것은, 눈을 뜨기 위해 의식이 있는 상태를 유지하는 것
이다. 그리고 다른 하나는 현실의 지배자로서 자신의 정당한 권리
를 대담하게 누리는 것이다. 이미 당신은 그 권리를 가지고 있지 않
은가! 다른 사람들은 자신의 권리를 누릴 대담함이 부족하다. 그러
나 당신은 그 권리를 누리라.

가능태 공간에 관해서, 그것이 정말로 존재하는지 아니면 상

---

* 인도의 영적 지도자이자 교육자. 허공에서 물건을 꺼내는 등 여러 가지 초능력으로 기적을 일으킨 일
화로 많이 알려져 있다. — 옮긴이 주

상 속에서만 존재하는지에 관한 질문에 대해 답변을 드리겠다. 그 것은 존재한다. 우선 그 사실을 증명하는 직접적인 사례들이 많이 있는데, 그중에 한 가지를 소개하겠다. 바로 과학계에서도 공식적 으로 인정한 브론니코프 뱌체슬라브 아카데미 제자들의 현상*이 다. 두 번째는 직접 생각해보길 바란다. 관념론과 물질론 사이의 딜 레마는 어느 시대에서나 학문적 논쟁의 걸림돌이었다. 정말로 세계 는 물질적인 실체일까, 아니면 그저 환상에 불과할까? 이런 입장이 든 저런 입장이든 똑같이 의미 있는 근거를 가지고 있으니 말이다.

사실 답은 다른 차원에 있다. 다양한 면을 가진 현실에서 개별 적인 현상에 대한 절대적인 진실을 찾아서는 안 된다. 그저 현실은 손으로 만져볼 수 있는 물질적 현실과 지각의 한계 너머에 있지만 여전히 객관적인 형이상학적 세계, 이 두 가지 형태로 존재한다는 사실을 기억하면 된다. 공식 학문은 전자와 관련된 연구를 하는 것 을 선호하지만, 비공식 교리는 후자를 연구한다. 학술적 논쟁은 이 에 대한 것이 전부다. 본질적으로, 논쟁을 할 이유가 전혀 없는 것 이다. 그저 우리 세계의 양면성을 인정하기만 하면 된다.

세계는 이중거울이며, 한쪽에는 물질세계가 있고, 다른 한쪽에는 아득히 무한한 가능태 세계가 펼쳐져 있다.

'자기 자신을 들여다보면' 무엇이 보이는가? 모든 것이 보이

---

* 브론니코프 박사가 설립한 국제인간발전아카데미에서 배우고 있는 아이들은 눈을 감은 채로 사물을 볼 수 있고, 엄청난 양의 정보를 기억할 수 있으며, 멀리 있는 대상을 망원경으로 보듯 살펴볼 수 있는 능력을 가지고 있다. 브론니코프는 이런 능력을 계발할 수 있는 특수한 훈련 방법을 개발했다. — 옮긴이 주

는 동시에, 아무것도 보이지 않을 것이다. 아무것도 보이지 않는 이유는 두뇌가 원시적인 바이오컴퓨터이기 때문이고, 모든 것이 보이는 까닭은 모든 깨달음, 발견, 직관, 투시를 얻을 수 있는 무한한 정보장에 접근할 수 있기 때문이다.

사념 에너지는 특정한 조건에서 가능태 공간의 다양한 섹터를 물질화할 수 있다. 인간에게는 자신의 세계의 한 층, 즉 **개별적인 현실**을 만들 수 있는 능력이 주어졌다. 그런 의미에서 인간은 신이다. 다만 하나의 조건을 충족시켜야 한다. 현실을 통치하려면 그가 부여받은, 통치할 수 있는 권리를 **행사해야** 한다. 만약 누군가가 현실을 통제할 수 있다고 생각한다면, 현실은 실제로 그의 통제를 받는다. 그것이 아니라면 현실이 그를 통제하게 된다. 인간은 항상 그가 선택하는 것을 받을 수 있다. 인간은 신이 아닌가.

저는 아직까지도 진정한 영적 스승을 찾지 못하겠습니다. 어쩌면 저에게 무슨 잘못이 있거나, 제가 잘못된 문이나 목표를 선택했기 때문일까요?

내가 만약 당신의 입장이었다면, 스스로 영적 스승이 되어, 내가 무엇을 어떻게 해야 하는지 내가 가장 잘 안다고 자기 자신에게 말해줬을 것이다. 그렇게 행동할 수 있을 정도로 충분히 대담하다면, 당신은 그 어떤 스승도 필요하지 않다.

저의 질문은, 이렇게 말해도 될지 모르겠지만, 여론에 대한 개인적인 민감성에 관한 것입니다. 작가님은 균형력의 법칙에 따라, 누군가를 나쁘게 생각하면 생각할수록 그 사람은 더욱 성공할 것이라고 주장했습니다. 그렇다면 종교적인 저주는 어떻습니까? 여러 사람이 사방에서 누군가를 저주하면, 그 사람은 항상 불행한 결말을 맞곤 했습니다.

우선 위와 같은 의미로, 나는 어떤 사실을 알고 있다고 단언할 수 없다. 절대적인 진실을 아는 사람이 있다고 생각하는가? 애초에 절대적인 진실이라는 것은 존재하지 않는다. 당신이 보기에는 내가 왜 끊임없이 세계는 두 가지 측면, 즉 물리적 측면과 형이상학적 측면이 있다고 반복해서 말한다고 생각하는가? 내가 주장할 수 있는 유일한 것은 현실은 여러 층으로 이루어져 있다는 사실이며, 이런 주장이 옳다는 사실을 당신에게 확인시켜줄 수 있을 뿐이다. 한쪽 면만 가지고 절대적인 진실을 끼워 맞추는 주체를 믿어서는 안 된다. 펜듈럼의 세계에서 순진하게 있어서는 안 된다. 트랜서퍼라면 그 누구도, 나조차도 인류의 영적인 스승으로 여기지 않기를 바란다. 나는 가능태 공간의 지식을 전해주는 사람일 뿐이다. 하지만 누군가 물어본다면 대답해줄 수는 있다. 트랜서핑은 가장 먼저 자기 자신이 스승이 되라고 가르친다. 당신이 할 수 있다는 사실을 믿어 의심치 않는다. 그럴 권리를 누리기만 한다면 말이다. 뭐, '모든 바보들은 스승을 찾을 것'이지만 말이다.

이제 질문에 대한 답변을 하겠다. 어떤 정치인이나 고위급 공무원이 국민으로부터 욕을 먹으면서도 호화롭게 살았던 사례는 아주 많다. 반면에 모든 이의 사랑을 받는 사람은 만족감이라는 날개를 달고 훨훨 날아본 적이 없다. 문제는 비난이나 축복의 에너지가 그것을 받는 사람에게까지 전달되지 않는다는 것이다. 펜듈럼이 그 에너지를 낚아채기 때문이다. 많은 사람들의 사랑과 혐오를 받기 위해서는 펜듈럼의 총아가 되어야 한다. 총아는 단순히 한 명의 개인이 아니라, 어마어마한 비중의 에너지를 빨아들이는 펜듈럼의 수호자이다. 이런 총아가 왜 갑자기 무대에서 제거되는가는 이미 다른 문제다.

작가님은 '만약 세계가 나를 돌보도록 내버려둔다면, 모든 것이 좋은 방향으로 흘러갈 것이며 확실하게 효과를 가져올 것이다'라고 말했습니다. 효과가 있다고 저도 확신합니다. 이미 그렇게 할 수 있게 되었어요. 그저 세계가 저를 돌보도록 허용하기만 하면 됩니다. 그러면 모든 일이 정말 잘 풀려요. 다만 문제는, 제가 '세계가 나를 돌보도록 내버려두고, 그것을 어떻게 해야 하는지 세계에게 조언하기를 원하지 않을 정도로' 약해지기 위해서는 아주 큰 힘이 필요하다는 것입니다.

좋은 말이다. '약해지기 위해서 큰 힘이 필요하다'는 문장 말이다. 하지만 어려울 것은 하나도 없다. 사실 이것은 습관의 문제,

곧 시간의 문제에 불과하다. 중요한 것은 거울을 보며 체계적으로 연습하는 것이다. 당신의 세계의 층에 모든 것을 맡겨놓을 '뻔뻔함을 가지길' 바란다. 세상이 '당신을 품에 안고' 당신이 원하는 곳으로 데려가도록 하라. 다만, 자신의 발로 걸어가야 할 때도 있다는 걸 잊지 않길 바란다. 즉, 필요한 일을 한 다음 이성적인 범위 안에서 세상을 믿는 것이다. 그리고 세상이 당신을 돌봐주지 않는 상황이 온다 하더라도, 세상에게 화를 내서는 안 된다. 거울 훈련이 습관이 되면, 당신은 거의 항상 세상의 '품에 안겨 있을' 것이다.

저의 경우에는 트랜서핑이 평범해져버린 게 문제입니다. 처음에는 평생을 원했던 책을 손에 넣었다는 느낌이 들었습니다. 맞아요, 말 그대로 원했죠. 예전에는 의도에 대해서 아무것도 몰랐지만, 이제는 평범한 일이 되었으니까요. 하지만 조금도 혼란스럽지는 않습니다. 문제는 그것이 아니니까요. 이래도 되는 걸까요?

물론이다. 지극히 정상이고, 심지어 바람직한 일이다. 마법이 일상이 된다면 당신은 현실의 지배자가 된다. 당신은 생각의 흐름을 통제하면서 현실을 통제할 수 있다. 본질적으로 우리는 모두 자신의 우주선을 타고 무한한 가능태의 공간으로 날아간다. 당신이 대담하게 조종석에 앉을 수 있다면, 당신의 우주선을 통제할 수 있게 된다. 우주선에는 그 어떤 조종 장치도, 버튼도 없다. 오직 의도만을 가지고 비행을 하는 것이다. 하지만 당신이 자신의 우주선을 조종하기를 거부한다면 우주선의 움직임은 상황의 흐름에 내맡겨진다. 당신이 현실을 통제하지 않으면 현실이 당신을 통제한다. 당신의 우주선은 당신 세계의 한 층이다. 우주선으로 당신이 원하는 모든 것을 할 수 있다. 하지만 대다수의 사람들은 그것이 **가능하다는** 사실을 모르거나, 그저 하지 않으려고 한다.

저는 모든 사람들에게 저마다의 목표가 있다는 작가님의 말에 동의합니다. 하지만 다른 측면에서 생각해봤으면 합니다. 그것이 나의 목표인지 아닌지는 누가 결정할 수 있나요? 저의 몫인지 확실하지 않습니다. 만약 저 자신이 제 존재의 원인이라면, 그 말이 맞겠지요. 하지만 저는 제 의지에 따라 이 세상에 태어난 것이 아니라는 생각이 듭니다. 저는 인간이 동의했기 때문에 이 세상에 탄생한다는 신지학[*] 이론을 알고 있습니다. 하지만 현재의 의식 상태로는 그 사실을 기억하지 못합니다. 제가 제 존재의 원인이 아니라면, 어떻게 저 자신의 목표를 결정할 수 있을까요?

결정할 수 있다.

저는 모든 것이 가능하다고 믿습니다. 다만 마음이 그 사실을 받아들이기를 거부합니다. 왜 그럴까요? 마음은 인간이 자신의 가

---

[*] 신의 본질과 심오한 행위에 대한 지식에 관한 학문. — 옮긴이 주

능성을 즐기지 못하게 하려는 악의로 만들어진 것일까요? 그러면 어떻게 하죠? 변별력을 버리고 모든 것이 가능하다고 믿으면 모든 욕망이 이루어질까요?

마음은 펜듈럼과 고정관념의 지배를 받는다. 그것은 정말로 어리석다. 믿을 가치가 없는 것이다. 당신은 다른 사람의 말도 믿지 못할 것이다. 생각을 줄이고, 트랜서핑 기법을 실전에서 더 많이 적용해보길 바란다. 그러면 그 효과를 확인할 수 있을 것이다. 자신의 경험을 믿어야 한다.

저는 반드시 변호사가 되겠다고 결심했습니다. 물론 변호사가 하는 일은 쉽지 않지요. 누군가와 끊임없이 언쟁을 해야 하고, 누군가에게 계속 뭔가를 증명해야 합니다. 당연히 법의 펜듈럼이 고객을 설득하는 것을 방해하겠지요. 그렇죠?

펜듈럼이 방해할지 안 할지는 중요하지 않다. 당신에게 필요한 것은, 펜듈럼이 당신을 자신의 총아로 만들도록 하는 것이다. 그러기 위해서는, 그 펜듈럼이 만든 규칙의 틀을 벗어나지 않는 범위 안에서 당신만의 새로운 규칙을 만들 대담함을 가져야 한다. 다른 말로 하면 더 용감하게 행동하고, 기존의 고정관념을 깨는 것을 두려워하지 않으며 독립적이 되는 것이다. **과감하게 자신의 권리를 누려야 한다.**

미래의 변호사에게 어떤 조언을 해주시겠습니까?

다른 사람의 조언을 구하지 말라. **자기 자신의 권리를 누려야 한다.** 다시 한번 말하지만, 무슨 일이 있더라도 정당한 자신의 권리를 누리길 바란다. 그것은 상황에 따라 언제든지 흔들릴 수 있는 확신이 아니다. 성공에 대한 눈먼 믿음 위에 만들어진 자만심도 아니다. 심지어 성격에 해당하는 긍정주의도 아니다. 그것은 지배자의 의도이다. 당신은 자신의 현실을 지배할 수 있다.

수줍은 마법사들
당신의 삶을 축제로 바꾸는 것이 두렵다면

저는 제 삶의 목표에 대해서 자주 고민하곤 합니다. 왜 그런지 모르겠지만 모든 것이 창업을 하는 것으로 귀결됩니다. 그런데 저는 제 꿈을 도저히 이해할 수 없습니다. 그러니까, 너무 동화 같아요…. 의심스럽기만 합니다. 그러다가 영화 한 편을 봤는데, 그 영화에서 저를 완전히 바꿔놓은 대사가 있었습니다. '때로 나는 착해진다, 아주 착해진다. 하지만 때로는 내가 나빠지고 싶은 만큼 나빠진다. 자유는 힘이다. 의지에 따라 제약 없이 사는 것은 선물이다.' 저는 마법사가 되고, 세계 일주를 하고 싶다는 제 모든 꿈이 단어의 뜻 그대로 제가 완전히 자유로워지고 싶은 것이라고 말하고 있다는 걸 깨달았습니다. 목표가 분명한 것이지요. 다만 그렇게 하기 위해서 어떤 슬라이드가 필요한지 도저히 모르겠습니다.

당신의 목표는 당신의 삶을 축제로 바꾸는 것이다. 자유는 그렇게 했을 때 자연스레 느껴지는 감정이며, 축제와 분리될 수 없는 일부이다. 자신의 문을 따라 자신의 목표를 좇다 보면, 생면부지의 어느 아저씨가 아닌, 자기 자신을 위해 노력하게 되기 때문이다. 바로 여기에서 자유감이 온다. 그러니 합당한 기반 없이 자유를 꿈꾸지만 말고, 자신의 길을 찾아야 한다.

비록 나는 시시한 말을 하고 있지만, 우리 세계에서 자유로워질 수 있는 사람은 빵 한 조각 살 돈을 벌어야 하는 **필요성에서 자유로운 사람이다.** 자신의 길을 따라간다면 당신이 필요해서 하는 일이 아닌, 좋아하는 일을 하게 된다. 그러면 돈은 동반되는 상징물처럼 자연스레 따라온다. 반드시 그럴 것이다. 사람들은 항상 자신이 가지지 못한 것에 이끌리기 때문이다. 자신의 길을 찾지 못한 사람이 압도적으로 많기 때문에 사람들은 누가 그 길을 찾았는지, 그리고 그들이 하는 일에 모든 것을 바칠 수 있는지 알아내려고 엄청난 관심을 쏟는다. 이것이 자유의 한 측면이다.

하지만 "**때로 나는 착해진다, 아주 착해진다. 하지만 때로는 내가 나빠지고 싶은 만큼 나빠진다**"라는, 당신의 마음을 사로잡은 대사가 보여주는 다른 측면도 있다. 이런 자유는 지금 바로 얻을 수 있다. 그러기 위해서는 현실의 지배자가 **되는** 권리를 누려야 한다. 본질은 당신이 당신 세계의 층의 날씨를 직접 결정하는 데 있다. 축제를 원하면 축제를 선언하고, 애도를 원하면 애도를 선언하라. 심지어 실패조차도 당신의 힘으로 승리로 만들 수 있다. 이를 위해서 **조**

율의 원칙이 있는 것이다. 지배자의 특권을 더 과감하게 누리길 바란다. 그러기 위한 슬라이드는 필요하지 않다.

저에게는 이런 문제가 있습니다. 저는 애인과 말다툼을 할 때, '끝이야, 더는 못 하겠어, 차라리 혼자가 낫지. 다른 사람을 찾겠어. 내 이상형에 맞는 사람으로. 지금 남자친구와는 도저히 함께할 수가 없어'라고 생각한다는 것입니다. 남자친구는 모든 것이 불만이고, 모든 사람이 바보 같고 어리석다고 생각하는 데다, 아무것도 할 줄 모르고 일을 해서 돈을 버는 것도 못합니다. 그래서 저는 애인과 싸울 때마다 그에게 '그러면 다른 사람을 만나. 나는 단점투성이니까'라고 말해버립니다. 하지만 아침에 눈을 뜨면, '그가 정말로 나를 떠나면 어쩌지' 하며 불안해합니다. 저는 남자친구를 사랑합니다. 그는 정말 좋은 사람이고 최대한 저를 배려해주려고 해요. 제가 꿈꾸는 우리의 미래는 밝습니다. 하지만 그건 미래의 일일 뿐이에요. 왜냐하면 남자친구는 돈이 없기 때문이죠. 하지만 그는 아주 똑똑하고 목표지향적이에요. 저는 너무나 불안합니다. 더 좋은 사람을 찾지 못하고 평생 혼자 살게 될지도 모르니 말이에요.

당신의 상황은 지극히 정상이니, 그 상황을 있는 그대로 받아들이면 된다. 보통 균형력은 강한 개성을 가진 사람들이 지니는 잉여 포텐셜을 상쇄하기 위해 상반되는 성격을 가진 사람과 마주하도록 만든다. 서로 극과 극인 두 성격은 일반적으로 같은 '한 극에 있는' 성격을 가진 사람들에 비해 더 안정적이다. 이렇게 반대의 성격과 불가피하게 직면할 때는 더욱 인내심을 가지고 단순하게 행동해야 한다. 어쨌든 중요한 것은 '자신은 자기 자신이 되게 하고, 다른 이들은 그들 자신이 되도록 허용하라'는 트랜서핑의 규칙을 서로 따르도록 노력하는 것이다.

또 다른 한편으로, 지금 당신은 현실의 거울에 부정적인 사고방식을 비춰 부정적인 반영을 만들고 있다. 나쁜 일을 좋은 일로 바꾸는 지배자의 의지를 가지길 바란다. **"모든 일이 올바르게 일어나고 있고, 모든 것은 그것이 이루어져야 할 방향으로 이루어지고 있다. 내가 그렇게 결정했기 때문이다"**라고 말이다. 이것도 마찬가지로 조율의 원칙이며, 동시에 앞서 말한 자유의 또 다른 측면이다.

이런 방법으로 상황을 받아들이고 놓아준다면 균형력의 바람을 잠재울 수 있을 것이며, 당신의 모든 상황이 훌륭하다고 설정함에 따라 거울에 비친 심상을 다듬을 수 있을 것이다. 여기에 맞게 현실도 다듬어질 것이다.

두려움은 어떻게 없앨 수 있을까요? 사소한 불행은 해결할 수 있습니다. 하지만 큰 불행이 일어나기 직전에 올라오는 두려움은 없애지 못하겠어요. 저의 거울을 더럽히는 것이 저의 두려움이라는 사실을 머리로는 잘 알고 있습니다. 그래서 저 자신에게 패닉에 그만 빠지라고 말하곤 해요. 하지만 겉으로 보기에는 평정심을 유지하는 것 같아 보여도, 내면의 모든 것이 억눌려 있는 것 같은 기분을 떨쳐버릴 수가 없어요. 이제는 두려움이 저의 세계를 망가뜨리지는 않을지 불안해지는 상황까지 와버렸네요.

우선, 자기 자신이 불안해하는 것을 허용하길 바란다. 하지만 여유가 생길 때마다, 세상이 당신을 돌보고 있다고 자신에게 상기시키는 것도 잊지 말아야 한다. 모든 것은 지나갈 것이다. 왜 모든 것이 곧바로 해결되기를 바라는가? 거울은 일정 시간이 지난 다음에 모습을 비춰주기 때문에, 당신의 현실이 다시 만들어지기까지는 시간이 필요하다. 모든 것은 시간이 지나면 해결될 것이다. 하지만 조건이 있다. 조율의 원칙을 따라야 한다. 애초에 두려움이라는 것이 무엇인가? 이것은 최악의 예감이며, 상황에 대한 부담감이다. 마음은 참 순진하게도, 무엇이 그에게 좋은지, 무엇이 나쁜지 항상 정확하게 알고 있다고 믿기 때문에 자신의 시나리오를 고수하려고 한다. 그리고 예상과 다르게 일이 흘러간다면, 모든 것이 허사로 돌아가고 있으니 최악의 상황에 대비해야 한다는 것을 뜻한다고 생각한다. 다른 말로 하면, 사건은 당신이 '하고 싶다'거나 '하기 싫다'는 마음과는 무관하게 흘러가며, 바로 이 점이 당신을 불안하게 만드는 것이다.

조율의 원칙은 상황에 대한 부담으로부터 당신을 자유롭게 만든다. 당신은 당신 세계의 여왕이다. 그러니 그 어떤 패배도 승리라고 자유롭게 선언할 수 있다. '내가 그렇게 하기로 결정했다'고 말이다. 그 결과 실제로 현실은 더 나아질 것이며, 모든 예상을 뛰어넘는 상황도 적지 않게 겪을 수 있다. 예를 들자면, 이 상황은 자전거를 타는 것과 완전히 똑같다. 자전거가 한쪽으로 치우치면 당신은 마치 그것을 받아들인다는 듯 핸들을 같은 방향으로 튼다. 그러면 자전거는 균형을 유지한다. 하지만 자전거가 기울어질 때 핸들을 반대 방향으로 돌리면 넘어질 수밖에 없다. 그러므로, 마음이 상황을 받아들이기를 거부하며 '얼굴을 찡그릴' 때마다 그것을 바로잡아주길 바란다. 조율의 원칙이 습관이 되면, 당신이 불안해할 만한 모든 것은 당신의 삶에서 점점 사라질 것이다. 이것만 하면 된다. 성공할지 실패할지 멀뚱히 서서 고민하지 말고, 자전거에 올라타 되는대로 앞으로 나가보라.

이 원칙을 적용하는 것은 당신의 개별적인 현실 — 외부의 현실의 층 — 을 정화하는 것이다. 하지만 이것만으로는 부족하다. 당신의 내면도 깨끗한 상태여야 한다. 내면의 세계는 주로 모든 사람들이 일정 부분 고통을 받는 두 가지 콤플렉스에 의해 오염되곤 한다. 바로 죄책감과 열등감이다. 이 쓰레기들은 그렇게 쉽게 버릴 수 없다. 오직 구체적인 방법을 통해 제거될 수 있는데 바로, 정당화하기를 그만두고 자신의 가치를 지키는 것이다. 그렇게 해야 하는 이유와 방법은 《리얼리티 트랜서핑》에서 자세히 알 수 있다. 중요성의 조율(용어 사전 299쪽 참고)은 세계를 내면으로부터 정화해줄 것이다.

동시에, '받으려는 의도를 버리고 그것을 주려는 의도로 바꾸면 당신이 포기한 것을 얻을 수 있다'는 **프레일링 제1의 원칙을** 함께 실행하면 좋다. 사적이나 공적인 그 어떤 상황에서도 당신은 마치 스스로 원하지 않는 것처럼 행동하며 자신이 원하는 것을 전부 얻을 수 있다. 그저 자신의 의도의 방향을 '원한다'에서 '줄 수 있다'로 바꾸면 된다. 이 방법은 사람 사이에서 일어나거나 일을 하며 발생하는 거의 모든 어려움을 불가해한 방식으로 곧바로 해결해줄 것이며, 당신의 불안함도 크게 줄여줄 것이다.

중요성의 조율과 프레일링 원칙은 많은 사람들이 가지려고 노력하지만 극히 일부 사람들만 가질 수 있는 것, 바로 내면의 자유감을 당신에게 줄 것이다. 내면의 자유감은 사람이 내면의 충만함과 자존감을 갖추고 있고, 자신의 신념에 따라 살아가는 상태이다. 자신의 내면에서 발판을 찾지 못하는 사람들은 그것을 외부에 있는 주변 사람들에게서 찾으려고 노력한다. 그러면 그 수요에 의해 공급이 생긴다. 그리고 세상에는 수많은 펜듈럼이 있으므로, 그중 하나에 매달려 흔들리게 되는 것이다. 내면의 중심을 얻은 사람은 그 자신이 축이 되고, 그 축을 기준으로 세계가 회전하기 시작할 것이다.

트랜서핑은 일종의 사기가 아닌가요? 효과가 없다는 의미에서 하는 말이 아니라, 결과는 있지만 저는 때때로 제가 무엇인가를 속이고 있다는 느낌이 듭니다.

얼마 전에 시험을 봤습니다. 하지만 제가 그 시험을 통과했다고 말하면 어떤 부분에서는 틀린 말이 될 것입니다. 저는 그저 슬라이드를 실현시키는 데 성공했을 뿐이거든요. 모든 것이 정확하게 실현되었고, 심지어 교수님이 저에게 손을 흔든 것도 슬라이드와 똑같았습니다. 저는 제가 사건을 추월하고 있거나, 하느님을 속이고 있다는 생각이 들었습니다. 어떤 것이 맞는지는 아무도 모르겠지요.

작가님은 《리얼리티 트랜서핑》의 '의도' 장에서 '고대문명들은 그런 것을 마법의식이 없이도 행할 수 있는 수준에까지 이르렀다. 물론 그런 힘을 가진다는 것은 지극히 강력한 잉여 포텐셜을 만들어냈다. 그래서 외부의도의 비밀을 열었던 아틀란티스와 같은 문명들은 때로 균형력에 의해 파멸을 맞았다'라고 하셨습니다.

그렇다면, 이 지식을 가지고 있는 저도 균형력에 의해 파멸할 거란 말인가요?

당신은 그 무엇도, 아무도 속이고 있지 않다. 당신은 개별적인 현실인 당신의 세계의 층을 통제하고 있는 것이다. 기뻐해야 하는데, 두려워하고 있는 것이 보인다. 당신의 힘 그 자체를 두려워하는 것은 트랜서핑을 하는 데 있어 심각한 장해가 된다.

고대의 마법사들은 피라미드를 세우는 것으로 멈추지 않고, 외부 세계가 감지할 수 있는 훨씬 더 많은 것들을 창조해낸 듯하다. 그때 문명은 전자공학의 힘인지, 정신적 힘인지는 중요하지 않지만, 그 힘의 한도에 다다르면 저절로 소멸된다. 펜듈럼이나 사람이 외부 세계로 보내는 적대적인 에너지는 부메랑이 되어 돌아오며 공격성을 가진 출처를 파괴한다.

하지만 그런 고대 마법사의 경지에 다다르기에 우리는 한참 부족하다. 그러니 균형력에 대해서는 걱정하지 않아도 된다. 당신에게 영향을 주지 않을 테니 말이다. 트랜서핑은 당신이 당신 세계의 개별적인 층을 형성하도록 한다. 당신이 다른 사람의 층에 끼어들려고 하지 않을 때, 즉 다른 사람에게 해를 끼치는 데 의도를 사용하지 않는 한 균형은 절대로 깨지지 않는다. 모든 사람은 자신의 개별적인 현실에 대한 권리를 가지고 있기 때문이다. 그런 의미 없는 자기 분석을 하기보다는, 그저 아이들처럼 트랜서핑을 있는 그대로 자연스럽게 받아들이는 것이 좋을 것이다. 이 편지의 내용처럼 말이다.

제 딸은 정말 놀랍습니다. 제가 트랜서핑의 기적에 대해 말해줬더니, 그녀는 자기 자신을 마법사라고 표현했습니다. 그리고 뭔가를 떠올리고 원하기만 하면 모든 것이 아주 빠르게 이루어졌지요. 그건 좋은 일인 것 같습니다. 하지만 제 딸이 숙제를 하지 않고 나중에 선생님이 오지 않기를 바란다면, 그리고 정말로 선생님이 오지 않는 상황이 벌어지면 어떻게 해야 하나요? 뭔가 개입을 해야 하는 걸까요? (제 딸은 열세 살이에요) 아니면 자신의 세계이니 직접 해결하도록 내버려둬야 하나요?

물론 아이들은 스스로 터득한다. 아주 큰 장점을 가지고 있기 때문이다. 그들은 어른들에게 있는 특유의 어리석음을 아직은 가지고 있지 않다. 그저 아이들이 적대적인 의도를 사용하지 않도록 개입하기만 하면 된다.

트랜서핑의 이론에 대한 생각은 조금 줄이고, 행동은 더 과감하게 하는 것이 필요하다. 그 예로 들 수 있는 것이 다음에 볼 편지이다. 이 편지에서는 사람이 말도 안 되는 생각으로 자기 자신을 고문하는 것이 아니라 그저 삶을 즐기는 것을 볼 수 있다.

> 작가님께 감사드립니다. 저의 세계는 놀랍고 훌륭해요. 그리고 나날이 좋아지고 있어요! 게다가 이 모든 것이 아주 빠르게 이루어지고 있어요! 매일 놀랍고 기쁜 일들만 있네요! 마법사가 된다는 건 정말 훌륭해요!

보통 나는 열광하는 편지는 싣지 않고, 독자들이 나에게 얼마나 '무관심한지' 보여주기 위해 노력한다. 당신에게만 살짝 이야기하자면, 다른 모든 작가들처럼 나도 구제 불능이고 지독할 정도로 독자들의 공감을 구걸한다. 나는 감사를 전하는 편지들을 많이 받는다. 물론 그래서 아주 기쁘기도 하다. 한편으로는 악의에 찬 불만의 소리나 욕을 하는 편지들도 받는다. 하지만 적어도 한 사람이라도, 이 보잘것없는 책을 읽은 뒤 인생에 작은 행복이 생겼다면, 나를 비난하는 모든 사람들의 노력을 전부 다 합친 것보다 나에게 더 많은 것을 가져다준다.

현실 바로잡기

불행이 당신을 찾아왔을 때

축제는 끝났다. 어떤 사람들에게는 며칠 동안 걱정 없이 휴가를 누리고 파티를 즐기고 나면 불운한 시기가 찾아온다. 현실을 통제하지 못하면 이런 일이 자주 일어난다. 자신의 삶을 항상 축제로 만드는 데 실패하는 것이다. 하지만 세계의 층이 우중충한 가능태의 공간으로 들어가도록 내버려둬서는 안 된다. 무슨 일이 일어나든지, 당신에게는 **의도 조율의 원칙**이 있다는 사실을 알고 있을 것이다. 이것은 그 어떤 어려운 상황도 정상으로 돌아오게 할 수 있는 만능 도구이다. 그 기본 원리는 다음과 같다.

시나리오에서, 비관적으로 보이는 변화를 낙관적으로 바라보기를 의도하면 그것이 그대로 이루어진다.

당신도 알다시피, 양면성은 우리 세계에서 떼려야 뗄 수 없는 성질이다. 모든 것은 반대되는 면을 가지고 있다. 빛이 있으면 어둠

이 있고, 흑이 있으면 백이 있으며, 긍정적인 면이 있으면 부정적인 면도 있다. 자연의 모든 균형은 한쪽이나 다른 쪽으로 움직일 수 있다. 외나무다리를 건널 때 몸이 한쪽으로 기울어지면 균형을 잡기 위해 반대쪽의 팔이 올라간다. 인생트랙 위의 모든 사건은 두 개의 갈래로 나뉜다. 한 갈래는 바람직한 쪽을, 다른 갈래는 바람직하지 않은 쪽을 향해 있다. 어떤 사건을 맞이할 때마다 당신은 그 일을 어떻게 볼 것인지 선택한다. 그 사건을 긍정적인 것으로 본다면 당신은 인생트랙의 바람직한 갈래에 오른다. 그러나 비관적으로 기울기 쉬운 인간의 성향은 자신에게 불만을 토하게 하고 바람직하지 않은 갈래를 선택하게 한다.

어떤 사람은 아침부터 사소한 이유로, 그 이후로도 또 다른 여러 이유로 인해 짜증을 낸다. 그렇게 하루 전체가 불행의 연속으로 변해버린다. 사소한 일이라도 균형에서 벗어나기만 하면, 곧바로 부정적인 시나리오가 뒤따라 극적으로 전개되기 시작한다는 사실을 당신도 잘 알고 있을 것이다. '불행이 혼자 오지 않는' 이치다. **하지만 꼬리를 물고 일어나는 말썽거리들은 실제로 불운을 따라오는 것이 아니라 그에 대해 당신이 취하는 태도를 따라온다.** 패턴은 갈림길에서 당신이 내리는 선택에 의해 결정된다. 당신이 어떤 사소한 일에 대해 불쾌해한다면, 당신은 이미 사념 에너지를 부정적인 길의 주파수에 맞춰 발산하게 된다. 게다가 부정적인 태도는 긴장되는 포텐셜을 만들어 의도의 에너지를 일부 빼앗아가며, 그 결과 당신의 행동은 효율성이 떨어진다. 그래서 당신은 또 다른, 더 큰 불행을 겪게 되는 것이다.

이제 다른 시나리오를 상상해보라. 당신은 실망할 만한 어떤 상황에 처해 있다. 그러나 원초적으로 반응하는 굴처럼 너무 섣부르게 부정적인 태도를 취하지 말아야 한다. 무슨 일이 있더라도 긍정적인 태도를 취하고, 당신에게 닥친 이 사건이 기쁜 일이라는 듯 행동하라. 실망스러운 사건 속에서 긍정적인 부분을 찾아내도록 노력하라. 아무것도 찾지 못한다고 해도, 일단은 기뻐하라. **불행한 일에도 기뻐할 수 있는 '바보 같은' 습관을 들여야 한다.** 모든 일에 화를 내고 분노하는 것보다는 훨씬 기분 좋은 일이 될 것이다. 당신이 겪는 대부분의 불행한 사건이 사실은 당신에게 도움이 되는 일이라고 믿어야 한다. 실제로 상황이 그렇게 흘러가지 않더라도, 확신을 가지라. 당신의 긍정적인 태도 덕분에 어느 순간 모든 불행에서 벗어나 긍정적인 갈림길에 서 있는 자신을 볼 수 있을 것이다.

조율은 가능태 공간에서 이동할 수 있는 가장 효과적인 방법이다. 각각의 사건들을 긍정적으로 받아들이다 보면 성공의 물결(용어 사전 296쪽 참고)이 당신에게 더 자주 몰려올 것이고 당신은 항상 긍정적인 갈림길을 선택하게 될 것이다. 당신은 의도와 의식을 가지고 행동하기 때문에, 구름 속을 부유하지 않는다. 이런 방법으로 **성공의 물결에서 균형을 잡게 될 것이다.**

하지만 만약 누군가에게 불행한 일이 일어났거나, 그가 우울감에 빠져버렸다면 트랜서핑이 적합하지 않을 수 있다. 나는 매우 좋지 않은 상황에 처한 사람들로부터 도움을 요청하는 편지를 적잖이 받곤 한다. 가장 특징적인 두 가지 경우를 살펴보자.

> 가까운 지인이 죽거나 아프면 트랜서핑을 잠시 중단하는 것이 올바른 선택일지도 모릅니다. 그 점은 확실하게 알고 있어요. 하지만 올바르게 중단하는 방법은 무엇일까요? 저는 지금 큰 불행에 빠져 있습니다. 엄마에게 마비가 왔어요. 지금은 중요성을 줄일 수가 없습니다. 하루종일 병원에만 있어요. 의료진들은 그걸 달가워하지 않고요. 저는 2005년 여름에 엄마와 함께 상트페테르부르크를 산책하는 슬라이드를 떠올리려고 노력하고 있습니다.

당신에게 동정을 표하며 위로하려고 하지 않겠다. 당신에게 필요한 것은 그것이 아니고, 도움도 되지 않을 것이라는 사실을 알고 있기 때문이다. 그러니 바로 본론으로 들어가겠다. 당신의 질문은 '가까운 사람이 죽거나 아플 때 트랜서핑을 중단하는 것이 맞겠지만, 그것을 올바르게 중단하는 방법은 무엇인가?'이다.

대답은, 당신이 지금 하는 것과 완전히 반대로 행동해야 한다는 것이다. 첫 번째로, 당신은 안간힘을 쓰고 있고, 그것이 어머니의 상태를 악화시키고 있다. 다른 모든 '정상적인' 사람들이 생각하는 것과 마찬가지로, 가까운 사람에게 일어난 불행을 보고 슬픔에 빠지는 것이 당연하다고 생각할 것이다. 하지만 거기에서 고통을 겪으면 당신은 가장 효과적으로 상황을 악화시키고 있는 것이다.

두 번째로, '정상적인' 트랜서퍼로서 당신은 노력하고 있고,

또한 여기에서도 온 힘을 다해 '슬라이드를 재생하고' 있으며 그로 인해 상황을 악화시킬 뿐인 균형력을 끌어들일 것이다.

그러면 어떻게 해야 할까? 고통스러워하기를 그만두고, 뭔가를 바꾸려는 노력도 그만두고 진정이 될 때까지 상황을 받아들여야 한다. 어느 정도 진정이 되면, 당신 어머니의 상태가 나날이 호전되는 슬라이드를 매일 30분씩 돌려보는 일과를 만들어야 한다. 안간힘을 쓰면서 자기 자신을 고통스럽게 하지 않는 동시에, 이 작업을 침착하게 반복하면 정말로 어머니가 호전되는 상황이 올 것이다.

완전한 상태와 내면의 기쁨을 잃어버렸습니다. 제가 예전에 어땠는지 떠올리고 느껴보려고 하지만, 아무것도 떠오르지 않습니다. 생각이 머릿속을 마구 헤집는데, 그중 그 어떤 것도 완전한 생각이 없습니다. 패닉 상태에 빠진 것은 아니지만, 이 상태가 정말 싫어요. 이런 상황에서 어떤 방법을 취할 수 있을까요? 제가 무엇을 원하는지는 알고 있습니다. 바로 확신과 영혼의 안정과 기쁨입니다.

현실을 바로잡아야 한다. 당신 세계의 층을 탁한 구름 속에서 꺼내 가능태 공간의 맑은 지역으로 옮겨놓아야 한다. 어떻게 할 수 있을까?

아주 쉽고 기발한 방법이 하나 있다. 아이가 울면 어떻게 달래주는가? 타이르는 것은 아무 효과도 없다. 아이를 정성으로 돌보고, 애정과 관심을 보여줘야 한다. 당신의 상태가 좋지 않다는 것은 내면에 있는 아이가 울고 있다는 것이다. 그 아이를 잘 보살펴라. 우리 중 많은 사람들이 진지하고 강하고 멋져 보인다고 할지라도, 우리 모두는 본질적으로 여전히 어린아이다. '자기 자신을 그네에 태워 놀아줘야 한다.' 이 말은, 무엇보다도 자신이 가장 좋아하는 것을 해야 한다는 뜻이다. 현실을 바로잡기 위해 특별한 시간을 보내라. 그동안은 당신이 직면한 문제에 대해 생각하지 말고 그저 휴식에만 전념하길 바란다. **"오늘은 나의 세계와 산책을 하러 갈 거야!"**라고 자기 자신에게 말하라. 이렇게 보낸 시간은 그만한 가치가 있을 것이다. 세계의 층을 정화시키는 것은 꼭 필요한 일이니 말이다. 여기에 많은 것이 달려 있다. 맛있는 음식이 먹고 싶다면 무엇이든 사라. "많이 먹고 얼른 나으렴, 아가야"라고 말하며 말이다. 당신의 하루를 온전히 당신 자신을 위해, 당신 자신을 만족시킬 수 있게 보내라. 자신을 안락한 침대에 정성스레 눕히고, "잘 자라, 내 아가. 너의 세계가 모든 것을 해결해줄 거야"라고 다독여주라.

　　다음 날, 게으름을 피우지 않고 조율의 원칙을 따른다면, 당신은 주변의 분위기가 훨씬 더 따뜻하고 편안해진 것을 느낄 수 있을 것이다. 세계의 층이 어두침침한 공간을 벗어나고 있는 것이다.

영원의 침묵을 견디라

목표가 현실이 되려면 시간이 필요하다

살면서 트랜서핑의 개념과 완전히 상반되는 것으로 보이는 사연
이 하나 있었습니다. 저희 집은 아이가 셋이라 빨래를 많이 해야
합니다. 그 전까지는 큰 반자동 세탁기가 있었어요. 이후에 자동
세탁기가 나왔지요. 하지만 저는 자동 세탁기에 그렇게 많은 돈
을 쓰는 사람들이 놀랍기만 했어요. 첫 번째로, 저희 집 세탁기는
성능이 그럭저럭 괜찮았거든요. 세탁기를 돌릴 때마다 통에 고인
물을 비워내야 하긴 했지만요. 그리고 제가 부엌에서 호스를 치
워버리는 바람에 가장자리로 물이 넘쳐버린 적도 한두 번이 아니
었어요. 게다가 자동 세탁기를 살 만한 돈은 절대 생기지 않을 거
라고 완전히 확신하고 있었어요! 당시에 세탁기의 가격은 7만 루
블에서 10만 루블(한화로 100~150만 원) 정도였고, 그 돈은 필요한 다
른 것들을 사는 데 써야 했습니다. 그러다 세탁기가 고장이 났는

데, 남편이 아무리 고쳐봐도 세탁기가 작동하지 않는 거예요. 한 번은 식구들의 이불 빨래를 손으로 했는데, 너무 힘들었습니다. 결국 세탁기를 새로 사기로 결정했어요. 우리가 일하는 공장에 상점이 있는데, 그곳에서 우리가 저축해둔 3,000루블은 미리 지급하고, 나머지 금액은 저와 남편의 월급에서 2,000루블씩 할부로 납부하는 방식으로 세탁기를 살 수 있게 해준다고 했어요. 드디어 세탁기가 집에 왔을 때, 그 세탁기로 처음 이불 빨래를 하면서 그것이 얼마나 편리하고 얼마나 많은 수고를 덜어주는지 알게 되었습니다. 저는 그 어떤 슬라이드도 심상화하지 않았고, 돈도 없었고, 모든 행동을 작가님의 책에서 읽은 것과는 정반대로 했는데, 그래도 제 목표가 이루어졌습니다. 이 상황을 어떻게 설명할 수 있을까요?

당신의 사연은 트랜서핑에 모순되지 않고, 트랜서핑을 증명하고 있다. 이 사례는 마음이 목표를 달성하는 방법을 생각할 때 "우리는 돈이 부족해. 세탁기 없이 살지"라며 목표를 거부하는 모습을 보여준다. 그러나 과연 당신의 영혼도 좋은 세탁기를 원하지 않았을까? 마음이 영혼의 속삭임을 귀 기울여 듣지 않았더라도, 영혼이 우위를 점해 바라던 장난감을 결국 얻은 것이다. 그리고 목표를 이루려면 반드시 심상화를 해야만 하는 것은 아니다. 욕망을 실현하기 위해서는 꼭 어떤 방식으로 조종을 해야 하거나, 의식(ritual)을 행해야 한다고 정말로 생각한 것인가? 사실은 영혼과 마음이 일치하기만 하면 된다. 단지 문제는, 마음은 목표가 현실에서 이루어진다는 것을 믿지 않거나, 자신이 모든 것을 알고 있다는 순진한 착각을 하고 있기 때문에 목표를 달성할 계획을 세우고 그것을 고수한다는 점이다. 결과적으로, 마음 그 자신이 목표가 실현되는 데 방해가 된다.

당신이 돈에 대해 생각하지 않고, 문제는 마음이 동의하는 데 달려 있는 것뿐이라는 사실을 확실하게 알았더라면, 훨씬 더 적은 금액을 지불할 수도 있었을 것이다. 어떻게 그런 일이 일어날 수 있는지 궁금한가? 그건 아무도 모른다. 당신도, 나도 말이다. 그리고 그것은 전혀 중요하지 않다. 영혼이 가지고 싶다고 조르는 장난감을 **가지는 데** 마음이 **동의하고,** 그 장난감을 얻는 방법에 대해 생각하는 것을 그만둔다면 장난감은 나타날 것이다. 그러나 그런 일치에 도달하지 못한다면, 슬라이드 기법을 적용해야 한다. 즉, 요새를 세워야 하는 것이다.

보다시피, 나는 하나의 개념을 계속해서 반복하고 있다. 책에서도, 홈페이지에서도 여러 번 반복했던 설명이지만 말이다. 비결은 아주 간단하다. 그 비결은 표면에 그대로 드러나 있으며, 온갖 마법 도구들 속에 꽁꽁 숨겨져 있는 것이 아니다. 하지만 평범한 가치관을 가진 사람들은 그 단순한 진실을 이해하지 못한다. 그래서 욕망이 이루어지지 않고 꿈도 실현되지 않는 상황이 되어버리는 것이다.

주의를 집중하면 가능태 공간에서 무한히 존재하는 가능성을 물질화할 수 있습니다. 작가님은 인생트랙을 '수평으로' 움직일 것을 제안하고 있습니다. 그러면 '수직으로', 그러니까 과거나 미래를 따라 이동할 수도 있을까요?

가능태 공간에서 물질화된 길을 재생시킨 영화 필름이라고 본다면, 이미 '지나간' 장면으로 돌아가지 못할 것이다. 인과관계가 무너지기 때문이다. 하지만 다른 필름, 즉 재생되지 않은 필름의 과거로 돌아가는 것은 이론적으로 가능하다. 실제로 어떻게 하는지는 나도 모른다. 미래에 관해 이야기하자면, 당신은 미래의 가능태를 심상화하는 방법을 통해 실체화할 수 있을 것이다. 다만 그런 시간 여행을 공상하는 것은 별로 의미가 없어 보인다.

의도가 효과를 내고 있는지 아닌지 시각적으로 확인할 수 있을까요? 그저 트랜색션*을 하는 방법밖에는 없나요?

트랜색션trans-action은 무대장치가 변하는 것을 당신에게 보여줌으로써 당신의 현실이 가능태 공간의 다른 섹터로 이동하고 있다는 사실을 확인할 수 있도록 해준다. 이 현상은《리얼리티 트랜서핑》에서 자세히 알 수 있다.《트랜서핑의 비밀》에서는 또 다른 아주 흥

---

* 트랜서핑을 할 때 현실이 어떻게 변화하는지 직접 볼 수 있게 해주는 기법. 열쇠 돌리기, 심상화, 맑은 시선으로 바라보기라는 세 가지 단계로 구성된다. 긴장하지 말고 가벼운 마음으로 해야 성공률이 높아진다고 작가는 설명하고 있다. — 옮긴이 주

미로운 현상에 대해 알 수 있다. 만약 아주 집중적으로 목표 슬라이드를 심상화한다면, 세계의 개별적인 층이 가능태 공간의 소위 '통과 구간'을 통해 지나간다는 것이다. 그러면 현실에서는 극단적인 일들이 일어난다. 뭔가 평범하지 않은 일이 일어나는 것이다. 사념 에너지의 강한 자극은 분명하게 체감할 수 있을 정도로 현실에 큰 영향을 미친다. 그로 인해, 마치 잔잔한 물 표면에서 일어나는 것 같은 파장이 일어난다. 가령, 괴상한 외모를 가진 사람들이 당신이 서 있는 방향을 향해 걸어오고 있는 것처럼 말이다. 그것은 매우 인상적인 현상이다.

하지만 결론적으로, 과정보다는 결과를 보는 것이 항상 더 중요하다. 그러나 세계의 거울은 일정 시간이 흐른 뒤에 반응하기 때문에, 두 눈으로 직접 '심상이 만들어지는 것을 보는 것'은 불가능하다. 꿈을 꾸는 사람의 생각의 흐름과 두려움과 기대를 따라 급격하게 사건이 전개되는 건 꿈속에서만 가능하다. 현실도 꿈이지만, 단지 50퍼센트만 꿈을 꾸는 것이라고 할 수 있다. 그 이유는 무엇일까?

우리가 이해하는 의미 그대로의 현실은 양면적이다. 우리의 세계에서 가공 과정을 거치지 않은, 모든 원초적인 사물들과 본질들은 긍정적인 면과 부정적인 면, 백과 흑, 물리적인 면과 형이상학적인 면 같은 반대되는 측면을 가지고 있다. 전체적으로 보았을 때, 이중 현실의 한 측면은 물질세계이며, 다른 한 면은 이해의 범위를 넘어서는 곳에 있는 가능태 공간이다.

후자에 해당하는 이중거울의 반대편은 그 안에 영원永遠을 통째로 품고 있다. 그곳에는 물질세계에는 없지만, 일어날 수 있는 모든 것이 저장되어 있다. 무한한 공간과 시간에 대한 우리의 생각은 오직 가능성이 있는 가능태 공간에서의 물질적 실현(용어 사전 301쪽 참고)이 뒤따르는 궤도의 예측 가능한 부분에 의해서만 제한되어 있다. 이중거울의 반대편에서는 사람의 삶이 꿈으로 흘러 들어간다. 그곳에는 불가능한 것이 없다. 반면 거울의 이쪽 면은 '실제' 현실의 측면에서 받아들여지는 것들만 일어나는 자리이다. 하지만 사람에게 있어서, 거울의 양쪽 모두에서 일어나는 사건에 영향을 미치는 그의 능력을 고려하면 모든 것은 꿈이다. 형이상학적 현실과 물질 현실 사이의 차이점은 후자에는 관성이 있다는 것뿐이다. 시각적 가능성을 실현시키기 위해서는 영원이 침묵을 유지하는 시간이 필요하다. 이 시간 동안에는 마치 **아무것도 일어나지 않는 것처럼 보인다.** 여기에서 자신의 행동에 대한 즉각적인 반응을 확인하는 데 익숙한 사람은, 아무것도 성공하지 못했다고 성급한 결론을 내린다. 7가 꿈에서 깨어난 뒤에도 여전히 상황의 권력에서 벗어나지 못하는 것이다.

그렇다면 어떻게 현실의 꿈에서 깨어날 수 있을까? 깨어나기 위해서는 꿈을 꿀 때 꿈의 흐름을 통제할 수 있는 자신의 능력을 인식해야 한다. **인식**이란 무엇인가? 그저 마음에게 그것이 가능하다는 사실을 상기시켜주는 것뿐이다. 당신은 의도가 이루어지는 과정을 두 눈으로 직접 볼 수 없다는 사실을 받아들여야 한다. 결과는 나중에 볼 수 있겠지만, 오직 당신이 맹목적으로 행동하기를 받아들이는 조건에서만 가능하다. 물질 현실의 관성을 고려하며, 초점의 방향을 바꾸지 말고 충분히 긴 시간 동안 한 방향으로 일정하게 유지해야 한다. 침묵의 시험을 버티지 못했더라면, 콜럼버스는 아메리카 대륙을 발견하지 못했을 것이다.

우리는 모두 물질세계에서 자신의 제한된 능력의 범위 안에서 행동하고, 오직 내부의도만을 사용해 직접적으로 영향을 미치려고 하는 데 익숙하다. 하지만 이중거울이 어떻게 작용하는지 안다면, 다르게 행동할 수 있다. 외부의도를 사용하여 형이상학적 세계를 물질세계로 옮겨놓는 것이다. 다른 말로, 사념 에너지를 사용하여 목표에 해당하는 가능태 공간의 섹터를 실현함으로써 아직 현실에서 존재하지 않는 것을 창조하는 것이다.

상상한 것을 물질화하기 위해서는 일정한 시간이 필요하며, 목표를 향해 꾸준히 주의를 집중해야 한다. 원하는 것은 이뤄지지 않고, 꿈도 실현되지 않는다. 이런 상황은, 현실에서는 오직 영혼과 마음의 일치에서 탄생한 생각의 심상이나 강한 의도만이 실현되기 때문에 일어난다. 만약 영혼은 목표를 향해 나아가는데 마음이 그 목표가 실현될 수 있을지 의심한다거나 실현 방법에 대해 고민한다면, 심상은 깨지고 거울에는 반영이 형성되지 않는다. 같은 의미에서, 만약 당신의 '건전한 상식'이 많은 조사와 평가를 거쳐 생각한 방향으로 결정을 내렸는데 영혼이 그 방향을 불편하고 고통스럽게 여긴다면, 여기에서도 마찬가지로 심상은 거울에 뚜렷하게 비치지 않을 것이다.

영혼과 마음을 일치시키는 데 집중하기 위해서는, 자신의 목표를 찾아야 한다. 그것은 영혼의 속삭임과 삶의 현실 사이에서 모순이 생길 수 없는 길이다. 일반적으로, 사람이 자신의 것이 아닌 길을 걷게 되면, 그 길의 실현 가능성과 욕망이 서로 일치하지 않기 때문에 모순이 일어난다. 자신의 길이 무엇인지 알아내는 것은 어려운 일이지만, 그렇다고 해서 성공할 수 없다는 것을 의미하지는 않는다. 이럴 때 원하는 것을 이루기 위해서는 강력한 의도가 필요하며, 정확히 말하면 목표의 슬라이드를 꾸준히 상영해야 한다. 다만 의도는 긴장한 상태로 모든 힘을 짜내는 것이 아니라, **주의를 집중하는** 것이라는 사실을 이해해야 한다.

가능태 공간의 섹터는 오직 사념 에너지를 정확한 방향으로 충분한 시간 동안 보냈다는 조건에서만 물질화된다. 만약 머릿속에 떠오르는 모든 아이디어가 즉시 실현되었다면, 우리 세계는 엄청난 혼돈으로 가득했을 것이다. 당신이 거울에서 자신의 생각을 심상으로 보고 싶다면, 주의의 방향을 통제하면서 흔들리지 말고 꾸준하게 그저 슬라이드를 계속 돌려보면 된다. 그것이 전부다.

처음에 현실에서 아무것도 바뀌지 않더라도, 그것이 아무 일도 일어나지 않고 있다는 뜻이 아니라는 사실을 받아들여야 한다. 이중거울은 느리게 반응한다는 사실을 잊지 않길 바란다. 거울 속에서 조금씩 당신의 의도와 일치하는 반영이 나타나기 시작할 것이다. 다시 한번 말하지만, 중요한 것은 **조율의 원칙을 지키며 꾸준하**

게 행동하는 것이다. 당신이 세계를 향해 당신의 굳건한 의도를 선언한다면, 조만간 **문**이 열릴 것 — 생각한 것이 실현되는 방식으로 상황이 흘러가는 것 — 이다. 처음에 마음은 이런 문이 존재할 거라고는 상상도 하지 못하겠지만, 문이 열린다면 예전에는 안 된다고 생각했던 것을 충분히 이룰 수 있다는 사실을 믿게 될 것이다. 의도를 실현시키는 모든 새로운 현상들을 지켜보면, 마음은 점점 성공에 대한 확신이 생길 것이며, 욕망과 가능성 사이의 불일치는 사라지고, 심상의 초점은 뚜렷해지며, 현실의 거울에는 당신이 그려 온 목표의 뚜렷한 윤곽이 그려질 것이다. '당신의 믿음대로 되리라' 같은 신념은 필요 없다. 구체적이고 체계적인 행동이 필요하다. 주변에서 무슨 일이 일어나든, 모든 것이 실패하는 것처럼 보일지라도 당신의 주의는 최종 목표에 맞춰져 있어야 한다. 실제로 변화하는 것이 보이면 믿음은 그때 생길 것이다. 하지만 그때까지는 '앞만 보고' 나아가야 한다. '뒤를 돌아보면 돌이 되리라'는 동화를 떠올려보라. 뒤를 돌아보면⋯ 물론 돌이 되지는 않겠지만, 모든 일이 허사가 될 것이다. 그것만큼은 확실하다. 아무 일도 일어나지 않고, 아무리 해도 지평선 너머에서 목표가 나타날 기미가 도저히 보이지 않을 때, 영원의 침묵을 견디는 사람만이 자신의 아메리카 대륙에 도달할 것이다.

꿈의 권력

당신의 주의는 어디를 향해 있는가?

작가님은 사람의 운명은 하나지만, 가능태는 무한하다고 했습니다. 그런데 가능태가 여러 개라면 운명이란 대체 무엇일까요? 가능태가 그저 똑같은 사건들의 다양한 무대장치라면, 운명이란 무엇인가요? 다른 '포장'이라도 되는 걸까요…? 어떤 단어를 써야 할지 모르겠습니다. 주요 시나리오는 변하지 않은 상태로 남아 있으니까요. 예를 들어, 어떤 사람이 평생 홀로 외롭게 살아야 하는 운명이라면, 여기에서는 어떤 가능태가 있을까요?

일반적으로 운명에 대해서는 여러 가지 의견이 있다. 어떤 사람들은 운명은 그것을 지닌 사람의 손에 달려 있다고 한다. 어떤 사람들은 운명이 이미 정해져 있는 것이라고 믿는다. 그리고 어떤 사람들은 그보다 한 걸음 더 나아가, 운명은 하늘이 인간에게 내려주거나 전생의 과업으로 정해지는 숙명이라고 여긴다. 어떤 관점이 진실에 더 가까울까?

모두 다 진실에 가깝다. 모든 관점이 옳은 입장이다. 거울의 세계에서 어떤 차별이 있을 수 있겠는가? 거울 앞에 선 모든 사람은 자기 생각이 어떤 모습인지 확인받는다. 거울 속에 비친 나에게 슬픈 표정을 지을지, 기쁜 표정을 지을지를 물어보는 것은 아무 의미가 없다. 한편으로는 있는 그대로의 모습이 반영될 것이고, 다른 한편으로는 자기가 보고 싶어하는 모습대로 보는 것이다. 따라서 운명에 대한 질문은 선택의 질문이다. 이미 정해진 운명을 선택할 것인지, 자유로운 운명을 선택할 것인지의 문제인 것이다. 모든 것은 당신의 믿음에 달려 있으며, 자신이 선택하는 것을 얻게 될 것이다.

만약 사람의 운명은 이미 정해져 있으며 절대로 벗어날 수 없을 것이라고 믿는다면, 이미 정해진 시나리오대로 이루어질 것이다. 물론 가능태 공간에는 어떤 흐름이 있는데, 파도의 의지에 자신을 내맡기면, 인생이라는 작은 배도 이 흐름에 따라 흘러갈 것이다. '불행한 운명을 타고난 사람'은 계속해서 어린아이처럼 바둥거리며, 경외심을 품고 하늘을 향해 고개를 높이 쳐든 채 "오, 예언의 힘이여, 숙명의 오른팔이여!"라고 외치며 그곳에서 '운명의 일격'이 떨어지길 기다린다. 실제로는 정해진 운명대로 살아가는 것이 아니라 이마에 '바보'라고 새겨져 있는 당신이 무의식과 정말 바보 같은 꿈에 붙들려, 자신의 운명을 결정지어버린 것이다.

이런 터무니없는 무지함은 인간의 개별적인 삶이 아니라 문명 전체를 파멸시킨다. 내가 과장한다고 생각하는가? 절정기에는 로마와 맞먹었을 정도로 위대했던 잉카 문명이 몰락한 것을 생각해 보면 전혀 과장이 아니다. 170명(전부 다 해서 말이다!) 정도가 되는 스페인 정복자들이 도착했을 때, 약 4만 명의 잉카 군대가 그들을 기다리고 있었다. 스페인의 정복자들은 이 어마어마한 규모의 군대를 보고 말 그대로 바지를 적실 정도로 두려워서 꼼짝도 할 수 없었다. 그런데 그다음엔 이유를 알 수 없는 일이 일어났다.

스페인 사람들은 무시무시한 원주민 군대를 향해 절박한 심정으로 칼을 휘둘렀고, 원주민들은 자신을 보호하기 위해 무기를 들 틈도 없었다. 살인에 심취한 정복자들은 그날 7,000명의 잉카인을 무자비하게 죽였다. 스페인 사람들은 아무 제약 없이 영토 깊숙한 곳으로 쳐들어가, 인간이 저지를 수 있는 가장 잔혹하고 탐욕스러운 일들을 벌였다. 50년 동안 700만 명의 잉카인들 중 500만 명이 학살당했다. '문명화된' 야만인들은 잉카 문명의 모든 금속 공예품을 녹여 금괴로 만들었다. 수천 년에 걸쳐 발전해온 문명은 완전히 사라졌다.

어떻게 이런 일이 일어날 수 있었을까? 왜 고도로 발전한 문명의 사람들은 고작 탐욕스러운 파괴자 몇 명이 자신들을 섬멸하도록 내버려뒀을까? 바로, 그들이 '너무 많이 알았기 때문이다.' 그들은 천문학에서 나온 주요한 발견에 주목했다. 아니, 정확히 말하자면 그것을 점성학으로 '왜곡했다.' 어떤 타지인들이 잉카 제국의 막을 내리게 할 날이 올 것이라는 예언이 있었던 것이다. 그리고 실제로 그날이 왔다. 하지만 '교양 있는 무지한 사람들'은 자신들의 지식을 너무나 확신한 나머지, 다른 대안은 생각도 하지 못한 채 도망칠 수 없는 상황을 받아들일 수밖에 없었던 것이다. 잉카인들은 아메리카 대륙에서 가장 강한 민족들 가운데 하나였으니, 그들의 땅에 쳐들어온 약탈자들쯤이야 아무렇지 않게 제압할 수 있었을 것이다. 침략자들이 해변을 가득 채운 수만 명의 군사를 즉시 제압하지는 못했을 테니까 말이다. 잉카인들을 파멸시킨 것은 다름 아닌, 다가오는 일을 피할 수 없다는 믿음이었다. **어떤 믿음이든 오해가 될 수는 없다. 믿음은 현실이 되는 선택이기 때문이다.** 잉카인들은 자유로운 운명을 선택할 수도 있었지만 이미 예견된 운명을 골랐다. 안타깝지 않은가?

인간이 자기 손으로 자신의 운명을 통제하기 시작하면, 피할 수 없는 상황이라는 특성은 곧바로 사라진다. 배는 이미 예정된 것으로 보이기만 했던 운명으로부터 자유로워져 원하는 방향으로 움직일 수 있게 된다. 모든 것은 아주 간단하다. 삶은 강과 같다. 당신이 직접 노를 저으면 방향을 정할 수 있는 기회를 가지게 된다. 그런데 그저 흐름에 따라 몸을 맡기겠다고 결정하면, 키는 배가 흘러가는 대로 움직이기만 할 것이다. 예를 들어, 당신이 카르마를 원하면 카르마가 있을 것이다. 당신의 운명이 어떤 결정된 상황이나 전생의 과거에 달려 있다고 생각하면, 그에 부합하는 가능태가 실현될 것이다. 의지는 당신의 것이다. 당신은 신의 아이이기 때문이다. 물론, 자신의 운명의 지배자가 되기를 바란다면, 실제로 운명은 당신의 손아귀에 있을 것이다. 이중거울은 모든 것을 받아들인다. 문제는, 과연 당신이 그 거울을 이용할 줄 아는가 하는 것이다.

제가 어떻게 해야 하는지 말씀해주세요. 저의 목표를 정할 수가 없어요.

궁극적으로 목표는 마음에 의해 결정된다. 마음은 논리적인 방법으로 목표를 찾으려고 하는 특유의 행동 방식을 가지고 있다. 하지만 그것은 잘못된 것이다. 마음의 과제는 목표를 찾는 것이 아니라, 목표를 제때에 **분간하는** 것이다. 목표를 알아낼 수 있는 것은 영혼이며, 당신도 그것을 느낄 것이다. 하지만 그러기 위해서는 영혼에게 선택권을 줘야 한다. 시야를 넓히라. 한 번도 가지 않은 곳에 가보고, 한 번도 보지 못한 것을 보고, 새로운 정보를 받아들여야 한다. 즉, 일상의 한계를 넘어서야 한다. 어떤 정보를 받아들였을 때 가슴이 두근거리고, 마음도 만족하며 여러 방면에서 깊게 고민하기 시작한다면, 그것이 당신의 길이라는 것을 예감할 수 있을 것이다.

저의 시나리오는 계속 반복되고 있습니다. 제가 어떤 남자와 친해지려고 하면 처음에는 '가벼운 불꽃'이 일어나는데, 이후 금방 사라집니다. 그런데 그와는 계속 친하게 지내고 싶어요. 그때 상대방은 저를 좋아하게 됩니다. 하지만 저는 이미 그는 친구에 불과하다는 결정을 내린 뒤예요. 이렇게 많은 친구들이 생겼고, 이런 상황은 저를 두렵게 만들기 시작했습니다. 어쩌면 저에게 문제가 있을지도 몰라요. 저는 오랜 연애 끝에 결혼하는 것을 꿈꾸거든요. 제게는 인생의 동반자로서 갖추어야 할 중요한 요구사항이 있습니다. 하지만 그 요구사항 때문에 상대방을 동반자로 받아들일 수가 없어요. 저는 책임감, 관대함, 낙관주의, 개성을 중요하게 생각합니다. 하지만 왠지 모르게 자꾸 게으른 남자들만 만나게 됩니다. 반대로 저는 모든 사람과 친하게 지내고, 모든 일을 함께하는 부부가 되고 싶습니다…. 상대방의 직장이 번듯하지 못한 경우도 많아요. 그들은 지금 자신이 가지고 있는 것에 만족해요. 하지만 저는 그것이 정말 거슬립니다. 결국 저는 저 자신을 그가 사랑하는 여자가 아닌, 친구나 남매로 여기기 시작합니다. 마음이 맞는 사람을 어떻게 찾을 수 있을까요?

당신의 경우처럼 강한 개성을 가진 사람에게는 그 반대 성향의 사람들이 '달라붙게' 된다. 받아들이지 못하는 것을 얻게 되는 것이다. 그렇게 되는 이유에는 두 가지가 있다.

첫 번째는 균형력 때문이다. 당신이 자기 자신과 다른 사람들을 비교하며 사람들을 평가하는 경향이 있다면, 양극화가 일어나며 자석에 철가루가 달라붙듯이 당신과 성향이 반대인 사람을 끌어당긴다. 주변 사람들과 아무 관련이 없는 상태일 때, 즉 '나는 그냥 이런 사람이고, 그 사람들은 그 사람들이다'라고 말할 수 있는 관계일 때, 에너지 상태가 왜곡되지 않는다. 하지만 당신이 '나는 이런 사람인데, 저 사람들은 저렇네'라고 생각하며 타인과 자신을 비교하기 시작한다면, 균형력의 바람이 불게 된다.

두 번째 이유는 불쾌감을 불러일으키는 성향에 주의를 고정하고 있기 때문이다. 모든 것은 아주 간단하다. 당신은 주의를 집중하고 있는 것을 비추는 거울 앞에 서 있다. 연인을 찾을 때 보통 당신이 **원하지 않는 것을** 생각하는지, **원하는 것을** 생각하는지 떠올려보길 바란다.

당신이 주로 도저히 받아들일 수 없는 상대방의 단점에 집중한다면, 거울은 당신이 생각했던 것보다 더 심각한 사람을 보내줄 것이다. 왜 그런 사람들이 달라붙는지 당혹스럽고 불쾌할 것이다. 하지만 그것은 당신이 **원하지 않는 것에** 생각을 집중했기 때문이다. 거울은 당신이 뭔가에 대해 생각할 때 느끼는 감정에는 조금도 관심이 없다. 그것은 그저 당신의 생각이 무엇을 담고 있는지를 비춰줄 뿐이다.

상황을 바로잡기 위해서는 우선 '자신은 자신 그대로, 다른 사람은 다른 사람 그대로 있도록 허용하라'는 트랜서핑의 원칙을 수행하면 된다. 두 번째로, 당신이 좋아하는 특징을 가진 사람들을 떠올리는 데 의식적으로 주의를 맞춰야 한다. 당신이 얻고자 하는 것에 집중하는 것이다. **세계의 거울은 당신의 주의가 집중되어 있는 바로 그 장면을 비춰준다.** 사람들을 유심히 살펴보며, 당신이 원하는 점을 찾아내는 습관을 들이라. 그러면 주변 세계가 얼마나 빠르게 변하기 시작하는지 볼 수 있을 것이다.

제 친구가 저를 좋아한다고 합니다. 저는 우리의 우정을 잃게 될까 봐 너무 두렵습니다. 제가 받아들일지 거절할지에 따라 상황이 달라지기 때문이에요. 하지만 그렇다고 해서 결혼을 하고 싶은 것도 아닙니다. 상황이 너무 모순적이에요.

여기에서도 상황은 똑같다. 당신은 당신이 **원하지 않는 것을** 얻게 된다. 왜일까? 당신이 받아들일 수 없으며, 도망치고 싶은 것에 주의가 집중되어 있기 때문이다. 우정을 잃는 것도 두렵고, 사랑도 원치 않고, 결혼도 하기 싫다. 당신의 생각은 여기에 얽매여 있다. 다시 한번 말해주겠다. **세계의 거울은 당신의 주의가 집중되어 있는 바로 그 장면을 비춰준다.**

의식을 계속 유지하면 처음에는 모든 것이 잘 흘러간다는 것을 알 수 있지만, 어느 순간이 되면 마음에 들지 않는 사건이 일어나게 된다. 그때부터 당신의 주의는 기분 나쁜 상황으로 옮겨간다. 당신이 두렵고, 불안하고, 초조해하는 데 온 신경을 집중하고 있기 때문이다. 주의를 빼앗기면 잠이 든다. 주의는 당신의 불만의 끈을 잡아당기며 당신을 빨아들인다. 당신의 생각은 일정한 방향에 고정되어 있으며, 바로 이 방향으로 사건이 흘러가기 시작한다. 이것이 가장 자연스러운 현실의 꿈이다. 꿈은 당신의 의지와 무관하게 '일어나기' 때문이다. 당신은 의지가 주의의 방향을 통제하는 것이 아니라 상황에 영향을 미치게 하려고 발버둥 칠 것이다. 그리고 생각을 통제할 수 없게 되면 악순환에 빠지게 된다. 당신이 얻는 것을 원하지 않게 되고, 원하지 않는 것을 얻게 되는 것이다.

이런 상황에서 벗어나기 위해서는 **꿈에서 깨어나, 당신의 주의가 어디에서 지긋지긋하게 되풀이되고 있는지 자각하고, 당신이 원하는 곳으로 주의를 옮겨둬야 한다.** 아주 잠깐이라도 사고의 흐름을 필요한 방향으로 고정해두는 데 성공한다면, 악순환의 고리는 끊기고 당신을 얽매고 있는 꿈으로부터 자유로워질 것이다. **현실이 바뀌는 것이다.**

낙관주의의 조화
조율의 원칙을 활용하라

저는 《리얼리티 트랜서핑》 기법을 실전에 적용하고 있습니다. 효과가 있어요! 펜듈럼은 저를 온갖 함정으로 몰아가려고 하지만, 저는 그런 자극에 대해 부처님 같은 미소로 응답하고 있어요. 그 어떤 반응도 하지 않는 것이죠. 그런데 만약 펜듈럼이 일으키려고 하는 사소한 문제에 반응하지 않는다면, 사람을 균형의 상태에서 끌어내기 위해 펜듈럼이 더 심하게 도발할지 궁금합니다.

중요한 것은 문제의 크기가 아니다. 펜듈럼에게는 의식에 따른 의도가 없기 때문에, 그들은 어떻게 하면 인간에게 더 강하게 영향을 줄지 '고민에 빠지거나', 그런 방법을 계획하지 않는다. 그저 사람이 트랜서핑 기법을 적용하기 시작한 순간 그의 세계는 변할 것이며, 그때 오래된 문제들이 더 심각해지는 상황이 온다. 하지만 결국에는 모든 것이 해결된다. 조율의 원칙이 습관이 되도록 충분히 오랜 시간 동안(적어도 한 달) 이 원칙을 연습해야 한다. 그러면 세계의 층이 천천히 다듬어질 것이다.

트랜서핑 기법은 어렵네요. 어렵지만, 효과가 있어요.

아, 참 어려운 숙제다! 트랜서핑이 '어려운 기법'이라는 생각을 버려야 한다. 일단은 그것을 기법이라고 부르는 것을 그만둬야 한다. 그저 당신이 생각하는 방식, 삶의 방식이라고 생각하라. 그리고 모든 것은 당신에게 쉽게 주어진다는 지배자의 의지를 가지길 바란다. 그저 쉽게 살면 되는 것이다.

당신은 아마 "쉽게 살라는 게 말이야 쉽죠!"라고 대답할지도 모른다. 동의한다. 여기에는 전형적이고 지루한 진실 말고도, 구체적인 설명과 행동 지침이 있어야 하기 때문이다. 애초에 우리는 반박할 수 없는 온갖 원칙들로 둘러싸여 있으며, 이 원칙들을 닳아 없어지도록 열심히 사용한 나머지 결국 그 안에 있던 진실이 사라져 버리기도 한다. 정형화된 진실은 고대 그리스 시대의 기둥과 비슷하다. 나무랄 데 없으나, 딱히 도움도 되지 않는다.

예를 들어 나는 코즈마 프루트코프*의 "행복해지고 싶다면 행복하게 행동하라"는 격언을 듣고 혼란에 빠진 적이 있었다. 이 주장

은 반은 하얗고 반은 검은 가면과 참 비슷하지 않은가? 뭔가가 이상하다. 얼핏 보기에는 전부 맞는 말인 것 같다. 동의하지 못할 것이 전혀 없다. 하지만 도대체 무슨 말일까? 나는 비관적인 사람인데, 어떻게 낙천적인 사람이 되겠다고 결정할 수 있을까?

그래도 돌처럼 굳어버린 이런 진실을 살려내는 구체적인 방법이 있다. **바로 조율의 원칙이다.** 자기 자신을 낙천주의자로 만들 필요는 없다. 상황을 바라보는 태도를 바꿔야 하니 말이다. 참고로 당신과 당신의 태도는 같은 것이 아니니, 자기 자신을 바꿀 필요도 없게 되는 것이다. 기분 나쁜 상황에 대해 부정적으로 반응하는 것은 가장 해로운 행동이다. 반사적으로 불쾌감을 표현하는 것은 굴(oyster)의 생존 방식이다. 굴은 꿈을 꾸고 있고 의식이 없는 상태이기 때문에, 상황에 영향을 미칠 힘이 없는 것이다. 당신의 마음은 모든 불쾌한 상황에 대해 아무 생각도 하지 않고 슬퍼만 하는 데 익숙하다. 그리고 인생트랙은 항상 일이 더 나빠지기만 하는 부정적인 갈림길로 이어진다. 이렇게 부정적인 갈림길이 연속으로 이어지며 불운한 시기가 시작될 것이다.

사건에 대한 통제력을 얻기 위해서는 의식적으로 자신의 태도를 통제해야 한다. 사실은 매우 나쁜 상황인데, 다 괜찮다고 자기 자신에게 말하기를 어리석게 반복해서는 안 된다. 꿈에서 깨어나야 한다는 말이다. 즉, 의식을 가지고 상황과 그 상황에 대한 자기 자신의 태도를 지켜봐야 한다. '바라보면 살 수 없고, 생각하면 살 수 있다'라는 속담이 있다. 그 어떤 부정적인 상황에 처하더라도, 갈림길에 멈춰 서서 자기 자신에게 상황을 분명히 상기시키고, 신중히 생각해봐야 한다.

이 일이 나쁜 일인가? 그렇다. 아주 불쾌한 일이다. 좋을 것이 하나도 없다. 하지만 그 일이 나쁘다고 생각하기 시작하면 어떤 결과가 나오겠는가? 더 나빠질 것이다. 그렇게 되어야 하는 이유가 있을까? 아니다. 그렇다면 지배자의 의지로 이 상황을 좋은 상황이라고 선언해야 한다. 여기에 긍정적인 씨앗이 보이는가? 아마도. 뭐, 보이지 않는다고 하더라도 그것을 문제 삼지 말아야 한다. 중요한 것은 내가 의식을 가지고 행동하는 것, 그리고 나를 부정적인 갈림길로 끌어들이지 않는 것이다.

자, 종이 한 장을 꺼내 기분 나쁜 상황들의 본질을 적고, 그 위에 '승인'이라는 비자에나 쓰여 있을 법한 문구를 굵직하게 써보길 권한다. 당신은 긍정주의자가 아니니, 지금 당신이 부정적인 상황에 처해 있다는 것을 분명하게 파악하는 것이다. 그러나 의식적으로 그 상황이 긍정적이라는 선언을 한 뒤, 정말 그렇게 행동하는 것이다. 그거면 됐다. 이제 당신은 정말로 모든 사건을 통제할 수 있게 되었다. 어떤 상황에 따라 당신이 움직이는 것이 아니라 사건이 당신의 손바닥 위에서, 당신의 의지에 따라 연극을 하게 된 것이다. 모든 것은 당신이 의식적으로 자신의 태도를 통제하는 것, 즉 현실을 통제하는 것에 달려 있다. **당신은 꿈에서 깨어난 것이다.**

제가 이해한 바에 따르면, 인생에서 정말 치명적일 정도로 나쁜 상황은 없습니다. 그저 제가 처한 상황을 있는 그대로 받아들이기만 하면 되는 거였습니다. 저는 이제 조금 과장해서 일반화해 보려고 합니다. 만약 내가 오두막에서 살면서 먹다 남은 음식으로 연명하고 있더라도 모든 것이 올바르게 흘러가고 있고, 일어나야 할 방식대로 일어나고 있다고 내가 결정했기 때문에 실제로 그렇게 되고 있다고 자신에게 끊임없이 주입하면서, 뭔가를 바꾸려는 노력을 하지 말아야 하는 건가요? 이런 상황이 일어나게 허용하고 세계의 품에 안겨 그냥 편안하게 있어야 하는 건가요? 아니면 무슨 일이 생기더라도, 적어도(그 모든 것을 능가할 정도로 제가 원한다면) 구덩이 밖으로 열심히 기어나와야 하는 건가요?

여기에서 어떤 모순도 찾지 못하겠다. 당신이 주의 깊게 책을 읽었다면, 의도의 조율(용어 사전 300쪽 참고)은 부정적으로 보이는 **개별적인 사건들에** 긍정적으로 행동할 것을 요구한다는 사실을 알 수 있었을 것이다. 마음에 들지 않는 **삶의 방식을** 받아들이는 것은 웅덩이 한가운데에 앉아 있거나 파도가 치는 대로 휩쓸려 다니는 것과 같다. 의식적으로 흐름에 따라 움직이는 것과 전혀 다른 것이다. 당신은 '과장해서 일반화'하는 것이 아니라, 문맥에서 일부 의미만 받아들인 것이다.

어쨌든 분명히 하고 싶습니다. 제가 일상에서 어려운 상황에 처해 있고, 그 상황을 개선하고자 하면서도 동시에 제가 가지고 있는 것에 긍정적인 태도를 가져야 하는 상황이라고 합시다. 모든 것이 그렇게 좋기만 하다면, 왜 뭔가를 위해 노력해야 하는 거죠?

마음에 들지 않는 것에 대해서 만족하라고 자기 자신에게 강요할 수는 없다. 흉내는 낼 수는 있겠지만 좋을 것이 하나도 없을 것이다. 정말로, 왜 노력해야 하는 걸까? 문제는 다른 데 있다. 두 가지 현실이 있다. 당신이 만족하지 못하는 실제 현실과 아직 실현되지는 않았지만 원칙적으로는 실현될 수 있는, 가능태 공간에 존재하는 현실이다. 삶에서 당신은 **당신의 주의가 집중되어 있는 현실을 얻게 된다.**

자신의 위치에 만족한다면 그 상태로 머무를 것이다. 바로 그 현실에서 계속 살게 되는 것이다. 그리고 만족하지 않는다면, 그때도 마찬가지이다. 당신이 만족하는지 아닌지는 중요하지 않으며, 그저 당신이 생각하는 그것은 계속 당신 곁에 머무른다. 당신의 생각이 집중하고 있는 바로 그 현실을 얻게 되는 것이다. 집중된 그 상태가 유지되는 동안에는 똑같은 꿈을 꾼다.

바로 이 현실에서 빠져나오기 위해서는, 주의의 초점을 당신이 가지고자 하는 **다른** 현실로 옮겨놓아야 한다. 자기 자신에게 현재를 좋아하라고 강요하지 말고, 의식적으로 자신의 시선을 미래로 돌리는 것이다. 바라는 목표를 향해 자신의 생각을 반복해서 되돌려야 한다. 그리고 마음이 목표가 이루어진 상황의 모든 면에 익숙해지도록 해야 한다. 목표는 항상 지금 현실의 **문맥**, 즉 **배경에 있어**

야 한다. 당신이 어디에 있든, 어떤 상황에 놓이든 계속해서 목표에 대한 기억을 되살리고, 그것을 잊지 않아야 한다.

이런 방법으로 당신이 목표한 현실에 주의의 초점을 유지하는 데 성공한다면, 말 그대로 당신의 눈앞에서 현재의 현실이 바뀔 것이고 당신도 그 변화를 체감할 것이다. 지금까지의 현실은 그렇게 암담해 보이지 않을 것이다. 사소한 변화라도 모두 알아차리고, 계속해서 생각을 목표에 집중하라. 당신의 주변에서 알 수 없는 일들이 일어나기 시작할 것이다. 당신은 현실이 천천히, 그러나 당신이 생각하고 있는 방식으로 꾸준히 변하는 모습을 보게 될 것이다.

모든 불행과 '행운'에 대해서 긍정적이고 낙관적인 태도를 가져야 한다는 말인가요? 낙관주의자들이 바로 그런 방식으로 삶을 살아가고 있죠. "나는 점점 더 나아지고 있다. 차에 치여도, 직장에서 해고되어도"라는 태도로요.

낙관주의는 성격의 유형으로, 유쾌하게 삶을 살아가는 경향성이다. 하지만 평범한 정신 상태를 가지고 있다면, 적어도 세 번만이라도 낙관적으로 생각하려고 해도 **모든 상황에서** 좋은 기분을 유지할 수 없을 것이다. 낙관주의자들은 **모든 일이 그저 잘 될 것이라고** 기대하는데, 그런 생각을 무의식중에 해낸다. 천성이 그렇기 때문이다. 그런데 내가 비관주의자라면 어떻겠는가? 내가 정말로 "모든 게 잘 될 거야"라는 생각을 믿을 수 있다고 생각하는가? 그걸로는 부족할 것이다. **왜** 모든 것이 잘 되기만 할 것인가?

개인적으로, 나는 비관주의자다. 내가 현실에 대한 태도를 의식적으로 통제할 수 있기 전까지, 이 성향 때문에 나의 삶은 엉망이었다. 실망스럽고 불행한 상황에 처하면 나는 의식적으로 그 상황을 '좋은' 상황이라고 선언하며, 완전히 뒤집으려고 한다. 100퍼센트 효과가 있다. 결과적으로 모든 것은 성공적으로 이루어진다. 나는 현실을 통제한다. 현실이 나를 통제하는 것이 아니다. 내가 다를 거라고 생각했는가? 조금도 다르지 않다. 나는 내 모습을 그대로 유지하면서 그저 **나의 태도만 바꿨을 뿐이다.** 나는 여전히 비관주의자다.

미신에 대한 백신

미신, 고정관념과 트랜서핑의 관계

저는 천성이 회의론적이라, 작가님이 쓰신 것을 실전에서 확인하고 있습니다. 놀랍게도 거의 모든 것이 효과가 있습니다. ('거의'라고 말한 이유는 아직 모든 것을 다 시도해보지 않았기 때문입니다) 이제 저는 어떻게 그 일이 일어나는지 설명할 수 없다는 사실을 받아들였습니다. 중요한 것은 그것이 아니라, 결과가 있다는 사실입니다. 여기서 질문이 있습니다. 보통 모든 일이 제가 원하는 방식대로 흘러가긴 하는데(의심하지 않는다면 말입니다), 제가 그 일을 다른 사람에게 말하기 전까지(자랑하기 전까지)뿐입니다. 그러면 현실이 잠깐 그전과 다른 방향으로 흘렀다가 그 후에 괜찮아집니다. 구체적으로 말씀드리겠습니다. 저는 보통 일정 속도를 유지하는 것에 특별히 신경을 쓰지 않으며 운전을 하고 있었습니다. 교통경찰들이 자주 길에서 교통 단속을 하죠. 무작위로 차를 세우지만 저는 잡히지 않습니다. 저는 보통 제가 걸리지 않을 것이라고 확신해요. 그러다 어느 날 다른 사람에게 그 일에 대해 말했습니다. 그런 직후 저는 두 번이나 경찰에게 걸렸습니다. 다음 날 또 걸렸고요. 이것이 우연의 일치인 것인지(자랑하고 나니 걸린 것 말입니다), 아니면 트랜서핑의 관점에서 설명될 수 있는 상황인지 궁금합니다.

우연의 일치가 아니다. 당신이 다른 사람에게 어떤 목표를 달성했는지, 혹은 달성할 계획인지 자랑을 하면 무의식중에 **일을 그르칠 수도 있다는**, 자신도 알아차리기 힘든 의심이 생긴다. 이런 가벼운 불안감은 징크스를 믿지 않는 사람이라고 할지라도 모두가 여전히 가지고 있다. 공동체 생활을 하다 보면 어떻게든 무의식중에 '꽂혀버리는' 고정관념이 생긴다. '뛰어넘기 전까지는 뛰었다고 말하지 말라'는 말이나, 왼쪽 어깨 너머로 침을 뱉고 나무를 두드리는 관습은 기쁨이나 만족감을 소리 내어 말하면 행운이 달아날 수도 있다는 고정관념을 만든다.

이런 미신은 아무 근거도 없어 보이는데, 왜 실제로 일어날까? 생각해보면, 소리 내어 한 말은 공기의 진동에 불과한데 말이다. 이 말의 본질을 이루는 생각은 마음 혼자만의 것이기 때문에 그 어떤 힘도 지니지 못한다.

실제로 힘을 지니는 것은 마음과 영혼이 찰나에 한 점에서 일치할 때 나오는 순간적인 두려움이다. "어쩌면… 이러다 이루어지지 않을지도 몰라"라는 생각 말이다. 현실에 아주 큰 영향을 미칠 수 있는 강력한 힘인, 외부의도의 메커니즘을 시작하는 데에는 이렇게 가벼운 일치만으로도 충분하다. 무의식적인 두려움을 떨쳐내는 것은 어렵다. 따라서 내가 유일하게 조언할 수 있는 것은, 목표를 달성하기 전에는 절대로 그것을 자랑하지 말라는 것이다. 그렇지 않으면 당신이 가진 것을 잃게 될 수 있다.

> 기말고사에서 'B'를 받았습니다. 열심히 준비했지만 '평소와 마찬가지로' 잘 모르는 시험 문제가 나온 것입니다. 시험공부를 할 때 그 문제에 대한 자료를 그냥 지나쳐 버렸습니다. 그저 그렇게 풀었지만, 교수님이 저의 태도와 출석률을 인정해서 학점을 '끌어올려' 주셨습니다. 저는 12월 중순부터 한 시간 반까지는 아니더라도 하루에 10분 정도 슬라이드를 돌렸습니다. 제가 기말고사를 보고 나서 점수를 확인했더니 온통 A+였던 슬라이드였습니다. 제가 슬라이드를 잘못 돌렸거나, 뭔가를 놓친 걸까요?

현실은 생각의 힘만으로는 자신이 원하는 것을 100퍼센트 성공률로 바꿀 수 없다는 사실을 파악하고 있어야 한다. 특히 단기적인 목표에 관해서는 더욱 그렇다. 물질 현실은 관성을 가지고 있으며, 바라는 것을 실현하기 위해서는 시간이 필요하고, 얼마나 오래 걸릴지 모르기 때문에, 장기적인 목표가 더 달성하기 쉽다.

내가 당신에게 망치를 줬다고 상상해보라. 망치는 못을 박기 위한 도구인데, 당신은 그 망치로 때로는 손을 내려치기 때문에 이

것이 쓸모없는 도구라고 한다. 우리는 마법사 놀이를 하려는 것이 아니다. 트랜서핑은 그러지 않아도 놀라운 효과를 가지고 있다. 그 이상 무엇을 더 바라는가?

저는 트랜서핑 원칙의 모든 근본을 알게 된 이후 처음으로 절망적일 정도의 외로움을 경험했습니다. 말 그대로 그 누구와도 친하게 지낼 수가 없게 되었습니다. 저는 제가 관심이 있거나, 적어도 괜찮다고 생각하는 사람들이 얼마나 깊은 고정관념과 착각에 빠져 있는지 알게 되었습니다. 그리고 그 사람들과 대화하는 것이 어려워졌습니다. 아무 말도 할 수 없어진 것입니다. 그래서 가족들과의 관계도 나빠졌습니다. 제가 그 사람들을 가르치려고 하는 노력은 마야코프스키 도시 정원*을 만들 정도의 노력과 맞먹을 겁니다. 저는 무인도에 버려진 사람과 비슷한 상황에 처했습니다. 자기 자신의 주인이며 눈길이 닿는 모든 것들보다 똑똑하지만 전부 쓸데없는 것이지요. 뭐, 똑똑하지 않다고 해야겠네요. 오만함은 죄니까요. 하지만 제 지인들 중 아주 많은 사람들이 작가님의 책을 읽었는데 저 말고는 아무도 그 내용을 받아들이지 않았습니다. 더 많이 알아갈수록 외로움은 더 커져만 가는 것 같습니다. 작가님은 어떤가요? 사람들과의 관계, 특히 친척들이나

---

* 러시아의 시인이자 극작가 블라디미르 마야코프스키의 시 〈하늘에 먹구름 떠가고〉라는 시의 한 구절. 이 시에서 '도시 정원'은 열악한 환경에서도 계속되는 소련 인민들의 노동으로 인해 건설될 이상적인 국가를 상징한다. — 옮긴이 주

친구들과의 관계가 변했나요?

잠든 사람들을 깨우려는 헛된 시도를 그만두길 바란다. 내 지인들의 경우, 트랜서핑과 아주 거리가 멀다. 그리고 많은 사람들이 심지어 내가 그런 사람이라는 사실을 꿈에도 모른다. 특별히 말하자면 나는 정말로 **아무도** 아니다. 하지만 그렇다고 해서 내가 바보라는 것은 전혀 아니다. 당신도 평범한 삶을 계속 살아가는 것이 좋을 것이다. 당신의 강점은 당신은 현실의 꿈에서 깨어났으며 이제 자신의 현실을 통제할 수 있다는 것이다. 물론 다른 사람들이 원하지 않거나, 정확히 말해서 그런 것이 가능하다고 믿지 않는다면, 당신은 그들의 의견을 바꾸지 못할 것이다.

작가님은 누구시죠? 작가님에 대해서 더 많이 알고 싶습니다.

이미 말했다시피 나는 50대이다. 소련이 붕괴되기 전까지는 양자물리학을 연구했고, 그 이후에는 컴퓨터 공학을 했다. 지금은 책을 쓴다. 그리고 러시아에 살고 있다. 민족은 러시아인, 더 정확히 말하자면 쿼터 에스토니아 인이다. 다른 사실들도 있지만, 전부 아무 의미도 없다.

모든 것이 필요성의 수준과 목표에 달려 있다는 사실은 알겠는데, 작가님은 트랜서핑을 실험하기 위해(그래도 트랜서핑에 대해서는

작가님이 그 누구보다도 더 잘 아실 테니까요) 어떤 특이한 시도를 해보신 적은 없나요? 예를 들어, 모터가 꺼진 상태의 비행기를 들어올리려고 한다든지, 꽤 큰 액수의 복권에 당첨되었다든지 말입니다.

이런 질문을 하는 것을 보니, 당신은 나를 메시아나 예언자나 에메랄드 도시의 마법사라고 여기는 것 같다. 이해한다. "우리에게 기적을 보여주지 않으면 믿지 않겠어요!" 같은 요구를 하지 않고는 못 배길 것이다.

내가 종교적 예언자거나 어떤 교파의 지지자였다면 이런 질문을 하는 것이 매우 타당했을 것이다. 이런 집단에서 지도자는 불가사의한 일을 보여주고 자신의 특수성과 강력함을 증명해야만 한다. 그래야만 모두가 "우와!" 하고 감탄하며 경외심과 믿음에 빠져 군말 없이 그를 따를 것이다.

종교와 교파는 고전적인 펜듈럼으로서 지지자들에게 절대적으로 그들을 따를 것을 요구한다(여기에서 나는 신이라는 개념과 신의 이름으로 활동하는 종교 펜듈럼을 명확히 구분한다는 점을 말해두고자 한다. 더 자세한 내용은《트랜서핑의 비밀》에서 알 수 있다). 펜듈럼이 존재하기 위한 필요조건은 종교의 일치이다. 한 개념을 전체가 믿는 것이다. 물론, 일반적으로 자기 자신에게 명백히 와닿지 않는 무형적이고 보이지 않는 것을 믿어야 하기 때문에, 그 믿음을 강하게 만들기 위해서 뭔가 그 믿음에 일치하고 불가사의한 것들을 보여줘야 할 때가 있다.

그런 의미에서 트랜서핑은 종교나 교파와는 완전히 대조된다.

트랜서핑은 숭배되며 공통된 하나의 개념을 따르도록 요구하는 법규를 모아놓은 것이 아니라, 항상 존재해왔고 다양한 해석을 통해 세대에서 세대로 전해져 내려온 오래된 지식이다. 이 지식의 본질은 모든 사람들이 **자신의 신념을** 가지고 있어야 하며, 원하기만 한다면 모두 **자신만의 기적을** 만들 수 있다는 데 있다.

트랜서핑도 펜듈럼이라고 한다면, 아주 독특한 펜듈럼이라고 할 수 있다. '모든 사람들을 하나의 구조체로 몰아넣으려고' 하는 대신, 트랜서핑은 자신만의 독특한 길을 따라가라고 말한다. 사람들을 하나로 모으는 유일한 요소는 이 지식을 전파하려는 것이다. 그뿐이다.

그리고 마법에 대해 말하자면, 그런 것은 존재하지 않는다. 오직 구체적이고 충분히 설명할 수 있는 의도의 효과만이 있을 뿐이다. 상식의 선에서 설명할 수 없는 것을 마법이라고 한다면, 트랜서핑은 마법의 비밀이라는 뚜껑을 열어젖히고 마법이 어떻게 가능한지 설명한다. 모든 사람이 그렇게 할 수 있다. 싸구려 마술 장치만 없을 뿐이다. 우리는 진실을 다루고 있다. 현실은 통제할 수 있는 것이지만, 그것은 관성적이기 때문에 마법사가 손재간으로 보여주는 것처럼 그렇게 빨리 변화를 보여주지 않는다.

내가 한 말을 종합해보면, 나는 기적을 통해 믿음을 더 강하게 만들어야 할 필요가 없다. 트랜서핑은 어떤 개념에 대한 믿음이나 숭배나 맹목적인 추종을 필요로 하지 않는다. 모든 사람들은 자기 자신의 기적을 만들고 그것을 직접 확인할 수 있다. 직접 시도해보고 자신의 눈으로 직접 확인한 사람은 굳이 다른 것을 더 확인할 필요가 없다. 원한다면 그것을 마법이라고 불러도 좋다. 하지만 그것은 현실이다.

나는 개인적으로 성공했던 경험을 통해 트랜서핑이 완전하게 효과가 있다고 강조할 수 있을 뿐이다. 하지만 사생활을 자랑할 생각은 없다. 그렇게 한다면 사생활은 더 이상 사생활이 아니기 때문이다. 당신이 모든 사람의 주목을 받고 싶다는 유혹을 이기지 못하고 단상 위에 올라서려 한다면, 높디높은 명성은 당신으로부터 등을 돌리기 마련이다. 예를 들어 아메리카 원주민 같은 일부 민족들은, 만약 누군가 당신의 초상화를 그리면(또는 사진을 찍으면), 영혼의 일부를 빼앗긴다고 믿는다. 물론 미신에 불과하지만 터무니없는 믿음은 아니다. 개인의 창작물을 퍼뜨리는 것은 할 수 있다. 그러나 개성을 퍼뜨리는 것은 절대, 불가능하다.

대조의 법칙
원하지 않는 것이 실현되는 현상을 역이용할 때

제가 열여섯 살이었을 때, 저는 모스크바에 살고 싶어하는 사람들과 크게 싸우곤 했습니다. 저는 모스크바가 싫습니다. 살기 위한 곳이 아니라, 관광객을 위해 지은 도시 같았거든요. 그러나 결국 저는 모스크바에서 살게 되었습니다. 열아홉 살 때는 '남자들은 전부 쓰레기'라고 말하는 모든 사람들과 싸웠습니다. 그러면서 제가 선택한 사람을 지키고 그를 변호했지요. 결과가 어땠는지는 아마 잘 아실 거라 믿습니다. 뭔가를 받아들이지 않겠다는 생각(완전히 혐오한다는 생각)에 사로잡히자마자, 그것은 제 삶에 나타나 버립니다. 스물두 살 때까지는 아이들을 골칫덩어리라고 생각했고, 도대체 어떻게 아이들을 '원하고 가질 수 있는지' 이해할수가 없었어요. 하지만 1년 뒤 저는 아들을 낳았습니다. 그것도 계획 임신으로요. 그 뒤로 남자를 혐오하게 되어, 절대로 결혼을 하지 않고 당연히 아이도 낳지 않겠다는 목표를 세웠어요. 그런데 두 번째 남편을 만났고, 다시 아들을 낳게 되었죠. (첫째도, 둘째도 딸을 원했는데 말입니다.)

작가님의 책을 읽은 뒤에야 모든 것은 '당신이 원하지 않는 것을 얻게 된다'는 프로그래밍에 따라 모든 일이 일어나고 있다는 사실을 깨달았습니다. 예전에는 그저 저 자신이 불행하다고 생각했는데 말이지요. 그래서 든 생각입니다. 만약 제가 목표로 그린 미래 슬라이드가 정말 이루어진다면, 차라리 제가 받아들이지 못할 상황에 대해 생각하는 것이 낫지 않을까요? 너무 의도가 인위적인가요? 예를 들어 부자가 되기 싫다거나 섬이나 요트, 다른 사치품들은 물론이고, 좋은 차나 큰 집을 가지기 싫다는 생각 말입니다. 정말로 원하지 않는다고 생각한다면요.

당신이 실제로는 간절히 원하는 것을 원하지 않는다고 자기 자신을 설득하거나, 무관심하다고 생각하는 데 성공할 수 있을지 의문이다. 흉내를 낸다고 해서 세계의 거울을 속일 수는 없을 것이기 때문이다. 그 거울은 영혼과 마음이 얽매여 있는 것을 보여준다. 영혼과 마음이 일치한다면, 뚜렷한 심상이 빠르게 현실이 될 것이다. 하지만 그 둘이 일치하지 않는다면 장면은 분열되어 현실에서는 아무것도 나오지 않는다.

영혼과 마음의 일치는 하나의 뚜렷한 특징을 가지고 있다. 항상 아주 강한 감정을 동반한다는 것이다. 황홀감일 때도 있지만, 사람들은 부정적으로 생각하는 경향이 있기 때문에 대다수의 경우 두려움, 혐오감, 화, 분노, 격분 같은 감정으로 나타난다. 하지만 유쾌함과 불쾌함 중 어떤 태도에 가까운지에 대해 거울은 관심이 없다. 거울은 그저 생각의 **내용을** 확인시켜줄 뿐이다.

환희와 황홀감은 보통 오래 가지 못한다. 당신의 영원한 용병은 바로 답답함과 혐오감이다. 그 감정들은 당신의 주변에 있는 실제 현실에 의해 일어나기 때문이다. 당신이 뭔가를 받아들이지 않으려고 발버둥 칠 때, 영혼과 마음은 그 점에서 완전하게 일치한다. 당신의 생각에 뚜렷한 심상이 만들어지고, 이중거울은 침착하게 심상을 현실로 바꿔줄 것이다. 이것이 당신이 원하지 않는 것을 얻게 되는 이유다.

하지만 당신이 요트를 갖고 싶어하지 않는다고 해서, 당신이 요트를 싫어한다는 뜻은 아니다. 단지 요트가 필요 없을 뿐이다. 당신이 초라한 오두막집에서 사는 것에 대해서 생각하지 않는 것도 같은 이유에서다. 당신은 그걸 원하지도 않지만, 오두막에서 살게 될까 봐 걱정하지도 않는 것이다. 당신의 생각은 당신이 무관심한 것에 통제를 받지 않는다. 머릿속에 확실성이 없어 지향하는 방향도 없기 때문에, 장면이 흐릿하고 모호해지는 것이다. 따라서 당신의 심상이 무엇을 나타내는지 불분명해진다. 반면에 당신이 두려워하고 싫어하기 시작하면 영혼과 마음은 한 지점에서 일치하기 때문에, 생각의 심상이 분명한 형태를 가지는 것이다.

황홀한 상태를 의도적으로 오랫동안 유지할 수 없듯이 영혼과 마음을 인위적으로 일치시켜 그 상태를 유지하는 것은 불가능하다. 단지 그 일치를 위해 노력할 수밖에 없다. 일치에 도달하기 위한 가장 좋은 방법은 신념에 따라 사는 것이며, 자신의 목표를 향해 나아가는 것이다. 영혼과 마음의 심상이 더 뚜렷할수록 목표는 더 빨리 실현될 것이다. 만약 그렇게 할 수 없다면, 긴 요새를 세워 같은 결과를 얻도록 해야 한다. 즉, **변하지 않는 태도로 꾸준하게 행동해야 하는 것이다.**

당신의 주의가 받아들일 수 없는 것에 사로잡힐 때마다, 의식적으로 당신이 갖고 싶은 쪽으로 주의를 돌려놓으라. 이것은 손에 들고 있는 손전등과 같다. 겁에 질린 채 어두운 구석을 비추며 갈팡질팡하거나, 아니면 주변에서 무슨 일이 일어나든 오직 앞만 비추며 용감하게 목표를 향해 걸어가는 것이다.

어떤 일의 시작이 좋으면 결과는 나쁘거나, 그 반대인 경우가 자주 있습니다. 항상 그런 것은 아니지만요. 이 법칙을 사용하거나 어떻게든 고칠 수 있는 방법이 있을까요?

살면서 많은 것들이 제가 계획하지 않은 방향으로 흘러가거나, 완전히 정반대로 흘러가는 경우가 더 많다는 사실을 깨달았습니다. 트랜서핑의 관점에서 설명할 수 있는 것 같습니다. 중요성의 포텐셜이 더 많아진 것이겠지요. 이후에 저는 흥미로운 법칙을 알게 되었습니다. 상황이 나쁘게 전개될 거라고 의도를 가지고 생각하면 실제로는 모든 것이 잘 된다는 것입니다! 그래서 이제는 사건이 불행하게 흘러가는 것을 막기 위해서 저는 일부러 최대한 나쁜 가능태를 생각해내곤 합니다. 그 결과, 모든 것이 성공적으로 이루어집니다. 왜 이런 일이 일어나는 걸까요?

여기에서는 딱 떨어지는 규칙을 끌어낼 수 없다. 모든 시작은 더할 나위 없이 좋았지만 끝이 아주 나쁜 경우가 있다. 그 반대로, 처음은 끔찍했지만 결말은 환상적으로 끝나기도 한다. 이런 일은 모든 사람에게 다르게 일어나고, 각자 자신만의 규칙을 알아낼 수 있다. 이를 알아낼 수 있게 도와주는 것이 대조(contrast)이다. 원하는 것은 따로 있었는데, 완전히 다른 것을 얻게 되는 것이다. 사람들은 종종 뒤따라오는 상황이 그렇게 중요하지 않다면, 자신이 도출해낸 규칙이 깨진다고 하더라도 큰 관심을 기울이지 않는다. 예외는 증거만큼이나 자주 일어난다. 다만 기억하지 못할 뿐이다. 기억에 남는 것은 보통 무겁게 느꼈던 사건들이니 말이다. **바로 이 중요성이 대조의 법칙을 만든다.**

사건이나 상황에 큰 의미를 부여하면 잉여 포텐셜이 생긴다. 모든 것이 성공하기를 간절하게 바라는 동시에, 아무것도 이루지 못할까 봐 두려워지는 것이다. 그 두려움은 무의식적일 수도 있지만, 마음 깊은 곳에서 진심으로 우러나오는 감정이기 때문에 그런 두려움마저도 그만큼이나 무게가 있다. 이렇게 만들어진 욕망과 불안함, 높아진 평가의 덩어리는 균형을 유지하고자 하는 균형력의 바람을 불러일으키고, 그 결과 기대와는 완전히 반대되는 결과를 얻게 된다. 처음에는 우울한 분위기에서 시작되지만, 그다음에는 모든 것이 훨씬 더 좋아지고 쉬워지거나 혹은 그 반대로 이루어지는 것이다.

부정적인 측면을 의도적으로 과장하면 모든 것이 잘 끝난다는 뜻일까? 전혀 그렇지 않다. 더구나 그런 행동을 해서는 안 된다. 첫번째로, 당신은 잉여 포텐셜을 인위적인 방법으로 정형화할 수 없을 것이다. 다른 말로 하자면, 당신은 자기 자신을 정말로 '협박할' 수 없다. 마음은 흉내를 낼 수 있지만, 영혼은 믿지 않을 것이다. 두번째로, 당신은 우울한 장면을 그리면 부정적인 심상을 만들고, 이 심상은 세계의 거울에 반영될 것이다. 그렇다면 무엇 때문에 굳이 부정적인 심상을 프로그래밍해야겠는가?

최악의 가능태를 의도적으로 재생하면서 '그런 척하는 것'이 여전히 효과가 있다는 사실을 알아냈다면, 이것은 당신의 노력 덕분이 아니라, 노력했음에도 불구하고 일어나는 것이다. 당신이 연극을 한다고 해서 당신의 두려움이 줄어드는 것은 아니다. 그러니 자기 자신을 속이지 말라. 어쨌든, 지금 상황이 그렇게 나쁘고 두렵다면, 당신은 연극과 무관하게 성공적인 결말을 기대하게 될 것이다. 이것은 정말로 긍정적인 요소로 작용한다. 진심에서 우러나오는 것이기 때문이다. 그러나 다시 한번 말하지만, 부정적인 감정의 응석을 받아주는 것은 상처만 가져다줄 뿐이다.

그렇다면 질문이 생긴다. 대조의 법칙이 과도한 의미 부여로 인한 기대감 때문에 만들어지는 것이라면, 어떻게 하면 사건을 '순수한 상태로' 돌려놓을 수 있을까? 예를 들어, 어떤 일의 시작이 좋거나 반대로 나쁘다고 했을 때, 어떤 태도로 그 시작을 바라봐야 할지 아직 모른다면 어떤 결말을 기대할 수 있겠는가?

결말은 시작과 똑같을 가능성이 매우 클 것이다. 여기에서 더할 나위 없이 큰 효과를 얻을 수 있는 것이 가능태 흐름에 따라 움직인다는 원칙이다. 당신은 인생에서 뭔가를 시작하거나 필요한 물건, 직장, 파트너, 해답을 찾는 등 어떤 행동 — 어떤 진전을 보여주는 것 — 을 해야 할 때가 있다. 어떤 경우에서든, 당신이 선택한 방향으로 첫걸음을 내디딜 때마다 당신은 문으로 들어가게 된다. 그 순간, 더 깊숙이 들어가지 않았을 때 당신은 생각할 것이다. '이 문을 제대로 선택한 것이 맞을까? 완전히 길을 잘못 든 게 아닐까?'

처음부터 모든 것이 순조롭다면, 앞으로도 계속 그럴 거라고 기대해도 좋다. 물론 그 어떤 보장도 할 수 없긴 하지만 말이다. 보장할 수 있는 것은 오직 그 반대의 경우이다. 뻑뻑한 문을 열어 그 틈새로 겨우 비집고 들어가야 한다면, 과감하게 몸을 뒤로 돌려 다른 문을 찾는 게 좋다. 가능태는 항상 저항이 가장 적은 경로를 따라 흘러가며, 그 길이 최적의 길이니 말이다. 하지만 자신의 것이 아닌 문으로 꾸역꾸역 들어간다고 해서 끝까지 갈 수 없다는 뜻은 아니다. 한 가지는 확실하다. 그 안에는 수많은 문제와 어려움이 당신을 기다리고 있을 것이라는 사실이다. 따라서 규칙에 따라 선택하는 것이 낫다. **문이 잘 열리지 않는다면, 다른 문을 찾아야 한다는**

규칙 말이다.

몇 가지 예를 들어보자. 어떤 가게에서 당신은 필요한 물건을 찾을 수 있다고 생각하지만, 재고가 없거나, 가게가 문을 열지 않았거나, 혹은 다른 여러 가지 이유로 인해 그 물건을 구할 수 없는 상황이다. 마음은 고집스럽게 계속 말할 것이다. "나는 그 물건이 필요하고, 바로 이 가게에서 살 수 있을 거야." 하지만 결국 당신은 그 물건을 당신이 생각하는 곳과는 전혀 다른 곳에서 얻게 된다는 사실을 확인하게 될 것이다.

이번엔 다른 상황이다. 당신은 취업을 하려고 한다. 한 회사는 아주 어려운 평가를 거쳐야 한다. 면접은 아주 엄격하고, 요구사항도 많다. 다른 회사에서는 모든 것이 쉽고 순조롭다. 마음은 어떤 회사를 고르겠는가? 마음은 정상을 정복하고, 어렵게 성취한 것을 높이 평가하는 경향이 있다. 그러니 마음이 무엇을 고를지는 뻔하다. 하지만 그 뒤에는 무슨 일이 일어나겠는가? 아주 힘든 업무 — 그것도 물질적인 보상은 없을 것이 분명한 — 가 기다리고 있을 것이다.

당신은 문제를 해결하거나 어려운 일을 하기 시작하려 한다. 당신이 가진 고정관념과는 반대로, 먼저 행동하고 생각은 나중에 하도록 해보라. 마음은 어려운 해법을 찾고 어려운 길을 선택하는 경향이 있다. 마음이 좋아하는 방법은 무언가를 만든 다음 장해물을 없애는 것이다. 마음은 '대처하기 힘든 실수의 아버지'이니 말이다. 어떤 방법을 생각하든, 항상 당신이 **더 쉽게 할 수 있는 방법으로**

모든 것을 하라. 바퀴가 저절로 굴러가는 것을 보게 될 것이다.

이번에는 당신이 어떤 사람을 만나, 그가 앞으로 계속 알고 지내기에 도움이 될 만한 사람인지 생각해보는 상황이다. 처음부터 어떤 부조화나 어려움이나 충돌이 일어난다면 그 관계는 아무짝에도 쓸모없을 것이라고 확신해도 좋다. 마음이 그 파트너의 장점을 아무리 칭찬해도, 어떤 유리한 주장을 하든, 그가 '바로 단 한 사람'이라고 설득하려고 하면 할수록 나중에 후회할 가능성은 더 커진다. **그 주장을 믿지 말고 사실을 믿으라. 마음의 결론에 기대지 말라. 가능태의 흐름을 따라야 한다.**

목표와 권리

당신에게 주어진 신의 의지를 실현하라

죽음 이후엔 어떤 세계가 있다고 생각하시나요? 물리적 신체는 소멸되지만 영혼은 영원히 존재한다고 알고 있습니다. 그 말은, 의식이 없는 상태로 돌아가면 영혼이 에너지장과 합쳐지고, 그 사람의 인격은 사라지게 되며, 이후 영혼이 환생한다면 다른 몸과 다른 의식을 가지게 된다는 뜻일까요? 제가 가졌던 의식은 어떻게 되는 건가요? 모든 것이 다 헛된 일이 되는 건가요? 창조자가 저에게 삶과 의식을 준 다음, 아무것도 남겨두지 않고 모든 것을 다시 가져가는 것인가요? 쉽게 말해 인간은 자신의 기능을 다 하고 이후에는 아무 쓸모가 없어지는 것인가요? 뭔가 슬퍼지네요.

다양한 종교의 교리를 제쳐두고 사실만을 직시한다면, 확실한 것은 딱 한 가지뿐이다. 영혼은 정말로 여러 번 환생을 겪으며, 다양한 육체 속에서 수많은 삶을 살아간다는 것이다. 신의 존재를 증명할 수 있는 **확실한 증거**는 아직까지 없다. 하지만 영혼의 존재를 증명하는 증거는 얼마든지 있다. 사람들이 우연한 기회를 통해 자신의 전생을 기억해낸 사례는 **수천 가지**나 된다. 너무나 확실한 사실이기 때문에, 그러한 기억의 신빙성에 의문을 제기할 수는 없을 것이다. 만약 누군가가 현재에는 사용되지 않는 옛날 말을 갑자기 쓰기 시작하거나, 원칙적으로 그 사람이 절대로 알 수 없는 역사적·지리적 사실들에 대해 알려준다면, 그 이상 어떤 증거를 더 요구할 수 있겠는가?

하지만 이 논거들로도 정통 과학을 설득할 수는 없을 것이다. 정통 학문은 설명할 수 없는 모든 것들을 항상 거부해버리니 말이다. 그편이 더 쉽다. 그러나 학자들이 오실로그래프[*]를 통해 영혼의 경로를 추적해본다면 문제는 전혀 달라질 것이다.

'왜'나 '무엇을 위해'와 같은 질문들은 가장 높은 재판 단계에서 다뤄져야 할 것이다. 오직 신만이 확실한 대답을 할 수 있을 테니 말이다. 트랜서핑은 그 질문들에 이렇게 대답한다. '삶의 목적은 신을 섬기는 것에 있다.' **섬기는 것은 숭배가 아니라, 신과 함께 창조하는 것이다.** 신은 존재하는 모든 것을 통해 세계를 다스린다. 그는 삶의 형태를 제외하고는, 그 어떤 다른 존재의 방법도 가지고 있지

---

* 기계적 진동, 전류, 전압 등의 시간적 변화를 관측하여 기록하는 장치. — 옮긴이 주

않다. 그는 모든 만물 속에 발현되어 있다. 그래서 신이 존재한다는 증거를 절대로 찾을 수 없는 것이 아닐까? 그는 풀, 꽃, 나비, 인간 자체에 살아 있기 때문이다. 삶은 신의 꿈이다. 윤회는 꿈에서 깨어나 다른 꿈을 꾸는 과정이다. 모든 생명체는 오직 하나의 목표, 즉 삶을 좇는다. 현재의 현실을 통제할 수 있는 가능성을 가지고 사는 것이다. **현실을 통제하는 것은 목표인 동시에 능력이자 권리이다.** 당신이 이 권리를 누리기로 한다면, 신의 의지를 실현하며 완전한 삶을 살게 된다. 그러나 그 권리를 거부한다면, 더 나쁜 삶을 살게 되는 것이다. 이 결론에 대한 근거는《트랜서핑의 비밀》에서 더 자세하게 알 수 있다.

하지만 만약 이 답이 만족스럽지 않다면, 자기 자신에게 허물없이 질문해보라. 우리 모두의 내면에는 신의 일부가 있기 때문이다. 나도, 어떤 종교의 신자도, 다른 누구도 당신과 신 사이의 매개체가 될 수는 없다. 오직 당신만이 자기 자신에게 물었을 때 모든 질문에 대한 답을 얻을 수 있을 것이다.

이런 조언은 신뢰감이 없는 말로 들릴 수도 있다. "하지만 어떻게 해야 하는가? 내가 그걸 어떻게 안단 말인가?"라고 생각할지도 모른다. 당신이 아직 시도를 하지 않았거나, 영혼의 소리를 믿지 못해서일 가능성이 크다. 그렇지 않다면 애초에 질문을 하지 않았을 테니 말이다. 모든 것은 아주 간단하다. 당신이 낯선 책들 속에서 답을 얻으려는 의도를 가지고 있다면, 그 어떤 곳으로도 당신을 인도해줄 수 없는 끝없는 여정을 계속해야만 할 것이다. 첫 번째로,

책 속에서 당신이 필요로 하는 모든 것을 읽을 수는 없을 것이기 때문이며, 두 번째로, 책마다 다른 방식으로 설명하고 있으므로 더욱 헷갈리기만 할 것이기 때문이다. 당신이(오직 당신에게만 말이다!) 가장 중요하다고 생각하는 책을 몇 권 읽은 다음, 직접 자기 자신에게 답을 줄 수 있는 권리를 누리는 것이 좋다. 모든 것은 의도가 어떤 방향을 향하는지 — 인식인지 또는 창조인지 — 와 관련된 문제이기 때문이다. 전자의 경우 당신은 영원한 학생의 역할을 선택하는 것이며, 후자의 경우는 창조자와 개척자의 역할을 선택하는 것이다.

감시인의 회전목마

아무도 아닌 한 아이의 이야기

작가님이 순례자라면, 작가님의 숙명은 인류가 창조적으로 공존할 수 있도록 아주 섬세하게 '인도하는' 것입니다. 작가님이 실제로 지금까지 해온 것이기도 하고요. 하지만 순례자들의 법칙은 그것이 상업적인 목적으로 사용되지 않을 때, 그들의 지지자들을 위해 존재합니다. 그런데 작가님은 책을 써서 수익을 얻고 있습니다. 그것은 작가님이 지식은 가지고 있지만, 순례자의 본질은 잃었다는 뜻이지요. 정말로 우리의 목표보다 작가님의 보잘것없는 수익이 더 중요한가요? 작가님은 똑똑하신 분인데, 정당성을 가지고 있다고 확신하는 태도에 놀라울 뿐입니다. 그러면 작가님은 그 누구의 도움도 없이 지식을 얻었거나, 진정한 순례자이지만 지상의 문명을 위해 희생하고 있거나 둘 중 하나라고 생각합니다. 작가님은 누구입니까?

오오, 얼마나 애처로운가! 나는 버려지고, 억압받고, 파멸되었다! 됐다, 결정했다. 감시인처럼 턱수염을 기르고 긴 지팡이를 들고, 진리를 찾고, 깨달음을 얻고, 어둠 속에 살고 있는 사람들이 눈을 뜨도록 도와주기 위해 방랑의 길을 떠나야겠다. 진정한 사람이 되고 지상의 문명을 위해 '희생'하고 싶으니 말이다!

이제 출발해야겠다. 다만, 길을 나서기 전에 다시 한번 더 손가락에 침을 묻혀 나의 '보잘것없는 수익'을 세어봐야겠다. 자, 내가 떨리는 손으로 돈다발을 넘기는 동안 이 우화를 읽어보길 바란다.

어느 날, 아이들이 우리 세계의 마당에 있는 모래사장에 모여 있었다. 뽐내기를 좋아하는 아이, 부잣집 아이, 틈만 나면 싸우는 아이, 똑똑한 아이, 고자질쟁이, 그리고 아이가 있었다. 이 별명들은 아이들 각자가 가진 개성을 드러낸다. 뽐내기를 좋아하는 아이는 어떻게든 자신의 장점을 강조하려고 했기 때문에, 예쁜 옷과 사탕 등 자신이 가지고 있는 모든 것들로 자랑하기를 좋아했다.

부잣집 아이는 자신의 가치를 증명할 필요가 없는 것 같았다. 굳이 그렇게 하지 않아도 그는 부족할 것이 없는 아이였다. 오직 그 아이만 페달이 달린 자동차를 가지고 있었고, 그는 자랑스럽게 그 차를 타고 마당을 누볐다.

틈만 나면 싸우는 아이는 잠시도 자기 자신과 다른 아이들을 가만두지 않았다. 사실 이 아이는 나쁜 아이가 아니라,

상처를 잘 받는 아이였다. 그래서 주변 사람들에게 난폭하게 행동해서 그 나약함을 숨기려고 했다.

똑똑한 아이는 굳이 말할 필요 없이, 가장 비판적인 아이였다. 그는 모래로 빵을 가장 잘 만들었으며, 그 점을 아주 자랑스럽게 여겼다. 똑똑한 아이는 다른 아이들이 영원히 모든 것을 잘못하고 살까 봐 진심으로 걱정했고, 그래서 다른 아이들을 진정한 길로 이끌어주기 위해 애썼다.

고자질쟁이는 수단을 가리지 않고 주변 사람들에게 자신의 존재에 대해 알리려고 했다. 하지만 그 점에 있어 그렇게 성공적이진 못했던 것 같다. 치사함의 선을 넘은 것도 아니었는데 말이다.

마지막으로 아이에 대해서는 거의 말해줄 것이 없다. 그 아이는 눈에 띄게 도드라지는 특징도 없었고, 아주 조용했으며 대부분 깊은 생각에 잠겨 작은 삽으로 모래를 뜨며 놀거나, 눈을 크게 뜬 채 말없이 다른 아이들이 하는 말을 듣곤 했다.

'모래사장'에 있는 모든 친구들은 각자의 방식대로 자기 자신을 나타내려고 했고, 이 모래같이 흔들리는 세계에서 자신의 역할을 더 돋보이게 하려고 했다. 이 극장의 모든 배우들은 삶이라는 희곡에 어울리는 저마다의 역할을 가지고 있었다.

뽐내기를 좋아하는 아이가 자랑을 너무 심하게 할 때도 있었다. 그러면 틈만 나면 싸우는 아이가 뽐내는 아이의 땋아 내린 머리를 잡아당기고, 고자질쟁이가 부잣집 아이에게 그 일을 일러바쳤으며, 부잣집 아이가 정의를 회복하려고 했으며, 똑똑한 아이는 모든 친구들을 다시 화해시키고 서로 이해시키려고 했다.

이 역할들은 세계에 적응하고, 세계를 향해 "나야! 여기에 내가 있어! 빈 공간이 아니야!"라고 외치도록 만드는 일종의 기회였다.

모든 아이들이 저마다의 역할을 가지고 있었다. 그러나 마지막 아이만 그 어떤 역할도 가지고 있지 않은 것처럼 보였다. 그는 항상 홀로 떨어진 채 연극 밖에 있었다. 진심으로 누군가가 되고 싶었는데 말이다! 하지만 아이는 구체적으로 자신이 어떤 사람인지 알 수 없었다. 그는 할머니와 살았고, 부모님이 누구인지는 기억이 나지 않았다.

아이는 자기가 어떤 사람이 되고 싶은지 자기 자신조차도 전혀 알 수 없었다. 때로는 '모래사장'에 있는 친구들 중 누군가를 닮고 싶기도 했다. 아이는 그가 그들 중 한 명의 역할을 가지게 되면, 비로소 완전한 구성원이 되어 작은 모래사장에서 온전한 위치를 차지할 수 있을 거라고 생각했다.

그가 아무리 다른 친구의 가면을 쓰려고 애써봐도 아무 소용이 없었다. 아이가 다른 사람의 역할을 연기하려고 할 때마다 가슴을 파고드는 낯선 기분을 떨쳐낼 수가 없었다. 누군가가 되긴 했지만, 동시에 자기 자신이기를 그만둔 것 같은 기분이었다! 유쾌함과는 거리가 먼 감정이었으므로, 다른 사람이 되는 것을 그만두고 다시 자기 자신이, 즉 아무도 되지 않는 방법밖에 없었다.

아이들이 모래사장 옆에 앉아 따분해하고 있을 때였다. 그때 누군가가 말했다.

— 저기 감시인이 온다.

— 어떤 감시인? 어디?

— 저기, 하얀 턱수염을 기른 할아버지. 저 할아버지는 공원에서 모든 놀이기구를 관리해. 이상한 할아버지야. 바보 같은 질문만 하고.

— 어떤 질문?

— 저 할아버지에게 회전목마를 타도 되냐고 물어보면 반대로 "뭘 줄 거니?"라고 물어봐. 질문에 대한 대답으로 표를 보여주면 들여보내줘.

— 그게 뭐가 이상해? 누가 공짜로 놀이기구를 태워주겠어?

— 한 번은 표를 살 돈이 없어서 몰래 숨어 들어가려고 했는데, 할아버지가 눈치채더니 다시 "뭘 줄 거니?" 하고 이상한 질문을 하는 거야. 그래서 내가 "할아버지, 저 돈이 없어요. 회전목마 타게 해주세요"라고 말했어. 그랬더니 "왜?"라고 물어보는 거야. 무슨 말인지 알 수가 없어서 다시 물어봤더니, 다시 "내가 왜 너를 회전목마에 태워줘

야 하는 거니?"라고 물어보는 거 있지. 뭐, 그래서 말했지. 돈은 없지만 회전목마를 너무 타고 싶다고. 그랬더니 할아버지가 "네가 내 질문에 대답할 수 있다면, 앞으로는 표를 사지 않아도 된단다"라고 말하는 거야.

— 뭘 원하는 거지? 그런 질문에 어떻게 대답하라는 거야?

— 누가 알겠어. 여러 번 시도해봤는데 전부 다 틀렸대.

아이는 친구들이 하는 말을 잠자코 듣고 있었다. 그러다 문득 한 아이디어가 떠오른 것 같았다. 갑자기 머릿속에 알 수 없는 분명함이 생긴 것이다. 아이는 갑자기 자신과 친구들을 거리를 두고 바라보기 시작했다. 아이는 항상 자신이 누군가가 되고 싶어한다는 사실을 알고 있었다. 모래사장에 모인 친구들 중 누군가를 닮은 한 사람 말이다. 하지만 지금 아이는 뭔가 특별해진 기분을 느꼈다. 그는 아무도 아니었지만, 동시에 친구들 모두였다! 그는 만약 모든 친구들이 자신의 역할을 그만둔다면, 즉 가면을 벗어 던진다면, 모든 아이들이 그와 똑같은, 아무도 아닌 아이가 된다는 사실을 알았다.

파도의 줄기에 모인 하나하나의 물방울도 이것과 똑같다. 물방울의 크기와 형태는 저마다 다르다. 하지만 모든 물방울의 본질은 같다. 물이라는 점이다. 그리고 이 모든 물방울은 언젠가 바다로 돌아가 하나가 된다.

그때 아이에게는 모든 것이 쉽고 분명해졌다. 그는 자신도 모르게 갑자기 말했다.

— 나는 감시인의 질문에 뭐라고 대답해야 할지 알아.

모든 아이들이 행동을 멈추고 놀란 눈으로 아이에게 시선을 돌렸다. 그 누구도 그 아이가 그런 말을 할 수 있다고 생각하지 않았던 것이다.

— 그래? 뭐라고 대답해야 하는데?

똑똑한 아이가 조심스럽게 물었다.

— 공원으로 가자. 거기서 알려줄게.

아이는 대답하며, 자신이 생각한 것을 이루고 말겠다는 분명한 의도를 가지고 자리에서 일어났다. 친구들은 흥미롭게 아이를 따라나섰다.

— 질문이 더 있을 거야.

고자질쟁이가 똑똑한 아이에게 속삭였다.

— 거기에는 문지기도 있어. 그 문지기가 매번 하는 질문이 있대. "누가 허락했니?"라고 말이야. 오늘 쟤 좀 이상해. 뭐라고 하는지 한번 따라가보자.

곧 아이들은 공원 입구에 도착했다. 무시무시한 문지기가 몹시 화난 듯한 모습으로 아이들에게 물었다.

— 이봐, 거기 너희들! 너희 같은 애송이들끼리 어딜 가는 게냐?

아이가 앞으로 나섰다.

— 공원에 회전목마 타러 가요.

아이의 단순한 대답에 문지기는 당황해서 화를 내야 할지, 웃어야 할지 몰랐다.

— 어이, 꼬마야. 넌 누구지? 너 부모님 말씀은 잘 듣는 거 냐? 누가 그래도 된다고 했지? 도대체 무슨 말을 하려는 건지 모르겠구나.

— 그 질문에 대답할 의무가 없다는 말을 하려고 해요.

아이가 침착하게 말했다.

문지기는 할 말을 잃었다. 올바른 답을 한 사람은 아이가 처음이었다. 그저 어리기만 한 아이가 어떻게 답을 알았을까? 그는 한마디도 더 하지 못하고 아이들에게 대문을 열어줬고, 놀란 얼굴로 오랫동안 아이들의 뒷모습을 바라보았다.

친구들이 조심스럽게 회전목마에 다가가자, 그들을 향해 감시인이 걸어왔다.

— 뭘 원하는 거니, 애들아?

— 회전목마 타려고요.

아이가 친구들을 대신해 대답했다.

— 뭘 줄 거니?

평소처럼 노인이 물었다.

— 아무것도 없어요. 그냥 탈 거예요.

아이가 조금도 망설이지 않고 말했다.

감시인이 흥미롭다는 표정을 숨기지 않으며 아이를 바라보았다.

— 왜?

— 왜냐하면 저는 신의 아이니까요.

그 순간 쥐 죽은 듯한 정적이 흘렀다. 친구들은 뭔가 깨달은 듯, 갑자기 기쁘게 뛰며 소리쳤다.

— 우리는 신의 아이들이에요! 우리는 신의 아이들이에요!

더 이상 그 누구도 그 어떤 질문도 할 수 없었다. 더 이상 아무 설명도 필요 없이, 모두가 모든 사실을 분명하게 알게 되었다. 감시인의 얼굴에는 미소가 번졌다. 그는 아이들에게 아이스크림을 나눠준 다음 각자 탈 것을 고르라고 했다.

참 신기하게도 모든 아이들이 조금도 싸우지 않고 곧바로 각자의 자리를 찾았다. 평소 같았으면 일어나지 않았을 일이다. 뽐내기를 좋아하는 아이는 말을 골랐고, 부잣집 아이는 차를, 틈만 나면 싸우는 아이는 증기기관차를, 똑똑한 아이는 우주선을, 고자질쟁이는 배를 골랐다.

회전목마가 돌아가기 시작했다. 그때 기적이 일어났다. 아이들의 얼굴에서 가면이 떨어지듯, 그들이 가지고 있던 역할들이 어딘가로 사라진 것이다. 아이들은 더 이상 누군가가 아니었고, 그저 자기 자신일 뿐이었다. 모든 아이들이 행복해졌고, 아무도 다른 아이를 질투하거나 불만을 가지지 않았다.

이렇게 트랜서핑의 모든 철학이 담긴 우화가 끝났다. 아이가 무엇을 골랐을지 궁금하지 않은가? 답은 존경하는 독자인 당신이 결정할 문제다. 이 아이처럼 자기 자신에게 말해보자. '나는 신의 아이다'라고 말이다. 그저 자신이 신의 아이인 것을 허용하고, 차분하게 영혼과 마음이 일치하는 길을 걸어가야 한다.

당신이 트랜서핑에서 말하는 '뭔가를 가지고 행동할 결단력'을 가지고 있다면, 문지기는 당신에게 필요한 문을 필요한 시기에 열어줄 것이며, 외부의도가 당신의 꿈을 현실로 만들어줄 것이다.

이제 나 자신이 누구인지에 대한 질문에 답할 시간이 왔다. 나는 아무도 아니다. 동시에, 나는 당신이다. 바로 신의 아들이다. 신 — 나의 아버지 — 은 나에게 이 세상을 산책할 기회를 주었다. 내가 신을 사랑하는지, 그의 말을 듣는지는 그 누구도 신경 쓸 문제가 아니다. 나는 고해소의 창살을 사이에 두고 아버지와 대화하는 것이 아니라, 영혼을 통해 그와 직접 대화한다. 그리고 나는 나의 의도를 가지고 직접 내 세계의 층을 만들고, 다른 신의 아이들을 방해하지 않는 이상 그 누구에게도, 그 어떤 설명도 할 의무가 없다.

진실한 길에 나서는 것 또한 나의 임무가 아니다. 그렇게 하기 위해서는 누군가가 되어야 하지만, 나는 그 누구도 아니다. 순례자, 깨달은 사람, 스승이라는 가면을 쓰고 어디로 가야 하는지 모두에게 이야기하는 것은 누구나 할 수 있다. 만약 그를 믿는다면, 그는 자신의 주변에 사람들을 모아 집회를 열고, 온갖 영적인 것들에 대해 심오한 토론을 하며 '모래로 빵을 빚을' 것이다.

하지만 나는 아무도 아니기에, 다른 사람이 어디로 가야 하는지 알 수 없다. 트랜서핑에서는 우리는 모두 신의 아이들이며 각자가 — 그것도 오직 각자만이 — 자신의 길을 알고, 그 길을 선택할 자유를 가진다. 영혼의 소리에 귀를 기울이면 자신의 길을 스스로 찾을 수 있을 것이다. 나머지는 트랜서핑 기법에 관한 문제이다.

그럼, 이제 내가 할 말은 다 한 것 같다. 이제 막대기를 들고, 무지함의 어둠으로 한줄기 지식의 빛을 전하러 길을 나서야겠다. 그런데 잠깐, 나는 아무도 아닌데? 편지에 적힌 '순례자의 법칙'은 나도 모르는데 말이다. 그 말은, 잃을 것이 아무것도 없다는 말인 것 같다. 오, 기쁘다. 자유다! 나는 그냥 이곳에 남아 있어야겠다.

용어 사전

중요성

어떤 것에 큰 의미를 부여할 때 중요성이 생겨난다. 이것은 순수한 형태의 잉여 포텐셜이며, 이 포텐셜을 제거하려 나서는 균형력은 포텐셜을 만들어낸 사람에게 문제를 일으킨다. 중요성에는 내적 중요성과 외적 중요성, 두 종류가 있다.

내적 중요성, 즉 자기 중요성은 자기의 장점이나 단점을 과대평가할 때 나타나는 것이다. 내적 중요성의 형태는 다음과 같다. '나는 중요한 사람이다', 또는 '나는 중요한 일을 한다.' 중요성의 바늘이 저울의 기준 눈금을 벗어나면 균형력이 작용하여 그 결과로 중요성을 가진 거만한 자는 큰코를 다치게 된다. '중요한' 일을 하는 사람도 좌절을 겪는데, 그가 했던 일이 아무에게도 도움이 안 되거나, 아니면 일이 실패로 끝나거나 둘 중 하나다. 또한 그 반대도 존재한다. 자신의 장점을 과소평가하여 자기 자신을 비하하는 것이다. 잉여 포텐셜이라는 점은 동일한데 플러스, 마이너스로 방향에만 차이가 있는 것이다.

외적 중요성은 대상이나 외부 세계의 어떤 사건에 큰 의미를 부여할 때 인위적으로 형성된다. 외적 중요성은 이런 형태를 띤다. '나에게 이것은 큰 의미를 가진다', 또는 '나는 이것이 중요하기 때문에 꼭 해야 한다.' 이 경우에도 잉여 포텐셜이 만들어지면서 그 일은 실패하고 말 것이다. 당신이 땅 위에 놓여 있는 널빤지 위를 걸어간다고 상상해보라. 아주 쉬운 일이다! 그럼 이번에는 그것이 쌍둥이 빌딩의 옥상 난간 사이에 걸쳐져 있다고 상상해보라. 그것은 당신에게 중요성을 띠기 때문에 당신은 그것이 땅에 놓여 있는 것이나 다름없다고 자신을 설득할 수가 없을 것이다.

성공의 물결

당신에게 유리한 인생트랙들이 이어질 때 성공의 물결이 형성된다. 가능태 공간에는 이러한 금광맥을 포함하여 모든 가능성이 다 존재한다. 만약 이런 특별한 종류의 트랙들의 가장자리로 진입해서 성공을 붙잡는다면, 당신은 관성의 힘으로 다른 행복한 일들이 놓여 있는 새로운 트랙으로 미끄러져 들어갈 수 있다. 하지만 첫 번째 성공 이후에 또다시 불운한 시기가 시작된다면 당신은 파괴적인 펜듈럼에 걸려든 것이며, 그것이 당신을 벗어나게 한 것이다.

선택

트랜서핑은 목표를 달성하기 위한 새로운 원칙과 방법을 제시한다. 어떻게 목표를 달성할지를 걱정하지 않고 마치 식당에서 음식을 주문하는 것처럼 그저 선택하는 것이다. 그 결과는 목표가 주문자의 직접적인 행동과 무관하게 스스로 실현되는 것이다. 당신의 희망은 이루어지지 않고, 꿈은 실현되지 않을 것이다. 하지만 당신의 선택은 불변의 법칙이며, 그것은 필연적으로 실현될 것이다. 선택의 본질을 한두 마디로 설명하기는 어렵다. 트랜서핑은 선택이란 무엇인지, 그러한 선택을 어떻게 해야 하는지에 대해 이야기할 뿐이다.

영혼과 마음의 일치

마음은 의지를 가지고 있지만 외부 의도를 조종할 수 없다. 영혼은 외부 의도와 일체감을 느낄 수 있지만 의지를 가지고 있지 않다. 영혼은 가능태 공간 속을 조종이 불가능한 연처럼 날아다닌다. 외부의도를 의지에 복종시키려면 영혼과 마음의 일치를 이루어야 한다. 이것은 영혼의 느낌과 마음의 생각이 하나로 합쳐지는 상태다. 예를 들면 사람이 기쁜 영감으로 가득 차 있을 때 그의 영혼은 '노래를 부르고' 마음은 '만족스러워 손뼉을 친다.' 이러한 상태에서 사람은 창조를 할 수 있는 것이다. 하지만 대개는 영혼과 마음이 불안한 두려움, 혹은 혐오 속에서야 일치를 본다. 이 경우에 최악의 우려가 실현되는 것이다. 그리고 마지막으로, 합리적인 이성이 어떤 것을 고집하는데 가슴은 그 반대의 것을 원한다면 그것은 영혼과 마음이 일치하지 않는 것을 의미한다.

보호구역 감시인의 수수께끼

"사람은 누구나 원하는 모든 것을 선택할 자유를 얻을 수 있다. 그러한 자유를 어떻게 얻을 수 있는가?" 사람은 원하는 것을 '성취하는' 것이 아니라 단순히 '가질' 수 있다는 것을 모르고 있다. 그것은 정말 믿기 어렵지만, 사실이다. 당신은 《리얼리티 트랜서핑》 시리즈를 끝까지 읽어봐야 이 수수께끼를 풀 수 있다. 곧바로 마지막 장을 들춰볼 생각은 하지 말라. 그래 봤자 이해되지 않을 테니까. (보호구역 감시인의 수수께끼는 《리얼리티 트랜서핑》 1권의 첫 장에 속한 단락의 제목으로, 트랜서핑 그 자체를 상징한다.)

신호들

다가오는 가능태 흐름의 물굽이를 가리켜 보여주는 것들은 안내 신호다. 어떤 사건에 상당한 영향을 미칠 뭔가가 다가올 때, 이를 알려주는 신호가 생기게 마련이다. 가능태 흐름의 방향이 바뀔 때 당신은 또 다른 인생트랙으로 옮겨 탄다. 각각의 트랙은 그 성질이 어느 정도 균일하다. 가능태 흐름의 급류는 여러 트랙을 건너갈 수 있다. 인생트랙은 서로 간에 매개변수가 다르다. 그것은 사소한 변화지만 차이를 느낄 수 있다. 이 질적인 차이를 당신은 의식적으로, 또는 무의식적으로 '뭔가가 달라졌다'고 느끼는 것이다.

안내 신호는 당신이 다른 인생트랙으로 옮겨가기 시작했을 때에만 나타난다. 그 개별적인 현상들을 당신은 알아채지 못할 수도 있다. 예컨대, 까마귀가 울었는데 당신은 주의를 기울이지 않는다. 만약 당신이 질적인 차이를 못 느꼈다면 아직도 이전의 트랙에 머물고 있는 것이다. 하지만 만약 그 현상이 경각심을 높여 놓았다면 그것이 바로 신호인 것이다. 신호는 항상 본질적으로 다른 인생트랙으로 전환이 시작되었다는 것을 알려준다는 점에서 보통의 현상들과는 구별된다.

잉여 포텐셜

잉여 포텐셜은 균일한 에너지장 속에 일어나는 긴장, 국소적인 교란이다. 이런 불균일은 어떤 대상에다 지나친 중요성을 부여할 때 사념 에너지에 의해 형성되는 것이다. 예를 들면, 소망은 원하는 대상을 그것이 없는 곳으로 끌어당겨 오려고 애쓰기 때문에 잉여 포텐셜이다. 가지고 있지 않은 것을 가지려 하는 힘겨운 욕망이 에너지적인 '기압차'를 형성해서 균형력의 바람을 일으킨다. 잉여 포텐셜의 다른 예는 분노, 비난, 열광, 이상화, 숭배, 과대평가, 경멸, 허영심, 우월감, 죄책감, 열등감 등이다.

유도전이

재난, 자연재해 및 재앙, 무력 분쟁, 경제 위기 등은 나선형으로 전개된다. 제일 먼저 사건 발생이 시작되고 그다음에는 상황이 전개되면서 긴장감이 고조되며, 그 뒤에 절정에 이르러 감정이 최고조로 불타오르고, 마지막으로 결말을 맺으면서 모든 에너지는 공간으로 흩어지고 일시적인 평온이 찾아온다. 이는 소용돌이와 비슷한 깔때기 모양을 하고 있다. 사람들의 주의는 펜듈럼의 올가미 속으로 끌려들어가고, 펜듈럼은 세차게 흔들리면서 사람들을 불행한 인생트랙으로 끌어들인다. 사람은 펜듈럼의 첫째 자극, 예컨대 부정적인 사건에 반응한다. 그는 처음부터 거기에 말려들면서 나선형의 소용돌이 중심에 빠지고 나선은 빠르게 전개되면서 깔때기처럼 그를 빨아들인다.

그렇게 깔때기 속으로 빨려드는 현상을 지지자가 파괴적 펜듈럼의 희생자가 되는 인생트랙으로 유도하게 되는, '유도전이'라고 정의한다. 펜듈럼의 자극에 반응하고 그 자극의 에너지를 받아먹기 때문에 그는 펜듈럼의 진동수에 가까운 인생트랙으로 유도된다. 그 결과 부정적인 사건들이 그의 세계의 층에 포함되는 것이다.

중요성의 조율

그 어떤 것에도 중요한 의미를 부여하지 말라. 당신의 중요성은 당신이 아니라 펜듈럼에게나 필요한 것이다. 펜듈럼들은 중요성의 줄로 사람들을 매달아 꼭두각시 인형처럼 갖고 논다. 사람은 중요성의 줄을 놓기를 겁낸다. 왜냐하면 그는 자신감과 지지받는 느낌이라는 환영을 만들어내는 '의존의 주술'에 사로잡혀 있기 때문이다.

자신감은 극성만 반대인 불안의 잉여 포텐셜이다. 깨어 있는 의식과 의도를 지니고 있으면 펜듈럼의 게임을 무시해버리고 싸우지도 않고 당신의 것을 가질 수 있다. 그리고 자유를 얻어 싸울 필요가 없게 되면 자신감 따위는 쓸 데가 없다. 자신감의 근원은 중요성, 이 하나뿐이다. 중요성으로부터 자유로워지면 아무것도 지킬 필요가 없고 정복할 것도 없다. 그냥 말없이 가서 나에게 필요한 것들을 선택할 뿐이다.

펜듈럼으로부터 자유로워지려면 내적, 외적 중요성을 거부해야 한다. 목표를 성취하고자 할 때, 중요성의 잉여 포텐셜에 의해서 문제와 장해물이 발생하는 것이다. 장해물은 중요성에 근거하고 있다. 의도적으로 중요성을 벗어 던져버리면 장해물은 스스로 무너져 내릴 것이다.

의도의 조율

부정적인 경향을 지닌 사람들이 가장 두려워하는 일들이 실제로 일어나는 것을 살펴보면 누구나 사건의 진행 과정에 영향을 미칠 수 있다는 것이 입증된다. 가능태 공간에서 인생트랙 위의 모든 사건은 두 개의 갈래를 가지고 있다. 한 갈래는 바람직한 쪽을, 다른 갈래는 바람직하지 않은 쪽을 향해 있다. 어떤 사건을 맞이할 때마다 당신은 그것을 어떻게 볼 것인지를 선택한다. 그 사건을 긍정적인 것으로 본다면 당신은 인생트랙의 바람직한 갈래에 오른다. 그러나 비관적으로 기울기 쉬운 인간의 성향은 그에게 불만을 토하게 하고 바람직하지 않은 갈래를 선택하게 한다.

뭔가가 당신을 귀찮게 하기 시작하자마자 새로운 문젯거리가 생겨난다. 그것이 '불행은 혼자 오지 않는' 이치다. 하지만 꼬리를 물고 일어나는 말썽거리들은 실제로 불운을 따라오는 것이 아니라 그에 대해 당신이 취하는 태도를 따라온다. 패턴은 갈림길에서 당신이 내리는 선택에 의해 결정된다. 인생에서 이처럼 부정적인 갈래가 연속되던 시기에 당신이 어디로 가고 있었는지, 이제 상상이 가는가!

의도 조율의 기본 원리는 바로 이렇다. "시나리오에서, 비관적으로 보이는 변화를 낙관적인 것으로 바라보기를 의도하면 그것이 그대로 이루어진다." 이 원리를 따르면 비관주의자들이 가장 두려워하는 것을 성취해내듯이, 당신은 낙관적인 일에도 똑같은 성공을 거둘 수 있게 될 것이다.

인생트랙

인간의 삶은 여타 물질의 움직임과 마찬가지로, 원인과 결과의 사슬에 지나지 않는다. 가능태 공간에서 결과는 항상 원인에 가까이 배치되어 있다. 원인 다음에는 곧 결과가 따라 나오는 것처럼, 가능태 공간의 가까운 섹터들이 인생트랙에 차례대로 나란히 정렬한다. 동일한 인생트랙의 시나리오나 무대장치는 그 성격들이 비슷하다. 시나리오와 무대장치를 본질적으로 변화시키는 사건

이 일어날 때까지 한 사람의 인생은 하나의 트랙을 타고 평이하게 흘러간다. 그러다가 운명이 커브를 틀면 다른 인생트랙으로 넘어가는 것이다. 당신은 언제나 당신이 방사하는 사념의 매개변수(parameter)에 일치하는 인생트랙에 머문다. 세상에 대한 당신의 태도, 즉 세계관을 바꾸면 당신은 또 다른 사건 전개의 가능태들이 기다리는 다른 인생트랙으로 갈아타게 되는 것이다.

물질적 실현

가능태 공간의 정보체는 특정한 조건이 갖춰지면 물질화된다. 가능태 공간의 각 섹터처럼 모든 사념은 일정한 매개변수를 가지고 있다. 방사되는 사념은 거기에 상응하는 해당 섹터를 '조명'하여 그 가능태를 실현시킨다. 따라서 사념은 사건의 전개 과정에 직접적인 영향을 주는 것이다.

가능태 공간은 형틀의 역할을 하여 물질의 형태와 운동 궤적을 결정한다. 물질적 실현 양태는 시간과 공간에서 변천하지만 가능태들은 그 자

리에 그대로 남아 영원히 존재한다. 각 생명체는 자신의 사념을 방사함으로써 자기 세계의 층을 형성한다. 세상에는 많은 생명체들이 살고 있으며, 그들은 현실에 저마다 자신의 몫을 기여하고 있다.

펜듈럼

사념 에너지는 물질적인 실체이며, 그래서 흔적 없이 그냥 사라지지 않는다. 사람들의 집단이 한 방향으로 생각하기 시작하면 에너지 바다에서 그들의 '사념의 파도'들은 서로 겹치면서 보이지는 않지만 실제로 존재하는 에너지-정보체, 곧 펜듈럼을 형성한다. 이런 구조체들은 독자적으로 발달하면서 사람들을 자기의 법칙에 복종시킨다. 파괴적인 펜듈럼의 영향력 안에 있는 사람은 큰 기계 장치에 부속된 작은 나사 같은 신세가 되어 자유를 빼앗기고 만다.

자신의 에너지로 펜듈럼을 충전해주는 지지자들이 많으면 많을수록 펜듈럼은 더욱 세차게 흔들린다. 모든 펜듈럼은 지지자들이 고유의 특정적

주파수를 가진다. 예컨대, 그네를 일정한 간격(주파수)으로 밀어야 흔들리게 할 수 있는 것이다. 이 주파수를 공명 주파수라고 부른다. 펜듈럼의 지지자들의 수가 줄어들면 펜듈럼의 흔들림은 잠잠해진다. 지지자들이 다 사라지면 펜듈럼은 흔들림을 멈추고 결국 죽음을 맞이한다.

펜듈럼은 사람의 에너지를 빨아먹기 위해 다음과 같은 감정에 걸려들게 한다. ― 분노, 불만, 증오심, 격분, 불안, 근심, 위축감, 혼란, 절망, 공포, 동정심, 애착, 황홀, 이상화, 숭배, 감탄, 실망, 오만, 자긍심, 자만, 멸시, 혐오감, 모욕, 의무감, 죄책감 등등.

파괴적인 펜듈럼의 가장 주된 위험성은 그것이 자신의 영향 아래 희생자가 된 사람을 행복을 누리는 인생트랙으로부터 벗어나게 만든다는 것이다. 사람은 강요된 목표를 달성하기 위해 자신이 가야 할 길로부터 멀어지는데, 그러한 강요된 목표에서 해방되어야 한다.

펜듈럼은 그 본질상 '에그레고르

(egregor)*라고 부를 수 있다. 그러나 이 개념이 펜듈럼의 모든 것을 말해주는 것은 아니다. '에그레고르'라는 개념은 사람과 에너지 기반의 정보체 사이에서 일어나는 상호작용의 전반적인 뉘앙스를 반영해주지 못한다.

의도

의도는 대략, '가지겠다는, 그리고 행동하겠다는 결정'으로 정의할 수 있다. 실현되는 것은 욕망이 아니라 의도다. 팔을 들어올리기를 소원해 보라. 당신의 생각 속에 욕망이 형성되었다. 곧, 당신은 팔을 들어올리고 싶다는 사실을 의식한다. 욕망이 팔을 들어올리는가? 아니다. 욕망 그 자체로는 어떤 행동도 만들어내지 못한다. 팔을 들고 싶다는 생각이 처리되어 행동하겠노라는 결정이 남게 되었을 때 팔을 들 수 있는 것이다. 그러면 행동하겠다는 결정이 팔을 들어올리는 것일까? 그것도 아니다. 당신은 팔을 들어올리기로 결정을 내리지만 팔은 아직 움직이지 않는다. 그러면 대체 무엇이 팔을 들어올려주는가? 결정 다음에 무엇이 따라오는 것일까?

의도가 정말 무엇인지 마음이 분명히 설명하지 못한다는 사실을 깨닫게 되는 것이 바로 이 대목에서다. '가지겠다는, 그리고 행동하겠다는 결정'이라는 의도에 대한 우리의 정의는 단지 실제로 행동하는 힘을 소개해주는 선에서 그친다. 남겨진 유일한 것은 다음 사실을 말하는 것이다. ― 팔은 욕망이나 결정으로써 올려지는 것이 아니라 의도로써 올려진다.

의도는 외부의도나 내부의도로 나누어진다. 내부의도는 주변 세계에 직접적인 영향을 행사하려는 것을 의미하며, 이는 행동하겠노라는 결정이다. 외부의도는 가지겠노라는 결정으로서, 이때 세상은 스스로 사람의 의지에 복종한다. 내부의도는 목표를 향해 움직여가는 자신의 활동 과정에 주의를 집중하는 것이다.

---

* 심리학이나 은비학에서 사용하는 용어로서, 염체念體 혹은 집단적인 상념을 의미한다. ― 옮긴이 주

외부의도는 목표가 스스로 실현되는 이치에 주의를 집중하는 것이다. 내부의도는 목표를 성취하는 반면에 외부의도는 목표를 선택한다. 모든 마법과 초자연적 현상과 관련된 것들은 외부의도에 속하는 것들이며, 일상적 세계관 안에서 성취할 수 있는 것들은 내부의도로써 얻어내는 것들이다.

의존적 관계

의존적 관계는 "당신이 ~를 해주면 나는 ~를 해주겠다"는 식의 조건으로 정의된다. 이와 유사한 예를 많이 찾아볼 수 있다. "나를 사랑한다면 모든 것을 버리고 나와 함께 세상 끝까지 가야 해", "나와 결혼하지 않겠다는 건 나를 사랑하지 않는다는 거야", "나를 칭찬해주면 너의 친구가 되어줄게", "너의 장난감 삽을 내게 주지 않으면 이 모래사장에서 못 놀게 할 거야" 등등.

사랑이 의존적인 관계로 변하면 균형이 깨지면서 양극화가 생겨난다. 조건 없는 사랑이란, 소유나 숭배를 바라지 않는 찬탄이다. 달리 말하면 무조건적인 사랑은 사랑하는 사람과 사랑받는 사람 간에 의존적인 관계를 형성하지 않는다.

뭔가가 다른 것과 대비되고 비교될 때에도 균형이 깨진다. "우리는 이렇게 하는데, 저 사람들은 방식이 다르군!" 자기 나라에 대한 자부심이 그 예다. 자기 나라와 다른 나라를 비교하는 것이다. 열등감도 그렇다. 자신과 다른 누군가를 비교하는 것이다. 어떤 것이 다른 것과 비교, 대비되기 시작한다면 어김없이 균형력이 나서서 그 포텐셜을 제거하기 시작한다. 그 포텐셜이 긍정적이든 부정적이든 상관없다. 그리고 포텐셜을 만들어낸 사람은 바로 당신이기 때문에 균형력은 무엇보다도 당신을 겨냥하여 작용할 것이다. 그 작용은 서로 반대되는 부분들을 떼어놓거나, 아니면 쌍방 합의에 이르게 하거나 서로 부딪히게 해서 하나로 합쳐지는 쪽을 지향한다.

양극화

어떤 특질에 지나친 중요성이 부여될 때 잉여 포텐셜이 발생한다. 사람들 간의 의존적인 관계는 '네가 그렇게 하면 나는 이렇게 할 것이다'와 같은 조건을 내세워 서로 비교, 대비하기 시작할 때 생기게 된다. 왜곡된 평가가 다른 것과 아무 관계 없이 혼자서만 존재할 때는 잉여 포텐셜은 그 자체로서는 위험하지 않다. 하지만 어느 한 대상에 대해 인위적으로 지나친 평가가 부여되어 다른 것과 비교될 때 양극화가 생겨서 균형력의 바람이 일어나는 것이다. 균형력은 양극성을 제거하려고 애쓰는데, 그것의 활동은 대부분의 경우 양극성을 만든 사람에 반대되는 방향으로 움직인다.

가능태 공간

가능태 공간은 정보체(information structure)다. 그것은 일어날 수 있는 모든 사건의 다양한 가능태들이 들어 있는 무한한 정보장이다. 가능태 공간에는 과거에 존재했고 지금 존재하고 앞으로 존재할 모든 것들이 들어 있다. 가능태 공간은 시간과 공간 속을 움직이는 물질의 형판, 혹은 좌표시스템의 역할을 한다. 영화 필름에서처럼 과거와 미래는 영구적으로 보존되어 있으며, 현재를 보여주는 프레임들의 연속적인 전환에 의해서만 시간적 효과가 나타나는 것이다.

세계는 손으로 만져볼 수 있는 물질적 현실과, 지각의 한계 너머에 있지만 여전히 객관적인 비물질적 가능태 공간, 이 두 가지 형태로 존재한다. 이 정보장에 접속하는 것이 원리상 가능하다. 바로 거기서 직관적 지식과 투시 능력이 나오는 것이다. 마음은 원래 새로운 것을 창조할 수 없다. 마음은 낡은 벽돌로 새로운 모양의 집을 지을 수 있을 뿐이다. 두 뇌는 정보 자체를 저장하고 있는 것이 아니라 가능태 공간의 정보에 접속할 수 있는 주소와도 같은 것을 보관하고 있는 것이다. 모든 과학적 발견과 예술의 걸작들은 마음이 영혼을 통해 가능태 공간에서 얻어온 것이다.

꿈은 일반적인 뜻으로 말하는 그런 종류의 '환상'이 아니다. 마음은 꿈을 상상하는 것이 아니라 실제로 본다. 우리가 현실에서 보게 되는 것들은 실현된 가능태들이다. 꿈속에서 우리는 실현되지 않은 가능태들을 본다. 즉, 꿈은 가상의 시나리오와 무대장치를 가진 시나리오인 것이다. 꿈은 우리에게 과거에 있었던 것들이나 미래에 있을 수 있는 것들을 보여주기도 한다. 꿈은 가능태 공간 속에서 펼쳐지는 영혼의 여행인 것이다.

균형력

잉여 포텐셜이 있는 곳에는 그것을 제거하기 위해 균형력이 발생한다. 어떤 대상에 지나친 중요성이 부여될 때 사람의 사념 에너지에 의해 잉여 포텐셜이 생성되는 것이다.

예컨대, 두 가지 상황을 비교해보자. 한 상황에서는, 당신은 자기 방의 방바닥에 서 있고, 또 다른 상황에서는 어느 절벽 끝에 서 있다. 첫째 경우는 아무런 걱정이 없지만, 둘째 경우에는 실제 상황이 당신에게 매우 중요해진다. 자칫하면 돌이킬 수 없는 일이 벌어질 테니까. 에너지 차원에서는, 단순히 사람이 서 있다는 사실은 첫째와 둘째의 경우 양쪽에서 모

두 동일한 의미를 지닌다. 하지만 절벽 끝에 서 있으면 두려움이 일어나 당신의 내부에 긴장이 일어난다. 그래서 당신은 에너지장에 불균형을 만들어낸다. 그런 불균형을 제거하기 위해 균형력이 생기는 것이다. 당신은 그 힘을 실제로 느낄 수 있다. 즉, 한편에서는 설명할 수 없는 어떤 힘이 당신을 절벽 아래로 끌어당기고 있고, 다른 편에서는 어떤 다른 힘이 당신을 절벽 끝에서 벗어나게 하려고 잡아당기고 있는 것이다. 결국 두려움에 의한 잉여 포텐셜을 제거하기 위해, 균형력은 당신을 절벽 끝에서 멀어지도록 잡아당기거나, 혹은 당신을 절벽 아래로 떨어뜨려 그 상황을 종료시켜야 한다. 그러니까 당신이 절벽 끝에 서 있는 동안 느끼는 것은 이 균형력의 작용인 것이다.

대부분의 문제를 일으키는 것이 바로 이 잉여 포텐셜을 제거하기 위한 균형력의 작용이다. 사람들은 종종 의도와는 완전히 반대되는 결과를 얻는데, 그만큼 이 힘은 교활한 것이다. 게다가 사람들은 무슨 일이 일어

나고 있는지를 전혀 이해하지도 못한다. 바로 여기서 '머피의 법칙'과 같은 설명할 수 없는 일종의 악의적인 힘이 작용하는 것처럼 느껴지게 되는 것이다.

가능태 공간의 섹터

가능태 공간의 각각의 지점마다 어떤 특정 사건의 가능태가 존재한다. 쉽게 이해하기 위해서, 가능태는 시나리오와 무대장치로 구성되어 있다고 생각하자. 무대장치는 현실화가 일어나는 외적인 모습과 형태이고, 시나리오는 물질이 이동하는 경로이다. 편의상 가능태 공간을 섹터로 나눌 수 있다. 각 섹터는 자신만의 시나리오와 무대장치를 지니고 있다. 섹터 간의 거리가 멀수록 시나리오와 무대장치의 차이가 커진다. 사람의 운명은 많은 가능태들로 구성되어 있다. 이론적으로 가능태 공간은 무한하므로, 사람의 운명의 변화에도 아무런 한계가 없다.

슬라이드

우리 자신과 주변 세계에 대한 우리의 인식은 종종 사실과는 한참 동떨어져 있다. 그러한 왜곡을 초래하는 것은 바로 우리가 가지고 있는 슬라이드다. 예를 들어, 당신은 자신의 단점 때문에 걱정하고 그 때문에 열등감을 느끼며, 따라서 다른 사람들도 당신의 단점을 좋아하지 않는 것 같다고 느낀다. 이 경우, 당신은 사람들을 대할 때마다 자신의 '영사기'에 열등감의 슬라이드를 끼워 넣어 놓고 모든 것을 왜곡된 모습으로 바라보고 있는 것이다.

슬라이드는 당신의 머릿속에 들어 있는 왜곡된 현실이다. 부정적인 슬라이드는 대개 마음과 영혼을 일치시켜서 그것이 현실로 이루어지게 한다. 그리하여 불길한 우려가 결국 현실이 되고 마는 것이다. 부정적인 슬라이드를 긍정적인 것으로 바꾸어 그것이 당신을 위해 일하게 만들 수 있다. 의도적으로 긍정적인 슬라이드를 만들어 가지면 그것은 당신 세계의 층을 놀랍게 변화시킬 것이다. 목표의 슬라이드는 목표가 이미 이루어진 것처럼 상상하는 마음속의 그림이다. 슬라이드를 심상화하는 체계적인 방법을 실천하면 그에 상응하는 가능태 공간의 섹터가 실현된다.

세계의 층

각각의 유기체는 사념 에너지로써 가능태 공간의 특정 섹터를 실현시켜서 자기 세계의 층을 창조해낸다. 이 모든 세계의 층들이 서로 겹쳐서 하나를 이루므로, 각 유기체는 현실의 형성에 저마다 자기 몫의 기여를 하고 있는 것이다.

사람은 자신의 세계관으로써 개인적인 세계의 층을 형성하는데, 그것은 독립된 별개의 현실이다. 이 현실은 그 사람의 태도에 따라 고유한 뉘앙스를 가지게 된다. 비유적으로 표현하자면, 그곳에는 특정한 기상조건이 설정된다. 즉, 햇빛 눈부신 신선한 아침이 있는가 하면 흐리고 비 오는 날씨도 있으며, 때로 사나운 태풍이 불 때도 있고 심지어는 자연재해가 일어나기도 한다.

개인적 현실은 물질적인 방식과 비물질적인 형이상학적 방식 두 가지로 형성된다. 달리 말하면, 사람은 자신의 행동과 생각으로써 자신의 세계를 구축하는 것이다. 여기서 사념체(thought form)가 중요한 역할을 하는데, 바로 이것이 사람들로 하여금 대부분의 시간을 골몰하게 만드는 물질적 문제들을 일으키기 때문이다. 트랜서핑은 문제의 형이상학적 측면만을 다룬다.

가능태 흐름

정보는 가능태 공간 속에 매트릭스의 형태로 정적으로 보존되어 있다. 정보의 구조는 서로서로 연결된 사슬로 이루어져 있다. 원인-결과의 관계는 가능태 흐름을 생성한다. 불안한 마음은 펜듈럼의 흔들림을 끊임없이 느끼고, 상황을 완벽하게 통제하기 위해 모든 문제를 혼자서 해결하려고 애쓴다. 마음의 인위적인 결정은 대부분의 경우 물살을 거슬러 허우적대는 것과 같이 무의미한 것이다. 대부분의 문제, 특히 작은 문제들은 가능태 흐름을 방해하지 않기만 하면 저절로 해결된다.

흐름에 저항하여 발버둥 치지 말아야 하는 가장 중요한 이유는, 저항할 때 헛되이 또는 자신에게 불리하게 많은 에너지가 소모되기 때문이다. 흐름은 최소 저항의 경로를 따라 흐르므로 문제를 푸는 가장 효과적이고 합리적인 해결책이 거기에 담겨 있다. 반대로 저항은 새로운 문제만 무수히 만들어낸다.

가능태 공간 속에 이미 해결책이 존재하므로 마음의 강력한 지성도 별로 쓸 데가 없다. 휩쓸려 들어가지 않고 흐름을 방해하지도 않는다면 해결책이 스스로 나타날 것이고, 게다가 그것이야말로 최적의 해결책인 것이다. 최적화는 이미 정보장의 구조 속에 내재해 있다. 가능태 공간 속에는 모든 것이 다 있지만, 가장 에너지 소모가 적은 가능태가 실현될 확률이 가장 높은 것이다. 자연은 에너지를 낭비하지 않는다.

트랜서핑

트랜서핑이라는 단어는 이 책의 저자인 내가 만들어낸 것이 아니다. 그것은 그 밖의 모든 용어와 이 책의 모든 내용이 존재하는 그곳으로부터 나에게 떨어져 내려온 것이다. 나도 처음에는 이 단어의 의미를 이해하지 못했다. 심지어 그것을 어떻게 연상해야 할지도 몰랐다. 이 단어의 의미는 '가능태 공간 속을 활주하기' 또는 '잠재된 가능태를 현실로 변환하기' 또는 '인생트랙을 건너가기'라고 해석할 수 있을 것이다. 하지만 일반적인 의미에서 트랜서핑은 성공의 물결 위에서 균형을 유지하는 것을 뜻한다. 트랜서핑은 러시아어 글자 그대로[*] 읽으면 된다. 영어식으로 발음하고 싶으면 그렇게 하라. 영어에는 '예'라는 발음이 없다는 것을 염두에 두면 되겠다.

프레일링

프레일링은 인간관계의 효과적인 기법이며, 트랜서핑의 필수적인 일부분이다. 프레일링의 주된 원칙은 다음과 같이 공식화할 수 있다. 받고자 하는 의도를 거부하고 그것을 주고자 하는 의도로 바꾸면, 당신은 스

---

[*] 러시아에서는 '뜨란쎼르핀그'라고 읽음. ─ 옮긴이 주

스로 사양했던 그것을 얻는다.

당신의 외부의도는 상대방에게 피해를 주지 않고 그의 내부의도를 사용한다는 것이 이 원칙의 원리다. 결과적으로 당신은 내부의도가 쓰는 기존의 방법으로 얻을 수 없었던 것을 그 사람한테서 얻게 되는 것이다. 이 원칙을 따르면 당신은 개인적인 인간관계나 사업관계에서 놀라운 것을 얻을 수 있다.

목표와 문

사람에게는 각자 자기의 삶에서 진정한 행복을 누릴 수 있는 자신만의 고유한 길이 있다. 펜듈럼은 성취하기 어려운 목표와 특권으로써 욕망을 부추기면서 사람들에게 낯선 목표를 강요한다. 당신은 잘못된 목표를 쫓아다니다가 아무것도 이루지 못하거나, 혹은 이루고 나서야 그것이 자신에게 필요 없었다는 것을 깨닫게 된다.

당신의 목표는 당신의 삶을 축제로 바꿔놓을 무엇이다. 당신의 목표에 도달하면 다른 모든 소망은 덩달아서 이루어질 것이고, 그 결과는 당신의 모든 예상을 능가할 것이다. 당신의 문이란 당신의 목표로 당신을 데려다주는 길이다.

당신의 문을 통해서 당신의 목표를 향해 가고 있다면, 당신 영혼의 열쇠는 당신 길의 자물쇠에 꼭 들어맞기 때문에 아무도 당신을 방해할 수가 없을 것이다. 당신의 것은 그 누구도 빼앗을 수 없다. 당신의 목표를 이루는 데는 아무런 문제도 있을 수 없다. 단지 문제가 있다면 당신의 목표와 당신의 문을 찾아야 한다는 것이다. 트랜서핑은 그것을 찾는 법을 가르쳐준다.

바딤 젤란드 저작 목록

1. **Reality Transurfing Stage 1 (2004)** — 《리얼리티 트랜서핑 1》 (정신세계사, 2009)

2. **Reality Transurfing Stage 2 (2004)** — 《리얼리티 트랜서핑 2》 (정신세계사, 2009)

3. **Reality Transurfing Stage 3 (2004)** — 《리얼리티 트랜서핑 3》 (정신세계사, 2009)

4. **Reality Transurfing Stage 4 (2006)** — 《트랜서핑의 비밀》 (합본, 정신세계사, 2010)

5. **Reality Transurfing Stage 5 (2006)** — 《트랜서핑의 비밀》 (합본, 정신세계사, 2010)

6. **Ruler of Reality (2008)** — 본서 (정신세계사, 2021)

7. **Transurfing Feedback 1 (2008)** — 국내 미출간 (독자와의 문답 모음)

8. **Transurfing Feedback 2 (2008)** — 국내 미출간 (독자와의 문답 모음)

9. **Practice Course in 78 Days (2008)** — 아래 타로카드 세트의 해설서와 동일함.

10. **Space of Variations Tarot Deck (2009)** — 《트랜서핑 타로카드》 (정신세계사, 2009)

11. **Hacking the Technogenic System (2012)** — 국내 출간 예정 (정신세계사, 2021)

12. **Projector of Separate Reality (2014)** — 국내 미출간 (트랜서퍼를 위한 다이어리)

13. **Pure Food (2015)** — 국내 미출간 (트랜서퍼를 위한 요리책)

14. **Priestess Tafti (2018)** — 《여사제 타프티》 (정신세계사, 2018)

15. **Priestess Itfat (2018)** — 《여사제 잇파트》 (정신세계사, 2019)

16. **What Tafti Didn't Told (2019)** — 국내 미출간 (독자와의 문답 모음)

• 각 원서의 출판 연도는 초판 발행일 또는 해당 내용이 처음 공개된 때를 기준으로 했습니다. 해외 번역서들은 물론이고 러시아 내에서도 여러 판본(개정판, 편집판, 통합판, 기념판 등)이 존재하고 있어 혼동하기 쉬우니, 위 목록을 참고해주시기 바랍니다. 트랜서핑 시리즈를 사랑해주시는 모든 독자분께 진심으로 감사드립니다.

JUST
TRANSURFING